O cérebro e a felicidade

O cérebro e a felicidade

Como treinar sua mente para atrair
serenidade, amor e autoconfiança

Rick Hanson

Tradução
FERNANDO SANTOS

Esta obra foi publicada originalmente em inglês com o título
HARDWIRING HAPPINESS por Harmony Books.
Copyright © 2013, Rick Hanson
Esta tradução foi publicada por acordo com Harmony Books, selo do Crown Publishing
Group, uma divisão da Random House LLC, Penguin Random House Company.

Todos os direitos reservados. Este livro não pode ser reproduzido, no todo ou em parte,
armazenado em sistemas eletrônicos recuperáveis nem transmitido por nenhuma forma ou
meio eletrônico, mecânico ou outros, sem a prévia autorização por escrito do editor.

Copyright © 2015, Editora WMF Martins Fontes Ltda.,
São Paulo, para a presente edição.

1ª edição *2015*
3ª tiragem *2020*

Tradução
Fernando Santos
Acompanhamento editorial
Márcia Leme
Revisões
Ivany Picasso Batista
Marisa Rosa Teixeira
Edição de Arte
Katia Harumi Terasaka
Produção gráfica
Geraldo Alves
Paginação
Studio 3 Desenvolvimento Editorial
Capa
Copyright © 2013 by Harmony Books
Design da capa: Base Art Co.

Dados Internacionais de Catalogação na Publicação (CIP)
(Câmara Brasileira do Livro, SP, Brasil)

Hanson, Rick
   O cérebro e a felicidade : como treinar sua mente para
atrair serenidade, amor e autoconfiança / Rick Hanson ; tradução Fernando Santos. – São Paulo : Editora WMF Martins
Fontes, 2015.

   Título original: Hardwiring happiness.
   ISBN 978-85-7827-947-9

   1. Amor 2. Autoconfiança 3. Felicidade 4. Neuropsicologia
5. Pensamentos I. Título.

15-02477	CDD-153.42

Índices para catálogo sistemático:
1. Pensamento saudável : Bem-estar pessoal : Psicologia   153.42

Todos os direitos desta edição reservados à
Editora WMF Martins Fontes Ltda.
Rua Prof. Laerte Ramos de Carvalho, 133 01325-030 São Paulo SP Brasil
Tel. (11) 3293.8150 e-mail: info@wmfmartinsfontes.com.br
http://www.wmfmartinsfontes.com.br

Para Laurel e Forrest

Não menospreze o bem dizendo "Isso não acontecerá comigo".

Pois é gota a gota que o vaso se enche.

Tal como o sábio, que recolhe aos poucos o bem,

até ficar cheio.

— DHAMMAPADA 9.122

Sumário

Agradecimentos	xi
Introdução	xv

Primeira parte: Por quê?

CAPÍTULO 1: Cultive o que é bom	3
CAPÍTULO 2: Velcro para as coisas ruins	17
CAPÍTULO 3: Cérebro verde e cérebro vermelho	32

Segunda parte: Como

CAPÍTULO 4: CURE a si mesmo	59
CAPÍTULO 5: Fique atento	76
CAPÍTULO 6: Crie experiências positivas	91
CAPÍTULO 7: Desenvolvimento do cérebro	111

CAPÍTULO 8: Flores em vez de ervas daninhas … 125

CAPÍTULO 9: Hábitos saudáveis … 147

CAPÍTULO 10: 21 joias … 172

Posfácio … 223

Notas … 227

Bibliografia … 247

Índice remissivo … 259

Agradecimentos

A prática de incorporar o que é bom é natural. Quem de nós já não ficou alguns segundos usufruindo e absorvendo uma experiência positiva? No entanto, como acontece com outras práticas comuns como a da gratidão[1] e a do perdão[2], ela não tinha recebido muita atenção até recentemente. Foi um prazer explorar as pesquisas que Fred Bryant[3], Nancy Fagley[4], Joseph Veroff[5], Jordi Quoidbach[6], Erica Chadwick[7] e outros realizaram sobre a experiência de sentir prazer, e também o trabalho sobre terapia de coerência[8] realizado por Bruce Ecker, Laurel Hulley, Brian Toomey, Robin Ticic e colaboradores. Recorri, em termos gerais, a um século de conhecimento em psicologia humanista e positiva, com fontes que incluem Abraham Maslow[9], Roger Walsh[10], Martin Seligman[11], Chris Peterson[12], Nansook Park[13], Shauna Shapiro[14], Barbara Fredrickson[15], Sonja Lyubomirsky[16], Michele Tugade[17], Todd Kashdan[18], Dacher Keltner[19], Robert Emmons[20], Michael McCullough[21] e Wil Cunningham[22]. Não inventei o conceito de incorporar o que é bom. Tentei compreender sua importância à luz de nossa crescente predisposição negativa e desenvolver formas sistemáticas de transformar experiências positivas transitórias em estruturas neurais permanentes.

Tive a sorte de contar com o apoio de inúmeras pessoas; são tantas que não consigo dizer o nome de todas. Gostaria, porém, de manifestar meu apreço a algumas delas: James Baraz, Tara Brach, Jack Kornfield, Joseph Goldstein, Dacher Keltner e todos do Greater

Good Science Center da Universidade da Califórnia em Berkeley; Gil Fronsdal, Philip Moffit, Wes Nisker, Mark Williams, Dan Siegel, Tom Bowlin, Richard Davidson, Andy Olendzki e Mu Soeng do Barre Center for Buddhist Studies; a Universidade de Saybrook, o Spirit Rock Meditation Center, o Mind and Life Institute, Peter Bauman, os membros do San Rafael Meditation Gathering, Terry Patten, Daniel Ellenberg, Rick Mendius, Tami Simon e todos do Sounds True; Marci Shimoff, Suzanna Gratz, Julie Benett e todos da New Harbinger Publications; Andy Dreitcer, Michael Hagerty e Linda Graham.

Mesmo grávida e tendo de cuidar depois de uma linda menina, Michelle Keane foi uma gerente extraordinária. Maryon Reynolds resolveu, com atenção e competência, as emergências administrativas que eu enfrentei tarde da noite. Janelle Caponigro agregou uma experiência fantástica à pesquisa sobre meu método de incorporar o que é bom. Mesmo com um prazo extremamente curto, Kerri McGowan pôs ordem no caos em que se encontravam as notas e a bibliografia. Vesela Simic realizou um trabalho maravilhoso com as histórias do livro, e Michael Taft salvou a pátria com sua capacidade editorial, qualidade de texto e sugestões oportunas. Sob enorme pressão em termos de prazo, Laurel Hanson, Stacia Trask, Daniel Ellenberg, Linda Graham e Risa Kaparo leram cuidadosamente os originais e deram muitas sugestões úteis; um agradecimento especial a Laurel pela palavra "Associar", quarta etapa do conceito de incorporar o que é bom. Além de ser extremamente generosa, minha agente Amy Rennert é uma excelente profissional; Michael Jordan é a Amy Rennert do basquete. Minha editora na Crown, Heather Jackson, foi uma mistura perfeita de estímulo, simpatia e comentários precisos; foi um prazer trabalhar com a equipe da Crown, composta, entre outros, por Jillian Sanders, Lisa Erickson, Meredith McGinnis, Sigi Nacson e Rick Willett.

Meu pai, William; minha irmã Lynne e seu marido, Jim; e meu irmão Keith e sua esposa, Jenny, são amigos que fazem parte da fa-

AGRADECIMENTOS

mília. E, naturalmente, tem minha esposa, meu filho e minha filha – Jan, Forrest e Laurel –, que me deixam feliz toda vez que os vejo; obrigado por me amarem.

A todos vocês, foi extremamente importante para mim ser capaz de incorporar pelo menos um pouco de todas as coisas boas que vocês generosamente me ofereceram. E por isso eu lhes agradeço do fundo do coração.

Introdução

Se você é como eu e como muitas pessoas, deve passar o dia pulando de um assunto para o outro. Porém, ao longo desse processo, quando foi a última vez que você parou dez segundos para sentir e incorporar um dos momentos positivos que acontecem mesmo no mais agitado dos dias? Se você não aproveita esses segundos extras para usufruir e conservar a experiência, ela passa por você como o vento passa pelas folhas das árvores, algo momentaneamente agradável, mas sem um valor duradouro.

Este livro trata de uma coisa simples: o poder oculto que as experiências cotidianas positivas têm de transformar o cérebro – e, consequentemente, a vida – para melhor. Vou lhe mostrar como converter momentos agradáveis num cérebro maravilhoso, cheio de confiança, tranquilidade, bem-estar, autoestima e que se sinta cuidado. Não estou falando de momentos que acontecem uma única vez na vida. Trata-se simplesmente da sensação aconchegante que o suéter preferido provoca, do prazer de uma xícara de café, do afeto de um amigo, da satisfação de terminar uma tarefa ou do amor que sua companheira tem por você.

Algumas vezes por dia, doze segundos de cada vez, você irá aprender a *incorporar o que é bom*, o que fará com que se sinta naturalmente mais alegre, mais calmo e mais forte. Mas essa prática e o conhecimento científico em que ela se baseia não têm nada a ver com o pensamento positivo nem com algum outro programa de construção de experiências positivas, que normalmente não são aproveitados pelo cérebro. Minha proposta é transformar experiências fugazes em melhorias permanentes do patrimônio neurológico.

As forças interiores indispensáveis para o bem-estar, a sobrevivência e o sucesso estão alicerçadas na estrutura do cérebro – no entanto, para ajudar nossos ancestrais a sobreviver, o cérebro desenvolveu um viés negativista que faz com que ele funcione como um velcro para as experiências ruins e como um teflon para as boas. Para resolver esse problema e integrar forças interiores ao cérebro, você descobrirá que experiências positivas podem satisfazer suas três necessidades fundamentais: de *segurança*, de *satisfação* e de *ligação*. Ao cultivar a paz interior, o contentamento e o amor, você não precisará correr atrás de acontecimentos agradáveis nem lutar contra os desagradáveis. Você desfrutará cada vez mais de uma sensação incondicional de bem-estar que independe das condições externas.

O cérebro é o órgão mais importante do corpo, e o que acontece nele determina o que você pensa, sente, diz e faz. Inúmeras pesquisas demonstram que suas experiências modificam ininterruptamente o cérebro de uma forma ou de outra. Este livro mostra como aprender a modificar seu cérebro para melhor.

O cérebro é incrível, e você irá aprender bastante sobre ele. Nos três primeiros capítulos, darei uma visão geral de seu funcionamento, do motivo pelo qual você precisa assumir seu controle e do modo de entrar em contato com sua maravilhosa natureza íntima. Depois, no restante do livro, eu apresentarei inúmeras maneiras eficazes de incorporar as coisas boas e de se tornar um verdadeiro especialista nessa prática. Você não precisa conhecer neurociência nem psicologia para compreender esses conceitos. Eu os resumi em quatro etapas simples com o acrônimo **TEAA**: **T**enha uma experiência positiva. **E**nriqueça-a. **A**bsorva-a. **A**ssocie o elemento positivo ao negativo para que o positivo abafe, e até substitua, o negativo. (A quarta etapa é opcional.) Exploraremos exaustivamente cada etapa, e você aprenderá inúmeras maneiras práticas e simples de, bem no meio de um

INTRODUÇÃO   *xvii*

dia corrido, perceber ou criar experiências positivas, incorporando-as, então, à sua mente, ao seu cérebro e à sua vida. No fim de cada capítulo, existe uma seção chamada "Como incorporar", que faz uma síntese dos pontos principais. E, caso queira saber mais a respeito das pesquisas científicas a que eu recorri ou ler meus comentários complementares ocasionais, consulte as Notas e a Bibliografia no final do livro.

Descobri por acaso a maneira de incorporar o que é bom quando ainda estava na universidade, e isso mudou minha vida. Tenho tentado, nos últimos quarenta anos, desenvolver em profundidade esse método em meu trabalho de neuropsicólogo. Ensinei-o a milhares de pessoas, e muitas delas me mandaram histórias contando como ele também mudou suas vidas; você conhecerá algumas dessas histórias, em itálico, nos próximos capítulos. Tenho o máximo prazer de poder partilhar esse método eficaz com você; caso queira saber mais sobre ele, acesse os recursos disponíveis gratuitamente em www.rickhanson.net.

Como pai, marido, psicólogo, professor de meditação e consultor de empresas, aprendi que o que realmente importa é o que *fazemos*, seja mentalmente ou no mundo exterior. Portanto, você aprenderá métodos empíricos para converter estados mentais passageiros em estrutura neural permanente; adapte minhas sugestões de acordo com suas próprias necessidades. Espero que você aproveite o conteúdo do livro, que ajudará suas descobertas a penetrar em seu cérebro e em sua vida.

Confie em você. Incorporar o que é bom o ajudará a perceber o que há de bom em você, no mundo e nas outras pessoas.

PRIMEIRA PARTE

Por quê?

Capítulo 1

Cultive o que é bom

Quando estava na escola, eu era sempre um ou dois anos mais novo que as outras crianças da minha turma, um garoto de óculos, tímido, magricela e caxias. Não aconteceu nada terrível comigo, mas parecia que eu estava olhando as outras pessoas através de uma parede de vidro: eu era um estranho, um sujeito desprezado, indesejado, humilhado. Embora meus problemas fossem pequenos se comparados aos de muita gente, todos nós temos a necessidade natural de nos sentirmos notados e valorizados, especialmente as crianças. Quando essas necessidades não são atendidas, é como se você estivesse vivendo à base de uma sopinha rala: sobrevive, mas não se sente plenamente alimentado. Eu sentia como se houvesse um espaço vazio dentro de mim, um buraco no coração.

Porém, quando cheguei à universidade, deparei-me com algo que me pareceu admirável à época e que ainda hoje considero admirável. De repente algo banal acontecia. Podia ser o convite de uns caras para comer pizza ou uma jovem que sorria para mim. Nada de mais. Mas eu percebi que se permitisse que aquele acontecimento bom se tornasse uma *experiência* boa, não apenas uma ideia boa, e o acolhesse pelo menos enquanto parava um pouco para respirar, sem rejeitá-lo nem mudar rapidamente o foco de minha atenção, parecia que algo de bom penetrava em mim e se tornava parte do meu ser. Eu estava, na verdade, *incorporando o que é bom* – doze segundos de cada vez. Era rápido, fácil e agradável. E eu passei a me sentir melhor.

No começo, o buraco no meu coração parecia tão grande como uma piscina vazia. Mas ao incorporar cada dia algumas experiências de inclusão, de consideração e de atenção parecia que eu estava jogando alguns baldes de água na piscina. Dia após dia, balde após balde, mês após mês, eu enchia gradativamente aquele buraco no meu coração. Essa prática me deu uma injeção de ânimo e fez com que eu me sentisse cada vez mais calmo, alegre e confiante.

Muitos anos depois, já formado em Psicologia, descobri por que essa prática aparentemente insignificante tinha assumido tamanha importância para mim. É que eu estivera incorporando forças interiores no meu cérebro, na minha mente e na minha vida – que é o que eu quero dizer com "felicidade interiorizada".

Forças interiores

Já peguei muita carona, e frequentemente tinha de contar com o que trazia na mochila. *Forças interiores* são os suprimentos que você leva na mochila enquanto percorre a tortuosa e muitas vezes difícil estrada da vida. Entre eles estão a atitude positiva, o bom-senso, a paz interior, a determinação e um coração generoso. Os pesquisadores também identificaram outras forças[1] como autocompaixão, dedicação absoluta, inteligência emocional, otimismo esclarecido, reação tranquila, autoestima, resistência ao infortúnio, autorregulação, resiliência e funções executivas. Estou empregando a palavra *força* de maneira ampla, incluindo sentimentos positivos como calma, contentamento e afeição, bem como habilidades, perspectivas e disposições úteis e atributos corporais como vitalidade ou relaxamento. Diferentemente dos *estados* mentais passageiros, as forças interiores são *traços* estáveis,

CULTIVE O QUE É BOM

uma fonte permanente de bem-estar, de ações inteligentes e eficazes e de contribuições para os outros.

À primeira vista, o conceito de forças interiores pode parecer abstrato. Vamos aproximá-lo da vida real por meio de alguns exemplos concretos. O despertador toca e você preferiria continuar cochilando – até que toma a decisão de se levantar. Digamos que seus filhos pequenos estão brigando e que isso o deixa contrariado – então, em vez de gritar, você entra em contato com aquele lugar dentro de você que é firme, mas não raivoso. Você está envergonhado por ter cometido um erro no trabalho – então lembra como se sentiu valorizado com realizações passadas. A correria da vida o deixa estressado – então você descobre uma agradável tranquilidade inspirando e expirando longamente. Você está triste por não ter um parceiro – então pensa nos amigos e isso o consola um pouco. Durante todo o dia, outras forças interiores como senso de proporção, fé e autoconsciência estão agindo automaticamente na parte de trás da mente.

Um conceito bem conhecido na medicina[2] e na psicologia é que o modo como você sente e age – tanto ao longo da vida como em relações e situações específicas – é determinado por três fatores: os *desafios* que você enfrenta, as *vulnerabilidades* que esses desafios põem em destaque e as *forças* de que você dispõe para enfrentar os desafios e proteger as vulnerabilidades. Por exemplo, o desafio representado por um chefe crítico seria intensificado pela vulnerabilidade da pessoa à ansiedade, mas ela poderia lidar com isso recorrendo às forças interiores do autorrelaxamento e da sensação de ser respeitada pelos outros.

Todos nós temos vulnerabilidades. Pessoalmente, gostaria de não ficar preocupado nem de me criticar com tanta facilidade. E os desafios da vida não têm fim, da chatice de uma ligação de celular que cai à velhice, às doenças e à morte. Você precisa encontrar forças para lidar com os desafios e as vulnerabilidades; e, à medida que eles crescem, suas forças também têm de crescer para que você possa dar conta deles. Se você quiser se sentir menos estressado, ansioso, frustrado, irritadiço, deprimido, decepcionado, solitário, culpado, magoado ou inadequado, as forças interiores irão ajudá-lo.

Elas são fundamentais para uma vida feliz, produtiva e amorosa. Por exemplo, pesquisas feitas unicamente sobre uma dessas forças – os sentimentos positivos[3] – mostram que eles reduzem a reatividade e o estresse, ajudam a curar feridas psicológicas e aumentam a resiliência, o bem-estar e a alegria de viver. Sentimentos positivos estimulam[4] a busca de oportunidades, criam ciclos positivos e promovem o sucesso. Eles também fortalecem o sistema imunológico[5], protegem o coração e favorecem uma vida mais saudável e duradoura.

Na média, cerca de um terço[6] das forças da pessoa são inatas, estando integradas à índole, aos talentos, ao humor e à personalidade geneticamente determinados. Os outros dois terços são desenvolvidos ao longo do tempo. *Você as adquire cultivando-as.* Para mim, essa é uma notícia maravilhosa, pois significa que podemos desenvolver a felicidade e outras forças interiores que favorecem a realização, o amor, a produtividade, a sabedoria e a paz interior. Descobrir *como* cultivar essas forças dentro de si pode ser a coisa mais importante que você jamais aprenderá. É disso que trata este livro.

No jardim

Imagine que sua mente seja como um jardim. Você pode simplesmente aceitá-la, contemplar as ervas daninhas e as flores sem julgar nem mudar nada. Ou pode arrancar as ervas daninhas, reduzindo assim o que é negativo em sua mente. Ou, ainda, pode cultivar flores, aumentando assim o que é positivo em sua mente. (Veja o quadro da página 7 para entender o que eu quero dizer com *positivo* e *negativo*.) Fundamentalmente, você pode administrar sua mente de três maneiras básicas[7]: *não interferindo, desapegando-se* e *deixando entrar.* Este livro trata da terceira via, o desenvolvimento das forças interiores: cultivar flores no jardim da mente. Para ajudá-lo de forma mais eficaz, gostaria de relacioná-la às duas outras maneiras de abordar a mente.

O QUE É *POSITIVO*?

Entendo por *positivo* e *bom* o que leva à felicidade e beneficia a pessoa e os outros. *Negativo* e *mau* significam o que leva ao sofrimento e ao infortúnio. Estou sendo pragmático aqui, não moralista nem religioso.

Experiências positivas geralmente nos fazem sentir bem. Porém, como algumas experiências que nos fazem sentir mal têm consequências boas, vou me referir a elas como positivas. Por exemplo, a dor que sentimos na mão quando a encostamos no forno quente, a ansiedade por não encontrar o filho no parque e o remorso que nos ajuda a ter um comportamento ético nos fazem sentir mal no momento para que possamos nos sentir melhor depois.

De maneira semelhante, experiências negativas geralmente nos fazem sentir mal. Porém, como algumas experiências que nos fazem sentir bem têm consequências más, vou chamá-las de negativas. A sensação de prazer depois da terceira cerveja ou a fofoca vingativa sobre alguém que o enganou pode parecer algo momentaneamente agradável, mas os custos superam os benefícios. Experiências como essas nos fazem sentir bem no momento, mas pior depois.

Estar com a mente

Deixar a mente ser o que é e simplesmente observar a experiência traz alívio e senso de perspectiva, como quando nos afastamos da tela do cinema e nos sentamos na vigésima fila. Deixar o fluxo de consciência seguir seu curso vai ajudá-lo a parar de perseguir o que é agradável e lutar contra o que é desagradável. Você pode explorar sua experiência tendo interesse e (espera-se) sendo compreensivo consigo mesmo, e, quem sabe, entrar em contato com camadas mais maleáveis, vulneráveis e, possivelmente, mais antigas da mente. Às vezes, diante de uma consciência receptiva e não reativa, seus pensamentos e sentimentos negativos podem se dissolver como a névoa da manhã num dia ensolarado.

Trabalhar com a mente

Mas só estar com a mente não basta. Você também precisa *trabalhar com ela*, tomando iniciativas inteligentes, arrancando as ervas daninhas e cultivando as flores. Não é simplesmente assistindo ao estresse, às preocupações, à irritabilidade ou à melancolia que eles serão automaticamente erradicados. Como veremos no próximo capítulo, a evolução do cérebro permitiu que ele aprendesse muito com as experiências negativas; e, além disso, ele as armazena em estruturas neurais permanentes. Estar junto da mente também não faz crescer a gratidão, o entusiasmo, a sinceridade, a criatividade nem inúmeras outras forças interiores. Essas qualidades mentais estão baseadas em estruturas neurais subjacentes que não ganham vida sozinhas. Além disso, para estar com sua mente de maneira plena você precisa induzi-la a alimentar forças interiores como serenidade e *insight* que lhe permitam perceber todos os seus sentimentos e enfrentar suas tristezas íntimas, mesmo quando for difícil. Caso contrário, ao se expor à experiência, você pode ficar com a impressão de estar abrindo as portas do inferno.

Ficar atento

Quer você esteja observando, se desapegando ou aceitando, esteja *atento*, o que significa simplesmente estar presente em cada momento.

Em si mesma, a atenção não passa de um testemunho; porém, esse testemunho pode vir acompanhado de esforços efetivos e conscientes para cutucar a mente de uma forma ou de outra. Trabalhar com a mente não é incompatível com a atenção. Na verdade, você precisa trabalhar com a mente para desenvolver as forças interiores da atenção.

Fique atento tanto ao mundo exterior como ao mundo interior, tanto aos acontecimentos ao seu redor como ao modo como sente em relação a eles. Atenção não é simplesmente *auto*consciência. Quando estou escalando uma montanha, fico extremamente atento ao companheiro ao qual estou preso por uma corda e que está cuidando de mim lá embaixo!

Uma sequência natural

Quando acontece alguma coisa difícil ou desagradável – por exemplo, quando cai uma tempestade no jardim –, as três maneiras de ocupar a mente oferecem uma sequência gradativa bastante útil. Em primeiro lugar, permaneça com sua experiência. Observe-a e aceite-a tal como é, ainda que ela seja dolorosa. Em segundo lugar, quando se sentir bem – o que pode levar alguns segundos com uma preocupação conhecida e meses ou anos com a perda de um ente querido –, comece a se desapegar de tudo o que seja negativo. Por exemplo, relaxe o corpo para diminuir a tensão. Em terceiro lugar – uma vez mais, quando se sentir bem –, após ter liberado uma parte ou a totalidade das coisas negativas, substitua-as por algo positivo. Por exemplo, você pode se lembrar da sensação que é estar com alguém que o aprecia e então reter essa experiência durante dez ou vinte segundos. Além de se sentir bem no momento, essa terceira etapa trará benefícios permanentes, pois, quando incorpora experiências positivas, você não está apenas cultivando flores em sua mente: está cultivando novos circuitos neurais em seu *cérebro*. Está interiorizando a felicidade.

Neuroplasticidade dependente da experiência

Como o cérebro é o órgão que *aprende*, ele foi concebido para ser modificado pelas experiências. Embora isso continue me surpreendendo, é verdade: tudo aquilo que sentimos, percebemos, queremos e pensamos de maneira frequente esculpe, de forma lenta porém segura, a estrutura neural[8]. Enquanto você lê isto, nas cinco xícaras de tecido parecido com tofu que você tem dentro da cabeça, aninhado entre um trilhão de células de apoio, 80 a 100 bilhões de neurônios estão se comunicando uns com os outros numa rede com quase meio quatrilhão de conexões chamadas sinapses. Toda essa atividade neural incrivelmente veloz, complexa e dinâmica está transformando sem parar sua mente. Sinapses ativas tornam-se mais sensíveis, novas sinapses começam a se desenvolver numa questão de minutos, áreas ativas recebem mais sangue – já que precisam de mais oxigênio e glicose para desempenhar suas tarefas – e genes no interior dos neurônios ligam ou desligam[9]. Nesse meio-tempo, conexões menos ativas definham num processo chamado de darwinismo neural: a sobrevivência do mais ativo.

Toda atividade mental[10] – olhares e sons, pensamentos e sensações, processos conscientes e inconscientes – está baseada numa atividade neural subjacente. Grande parte da atividade mental – e, portanto, neural – flui através do cérebro como as ondulações no rio, sem ter nenhuma consequência duradoura sobre seu canal. Entretanto, uma atividade mental/neural intensa, prolongada ou repetida[11] – especialmente se for consciente – deixa uma marca permanente na estrutura neural, como uma corrente impetuosa que modificasse o leito do rio. Como dizem na neurociência: *Neurônios que disparam juntos permanecem juntos*. Estados mentais tornam-se traços neurológicos. Dia após dia, a mente está edificando o cérebro.

Isso é o que os cientistas chamam de *neuroplasticidade dependente da experiência*, que é um setor de ponta da pesquisa em nossos dias. Por exemplo, ao memorizar o emaranhado de ruas de Londres, seus motoristas de táxi[12] tornaram mais espessas as camadas neurais do *hipocampo*, a região que ajuda a construir as memórias visuais-espaciais; como se estivessem desenvolvendo um músculo, os motoristas ativaram uma parte do cérebro e criaram ali um novo tecido. Passando do táxi[13] para a esteira, meditadores diligentes aumentaram a matéria cinza – que significa um *córtex* mais espesso – em três regiões-chave: regiões *pré-frontais* atrás da testa, que controlam a atenção[14]; a ínsula[15], que utilizamos para nos sintonizar conosco e com os outros; e o *hipocampo*[16]. Por mais admiráveis que elas sejam, suas experiências não desenvolvem apenas novas sinapses, mas, de alguma forma, também penetram até os genes – na forma de pequenas tiras de átomos nas moléculas torcidas de DNA no interior dos núcleos de neurônios – e modificam a maneira como eles funcionam. Por exemplo, se você pratica relaxamento com frequência, isso aumenta a atividade dos genes que acalmam as reações de estresse[17], tornando-o mais resiliente.

Modifique o cérebro para melhor

Se você deixar de lado os detalhes das pesquisas, uma verdade simples se destacará: suas experiências *são importantes*. Não apenas pelo que elas aparentam no momento, mas também pelas marcas permanentes que deixam no cérebro. As experiências de felicidade, preocupação, amor e ansiedade podem causar transformações reais em suas redes neurais. Os processos de desenvolvimento da estrutura do sistema nervoso são turbinados pela experiência consciente e, especialmente, por aquilo que está no primeiro plano da consciência. Sua atenção é semelhante à união de um holofote com um aspirador: ela realça o que cai em seu foco e então suga aquilo para dentro do cérebro – para o bem ou para o mal.

Existe um antigo ditado que diz que a mente assume a forma dos objetos nos quais se apoia. Com base no que aprendemos a respeito da neuroplasticidade dependente da experiência, uma versão moderna desse ditado diria que a forma que *o cérebro* assume depende daquilo em que a mente se apoia. Se você apoiar sua mente na autocrítica, nas preocupações, na ranzinzice com os outros, na dor e no estresse, então sua mente será mais reativa, vulnerável à ansiedade e à depressão, concentrando-se nas ameaças e nas perdas e ficando predisposta à raiva, à tristeza e à culpa. Por outro lado, se apoiá-la em acontecimentos e situações favoráveis (alguém foi legal com você, você tem um teto onde morar), em sensações agradáveis, nas coisas que você consegue, de fato, realizar, nos prazeres físicos, em suas boas intenções e qualidades, então seu cérebro assumirá uma forma diferente com o passar do tempo, incorporando força e resiliência, bem como uma perspectiva realisticamente otimista, um humor positivo e um senso de merecimento. Se você fizer um balanço da última semana, por exemplo, quais têm sido os principais apoios de sua mente?

Na verdade, o principal modelador do cérebro é aquilo a que você dedica atenção – aquilo em que sua mente se apoia. Embora algumas coisas prendam naturalmente a atenção da pessoa – como um problema no trabalho, uma dor física ou uma preocupação séria –, de modo geral somos muito influenciados por aquilo em que nossa mente se apoia. Isso significa que você pode prolongar deliberadamente, e até mesmo criar, as experiências que irão moldar seu cérebro para melhor.

Vou mostrar detalhadamente como fazer isso a partir do capítulo 4. Enquanto isso, sinta-se à vontade para começar a incorporar agora mesmo o que é bom. Aplicada a uma experiência positiva, essa prática pode ser resumida em poucas palavras: *Tenha uma experiência positiva e aproveite-a.* E comprove você mesmo o que acontece quando age assim.

As experiências mais adequadas para você

Pensando no seu jardim mental hoje, que flores seria bom cultivar? Certos tipos de experiência ajudam mais do que outras.

Experiências negativas podem ser úteis[18] para a pessoa. Por exemplo, o período que eu trabalhei no turno da noite de uma fábrica de bebidas durante um verão quando estava na faculdade serviu para fazer de mim uma pessoa mais madura. Contudo, as experiências negativas têm efeitos colaterais intrínsecos como a perturbação psicológica ou as consequências negativas do estresse para a saúde. Elas também podem criar ou piorar conflitos com os outros. Quando minha esposa e eu estávamos cansados e esgotados com o trabalho que dava criar dois filhos pequenos, os atritos entre nós eram mais constantes. O custo das experiências negativas frequentemente supera os benefícios, e muitas vezes não existe benefício algum, só sofrimento inútil. Como neurônios que disparam juntos permanecem juntos, reter uma experiência negativa quando ela não é mais útil é como dar voltas em um círculo infernal: cada volta que você dá aprofunda um pouquinho o sulco em seu cérebro.

Por outro lado, as experiências positivas sempre trazem benefícios e raramente causam sofrimento, dando uma sensação boa no momento. Além disso, a maneira mais direta de cultivar forças interiores como determinação, senso de perspectiva, sentimentos positivos e compaixão é, em primeiro lugar, experimentando-as. Se você quer aumentar o sentimento de gratidão, use a sensação de agradecimento como apoio para a mente. Se quer se sentir mais amado, busque experiências nas quais se sinta incluído, notado, valorizado, querido ou apreciado e retenha-as. A resposta à pergunta de *como* cultivar coisas boas dentro da mente é esta: *Incorpore experiências relacionadas a elas.* Isso fará com que elas se integrem à sua mente e desenvolvam seus circuitos neurais, permitindo que você as leve consigo aonde quer que vá.

Além de cultivar forças interiores específicas para si mesmo, a incorporação de coisas boas inclui benefícios gerais como tornar-se uma pessoa ativa em vez de passiva, tratar-se com a importância merecida e fortalecer sua atenção. Além disso, como veremos no capítulo 3, com o tempo você pode tornar o cérebro gradativamente mais sensível às experiências positivas, para que elas se transformem em forças interiores com maior rapidez e facilidade.

Neuroplasticidade autodirigida

Um neurologista amigo meu certa vez definiu o cérebro como "um quilo e meio de pudim de tapioca". Ele parece uma massa viscosa insignificante. No entanto, é o órgão mais importante do corpo e a principal fonte interior de bem-estar, de eficiência no dia a dia, de cura psicológica, de crescimento pessoal, de criatividade e de sucesso. O fato de você se sentir com raiva ou tranquilo, decepcionado ou realizado, solitário ou amado depende de suas redes neurais. Além disso, a forma de interação dos cérebros constitui a base dos relacionamentos gratificantes, das organizações bem-sucedidas, dos países florescentes e, por último, da possibilidade de viver em um mundo próspero e sustentável.

A disciplina da neuroplasticidade dependente da experiência mostra que cada um tem o poder de transformar seu cérebro para melhor – o que Jeffrey Schwartz chamou de neuroplasticidade *autodirigida*. Se você não fizer uso desse poder, outras forças irão moldar seu cérebro por você, entre elas as pressões no trabalho e em casa, a tecnologia e a mídia, as pessoas insistentes, os efeitos duradouros de experiências dolorosas do passado e, como veremos no próximo capítulo, a própria Mãe Natureza.

Por outro lado, de maneira rápida, fácil e agradável, bem no meio da correria diária, você pode usar o poder da neuroplasticidade autodirigida para construir um sentimento *duradouro* de calma, con-

CULTIVE O QUE É BOM 15

fiança, autoaceitação, bondade, de sentir-se amado, de contentamento e de paz interior. Basicamente, o que você fará com as práticas deste livro é simples: transformar experiências favoráveis do dia a dia numa estrutura neural favorável. Dito de maneira mais técnica: você irá *ativar* estados mentais e, em seguida, irá *instalá-los* como traços neurológicos. Quando precisar, você poderá recorrer a esses traços neurológicos, que são suas forças interiores, as coisas boas que estão sendo cultivadas em sua mente.

Você usará a mente para mudar o cérebro para mudar a mente para melhor. Pedacinho por pedacinho, sinapse por sinapse, você pode realmente tornar a felicidade parte integrante de seu cérebro.

E, ao agir assim, você estará superando sua predisposição negativa: a de que o cérebro tem facilidade de aprender com experiências ruins, mas dificuldade de aprender com experiências boas. Como veremos no próximo capítulo, se a mente é semelhante ao jardim, o "solo" do seu cérebro é mais fértil para as ervas daninhas do que para as flores. Portanto, é realmente importante plantar as sementes das forças interiores incorporando com frequência o que é bom.

COMO INCORPORAR

- Entre as forças interiores da pessoa encontram-se a calma, o contentamento e o amor, bem como a resiliência, a confiança, a determinação e o discernimento. Essas forças ajudam-no a enfrentar os acontecimentos difíceis da vida, recuperar-se do estresse, curar antigos sofrimentos, conservar o bem-estar, resolver as coisas em casa e no trabalho e ser paciente e atencioso com os outros.

- A maioria das nossas forças interiores se desenvolve ao longo do tempo. Este livro trata do cultivo de forças interiores por meio de experiências positivas, que é a *felicidade interiorizada*.

- Embora seja extremamente proveitoso simplesmente observar a mente, você também precisa reduzir o que é negativo e aumentar o que é positivo. Meu foco está em aumentar o que é positivo: cultivar flores no jardim da mente – o que significa modificar as estruturas do cérebro.
- Toda atividade mental – olhares e sons, alegrias e tristezas – está baseada numa atividade neural subjacente. A atividade neural/mental repetida produz transformações permanentes na estrutura neural: é a chamada neuroplasticidade dependente da experiência. Isso quer dizer que você pode mudar seu cérebro para mudar sua mente para melhor.
- A melhor maneira de desenvolver mais felicidade, além de outras forças interiores, é vivenciando-as e, em seguida, ajudando esses estados mentais a se tornar traços neurológicos favoráveis. *Incorporar o que é bom* é isto: ativar uma experiência positiva e instalá-la no cérebro.

Capítulo 2

Velcro para as coisas ruins

Há mais de vinte anos, numa aula de neurociência para psicólogos, o professor entrou na sala com um balde grande, vestiu um par de luvas amarelas e, com um gesto teatral, tirou do balde um cérebro humano em perfeitas condições. Parecia uma couve-flor pequena, esponjosa e amarelada. Enquanto o professor discorria monotonamente sobre ele, tive uma experiência estranhamente perturbadora. Uma coisa igual à que estava na sua mão "lá" também estava "aqui", dentro da minha cabeça, tentando compreender o que ele estava segurando. Fiquei na verdade chocado com o fato de que essa coisa aparentemente insignificante estivesse produzindo a visão do balde, a voz do professor e minhas sensações tanto de nojo como de admiração. Todo o prazer e toda a dor que eu sentia, todo o amor e toda a perda, resultavam de uma atividade que ocorria no interior daquela massa de carne brilhante. Meu cérebro era a vereda final comum de todas as causas que fluíam através de mim para criar cada momento de consciência.

Há tempos as pessoas perguntam por que ficamos alegres ou tristes ou por que nos ajudamos ou nos ferimos mutuamente. Sábios e cientistas exploraram as causas *mentais* da felicidade e do sofrimento. Agora, pela primeira vez na história, podemos perguntar a nós mesmos: quais são as causas *neurais* subjacentes dessas causas? E as respostas podem ser encontradas nas estruturas e nos processos do cérebro humano tal como foi moldado pela *evolução*.

O cérebro não passou a existir da noite para o dia. Ele adquiriu suas aptidões e tendências durante centenas de milhões de anos, e os fatores que moldaram essa história longa e impessoal apresentam-se hoje em sua vida de maneiras bastante pessoais. Suponhamos que você realizou vinte coisas hoje e cometeu um erro. O que tem uma probabilidade maior de ficar na lembrança enquanto você pega no sono? Provavelmente o erro, mesmo que ele tenha representado apenas uma pequena parte do seu dia. Como você verá, a razão disso pode ser encontrada na evolução do cérebro. Sabendo como ele se desenvolveu ao longo do tempo, você conhecerá melhor a si mesmo e aos outros. E, mais, você utilizará e moldará mais eficazmente aquela coisa gosmenta, com formato de couve-flor e extraordinária, que existe dentro da sua cabeça.

Um cérebro em evolução[1]

Todo ser humano tem ancestrais comuns[2] com morcegos, begônias e bactérias que datam de pelo menos 3,5 bilhões de anos, recuando até os primeiros microrganismos. Criaturas pluricelulares surgiram[3] nos antigos oceanos há 650 milhões de anos; 50 milhões de anos depois, elas tinham se tornado suficientemente complexas a ponto de começar a desenvolver um sistema nervoso que coordenasse seus sistemas sensorial e motor. Os mamíferos surgiram[4] há cerca de 200 milhões de anos, e os primeiros primatas por volta de 60 milhões atrás. Há cerca de 2,5 milhões de anos[5], nosso ancestral hominídeo, o *Homo habilis*, era inteligente o bastante para começar a fazer ferramentas de pedra, e nossa própria espécie – o *Homo sapiens*[6], o macaco inteligente – apareceu há cerca de 200 mil anos.

Ao longo dos últimos 600 milhões de anos[7], o sistema nervoso em evolução foi incorporando soluções para problemas de sobrevivência enfrentados por criaturas do nível de algas e moluscos, passando por lagartos, camundongos e macacos, até chegar aos primeiros humanos. Nos últimos milhões de anos, o cérebro praticamente triplicou de volume, enquanto era moldado pelas profundas pressões da seleção natural. Até o início da agricultura, há cerca de 10 mil anos, nossos antepassados hominídeos e humanos[8] viviam em pequenos bandos de caçadores e coletores. Era um mundo intocado e belo, tudo era simples, o ritmo de vida era tranquilo e havia tempo para se relacionar uns com os outros, algo de que muitos sentem saudade hoje.

Não obstante, as ameaças à sobrevivência que eles tinham de enfrentar – como a probabilidade de ser atacado e devorado por predadores – eram muito diferentes das nossas. Por viverem em pequenos bandos, não costumavam se encontrar com pessoas desconhecidas, e, quando isso acontecia, muitas vezes era perigoso. Embora alguns bandos se relacionassem pacificamente[9] entre si, na média uma de cada oito pessoas morria em conflitos entre bandos, isso comparado com uma em cada cem que morreu devido às guerras do século XX. Havia também fome, parasitas, doenças, ferimentos e os riscos do parto; e nada de analgésicos ou polícia. Foi esse mundo que serviu de útero para o cérebro humano, e ele se adaptou meticulosamente a suas condições. O resultado ocupa hoje o espaço entre suas orelhas, continuando a moldar suas experiências e a controlar suas ações.

As coisas ruins são mais fortes que as boas[10]

Para transmitir seus genes, nossos ancestrais répteis, mamíferos, primatas, hominídeos e humanos tinham de conseguir coisas agradáveis como as "cenouras" do abrigo, da comida e do sexo. Enquanto isso, tinham de se manter distantes de coisas que eram dolorosas como "bastões" de predadores, fome e agressão vinda de outros de sua espécie. Tanto as cenouras como os bastões são importantes, mas existe uma diferença crucial entre eles. Do ponto de vista da sobrevivência, bastões têm mais premência e impacto que cenouras. Se você não conseguir uma cenoura hoje, terá outra oportunidade de consegui-la amanhã; mas, se você não conseguir evitar um bastão hoje – *zás!* –, nunca mais vai comer cenoura. A lei nº 1 da selva é: Almoce hoje – não *seja* um almoço hoje. Durante centenas de milhões de anos, foi uma questão de vida ou morte ficar atento aos bastões, reagir intensamente a eles, lembrar-se bem deles e, ao longo do tempo, tornar-se cada vez mais sensível a eles.

Consequentemente, o cérebro desenvolveu um viés negativista intrínseco. Embora essa predisposição tenha aparecido em condições inóspitas muito diferentes das nossas, ela continua agindo dentro de nós hoje quando estamos dirigindo, indo a uma reunião, resolvendo uma briga entre irmãos, tentando fazer regime, assistindo ao noticiário, esquivando-nos das tarefas domésticas, pagando contas ou indo encontrar a namorada. Seu cérebro está sempre pronto a assumir uma postura negativa para ajudá-lo a sobreviver.

Alerta por você

Para começo de conversa[11], seu cérebro sempre está à espreita de perigos ou perdas potenciais; é por essa razão que a primeira notícia dos telejornais geralmente é o crime ou desastre mais recente. Como dizem no jornalismo: sangue vende jornal. Durante o curso da evolução, animais nervosos, decididos e tenazes tinham mais probabilidade de transmitir seus genes, e essas tendências estão agora incorporadas em nosso DNA. Mesmo quando você se sente relaxado, feliz e próximo das pessoas, seu cérebro continua atento em busca de perigos potenciais, de decepções e de problemas interpessoais. Em consequência, na parte de trás da mente em geral existe uma sutil mas perceptível sensação de desconforto, insatisfação e distanciamento que provoca essa vigilância.

VELCRO PARA AS COISAS RUINS

Então, quando a mínima coisa dá errado[12] ou pode causar problema, o cérebro concentra-se nisso com uma espécie de visão de túnel que minimiza todo o resto. Se seu chefe faz uma excelente avaliação sua que contém uma única crítica em meio a um monte de elogios, é provável que você se concentre no comentário negativo. Estímulos negativos são percebidos com mais rapidez[13] e com maior facilidade que estímulos positivos. Nós identificamos semblantes raivosos mais rapidamente[14] que semblantes alegres; na verdade, diante de um semblante raivoso o cérebro reage[15] mesmo que você não tenha consciência disso.

O poder do sofrimento

As experiências ruins (dolorosas, perturbadoras) geralmente prevalecem sobre as boas (aprazíveis, confortadoras). O psicólogo Daniel Kahnemann[16] recebeu o Prêmio Nobel de Economia por demonstrar que a maioria das pessoas se empenha mais em evitar uma perda do que em conquistar um ganho equivalente. Relacionamentos íntimos duradouros[17] geralmente precisam de cinco interações positivas para compensar uma negativa. Na verdade, as pessoas começam a se dar bem[18] quando os momentos positivos superam os negativos ao menos numa proporção de três para um e, de preferência, numa proporção maior. Os elementos negativos contaminam os elementos positivos mais do que estes[19] purificam aqueles; por exemplo, uma má ação prejudica mais a reputação do herói[20] do que uma boa ação melhora a reputação do vilão.

O impacto extraordinário que os acontecimentos ruins têm sobre a mente baseia-se no poder extraordinário que eles têm no cérebro, o qual responde mais intensamente a coisas desagradáveis do que a coisas agradáveis de mesma intensidade. Situado no meio da cabeça, o circuito central da reação desproporcional compõe-se de três partes: a *amígdala*, o *hipotálamo* e o *hipocampo*. Do tamanho de uma amêndoa[21], a amígdala de fato reage a acontecimentos e sensações positivos; porém, na maioria das pessoas ela é ativada mais pelos acontecimentos e sensações negativos[22].

Pense na situação em que alguém – talvez um de seus pais, sua companheira ou um colega de trabalho – ficou com raiva de você e aquilo o deixou ansioso. A raiva do outro ativou sua amígdala[23], um pouco como o ataque de um leão teria feito há um milhão de anos. Para produzir uma reação "de luta ou fuga", a amígdala enviou sinais de alarme para o hipotálamo e para os centros de controle do *sistema nervoso simpático*, localizados na base do cérebro. O hipotálamo enviou um pedido urgente de *adrenalina, cortisol, norepinefrina* e outros hormônios do estresse. Seu coração então começou a bater mais rápido, seus pensamentos se aceleraram e você começou a se sentir aturdido ou agitado. O hipocampo produziu um primeiro registro neural da experiência[24] – o que aconteceu, quem disse o quê e como você se sentiu – e então supervisionou sua consolidação nas redes de memória cortical para que você pudesse aprender com isso no futuro. Ligada pelo equivalente neural de uma autoestrada de quatro pistas, a amígdala ativada ordenou ao hipocampo que desse prioridade ao armazenamento dessa experiência estressante e marcasse até mesmo os futuros filhotes de neurônio[25] para que fossem, de fato, medrosos para sempre.

Círculos viciosos

Com o passar do tempo, as experiências negativas tornam a amígdala ainda *mais* sensível às coisas negativas. Esse efeito de bola de neve[26] acontece porque o cortisol que a amígdala sinaliza que o hipotálamo deve solicitar entra na corrente sanguínea e flui para o cérebro, onde estimula e fortalece a amígdala. O sinal de alarme do cérebro passa, então, a disparar mais facilmente e com maior intensidade. Para piorar as coisas, mesmo depois que o perigo passou ou mostrou ser um alarme falso, vários minutos se passam até que o cortisol tenha sido metabolizado e eliminado do corpo. Por exemplo, você pode escapar por pouco de bater o carro e ainda continuar pilhado e trêmulo vinte minutos depois.

Nesse meio-tempo, numa sequência de golpes um-dois[27], o cortisol do cérebro superestimula, enfraquece e finalmente elimina células do hipocampo, reduzindo-o gradualmente. Isso representa um problema[28] porque o hipocampo o ajuda a pôr as coisas em perspectiva, ao mesmo tempo que acalma a amígdala e diz ao hipotálamo para parar de solicitar hormônios do estresse. Assim sendo, fica mais difícil pôr a única coisa que está dando errado no contexto das inúmeras coisas que estão dando certo, e mais difícil ainda sossegar uma amígdala e um hipotálamo descontrolados.

Como consequência, sentir-se estressado, preocupado, irritado ou magoado hoje o deixa mais vulnerável a se sentir estressado etc. amanhã, o que o deixa na verdade vulnerável no dia seguinte. Negatividade leva a mais negatividade, num círculo extremamente vicioso.

Paranoia do tigre de papel

Um dos aspectos da predisposição negativa é tão importante que merece uma atenção especial: o poder extraordinário do medo. Nossos ancestrais podiam cometer dois tipos de engano: 1) pensar que havia um tigre escondido no mato, quando não havia, e 2) pensar que não havia nenhum tigre escondido no mato, quando realmente havia um. O preço do primeiro engano era a ansiedade desnecessária, enquanto o preço do segundo era a morte. Consequentemente, nosso processo evolutivo nos levou a cometer mil vezes o primeiro engano para evitar cometer o segundo ainda que uma única vez.

Na verdade, as pessoas ainda continuam cometendo o segundo engano[29]. Eu, por exemplo, não uso fio dental com a frequência que deveria e dirijo rápido demais. Uma variação do segundo engano é ser exageradamente otimista a respeito de prováveis benefícios em comparação com seus custos; por exemplo, muitos apostadores e aspirantes a astro de *rock* inflam as probabilidades de retorno. Em geral, porém, o cenário *default*[30] do cérebro é *super*estimar as ameaças, *sub*estimar as oportunidades e *sub*estimar tanto os recursos para enfrentar as ameaças como para aproveitar as oportunidades. Nós então atualizamos essas crenças com informações que as confirmam, enquanto ignoramos ou rejeitamos as que as desmentem. Existem mesmo regiões[31] da amígdala especificamente projetadas para impedir que se esqueça o medo, de modo especial o causado por experiências da infância. Como resultado disso, acabamos nos preocupando com ameaças que na verdade são menores ou mais administráveis do que temíamos, enquanto desconsideramos oportunidades que em geral são maiores do que esperávamos. Como resultado, nosso cérebro é propenso à "paranoia do tigre de papel".

Essas tendências de origem biológica são reforçadas por inúmeros fatores. Consideremos o temperamento. Algumas pessoas (como eu) são intrinsecamente mais ansiosas que outras. Pense também na sua história pessoal. É natural que experiências de vida assustadoras ou dolorosas, especialmente as traumáticas, deixem as pessoas mais medrosas. Se você cresceu numa vizinhança perigosa, se seus pais eram irascíveis ou se você sofria intimidação na escola, é normal ainda agir com cautela mesmo que agora viva num lugar seguro rodeado de gente simpática. Suas condições atuais também são importantes. Talvez você viva com alguém que perde a cabeça sem motivo ou esteja sendo assediada no trabalho. A economia também tem seu papel. É compreensível que as pessoas tenham uma sensação de insegurança ou algo pior quando o dinheiro está curto e o dia a dia é uma competição estressante. E, além disso, em toda a história grupos políticos se aproveitaram dos medos para tomar ou manter o poder.

Qual é sua experiência pessoal de medo? Ele varia da cautela, prudência, apreensão e inquietude moderadas a preocupações, ansiedade, obsessão, pânico e terror. E que papel o medo desempenha em sua vida? Quando estamos com medo, pensamos pequeno, nos expressamos com menos liberdade, nos aferramos ao "nós" e sentimos mais medo e raiva "deles". Como os outros têm a mesma vulnerabilidade ao poder do medo que nós, os atos que cometemos quando estamos amedrontados lhes parecem ameaçadores; com isso eles reagem de maneira exagerada, fazendo com que nos sintamos mais amedrontados que nunca.

Velcro e teflon

A predisposição à negatividade também influencia o processo de construção da estrutura da mente. Ela funciona assim. Como vimos, o que flui através da mente modifica o cérebro. Isso resulta em dois tipos de aprendizagem, dois tipos de memória: *explícita* e *implícita*. A memória explícita contém todas as suas lembranças pessoais, desde quando você era uma criança pequena até o que estava acontecendo dez minutos atrás. Essas lembranças tendem a assumir uma predisposição positiva[32] quanto mais você recua no tempo. Por exemplo, logicamente eu sei que meus pés deviam estar me matando dentro das botas de escalar apertadas durante a longa trilha em Yosemite; porém, a única coisa de que me lembro é como foi incrível ficar de pé lá no alto ao lado do meu amigo. A memória explícita também inclui o chamado "conhecimento declarativo", que é uma espécie de enciclopédia de informações sobre coisas como a definição de bicicleta, o formato da Terra e seu número de registro na Previdência Social.

A memória implícita inclui o "conhecimento procedural", que é a maneira de fazer as coisas, de como andar de bicicleta a como conduzir uma conversa delicada com um amigo. Ele também contém seus pressupostos e expectativas, restos afetivos de experiências vividas, modelos de relacionamento, valores e inclinações, e todo o ambiente interno de sua mente. É como um enorme armazém que guarda a maioria das forças interiores[33], bem como a maioria das sensações de inadequação, dos desejos não realizados, das posturas defensivas e dos antigos sofrimentos. O que é introduzido nesse armazém constitui a base do seu modo de sentir e de agir. Seu conteúdo geralmente tem muito mais impacto em sua vida do que os conteúdos da memória explícita.

Infelizmente, a formação da memória implícita[34] apresenta um viés *negativo*. Experiências desagradáveis são imediatamente processadas nos armazéns da memória: uma queimadura, duas vezes tímido. Em geral aprendemos mais depressa com o sofrimento do que com o prazer. Antipatias fortes são adquiridas mais rapidamente do que predileções fortes. Nos relacionamentos, é fácil perder a confiança e difícil reconquistá-la. Lembramos mais de algo ruim sobre alguém do que de algo bom, razão pela qual as propagandas negativas predominam nas campanhas políticas. Seja entre membros da família ou entre nações, agravos nunca esquecidos alimentam conflitos duradouros. Um simples punhado de acontecimentos irrelevantes difíceis pode se transformar rapidamente numa sensação de impotência[35] – um fator importante de depressão[36] –, e a pessoa normalmente precisa da mesma quantidade de contraexperiências de sucesso a fim de recobrar a sensação de confiança e de competência. De uma forma ou de outra, estados mentais negativos podem se transformar com facilidade em traços neurológicos.

Por outro lado, a menos que sejam entusiasmantes ou originais, a maioria das notícias boas tem pouco ou nenhum efeito duradouro nos sistemas de memória implícita do cérebro. Isso acontece por três motivos. Primeiro: tendemos a ignorar as notícias boas porque estamos ocupados resolvendo problemas ou procurando algo com que nos preocupar. Estamos rodeados de pequenas coisas boas – o canto dos pássaros, o sorriso das pessoas, os corações que continuam –, mas não lhes damos muita atenção. Segundo: quando de fato reconhecemos uma coisa boa, ela geralmente não consegue se transformar numa *experiência* boa. Mal terminamos uma tarefa – uma coisa boa – e já passamos para a próxima, sem aproveitar direito a sensação de ter realizado algo. Se alguém nos elogia, ignoramos o elogio. Ouvimos o riso das crianças, mas isso não nos anima.

Terceiro: mesmo que você perceba, de fato, uma coisa boa e mesmo que ela se torne uma experiência boa, ela provavelmente não se converte em uma estrutura neural, armazenada na memória implícita. A menos que se trate de ocasiões extraordinárias, as experiências positivas utilizam sistemas de memória comuns, nos quais a informação nova tem de ser mantida em áreas de armazenamento de dados de curto prazo por um período suficientemente prolongado antes de ser transferida para o armazenamento de longo prazo. "Suficientemente prolongado" depende da experiência e da pessoa; porém, de modo geral, isso significa pelo menos alguns segundos, e quanto mais tempo melhor. Na verdade, você precisa *manter* a mente ligada na experiência positiva para que ela molde seu cérebro.

Com que frequência, porém, retemos uma experiência positiva por cinco, dez ou vinte segundos ininterruptamente? Ou por um espaço de tempo mais longo? Eu, com certeza, não agia assim antes de começar a perceber a importância de incorporar deliberadamente as coisas boas e preencher aos poucos o vazio em meu coração. Suponha que lhe aconteceu algo que fez com que se sentisse tranquilo, satisfeito ou amado. Você normalmente se manteria receptivo a essa sensação durante (digamos) dez segundos, mantendo-a viva em sua consciência, penetrando nela ao mesmo tempo que ela penetra em você? A maioria das pessoas não teria essa reação. Mas, se você não agir assim, grande parte – se não a totalidade – do valor disponível nessa experiência será perdida. Sua mente funciona como um velcro para as experiências negativas, mas como um teflon para as positivas.

Esforços desperdiçados

A menos que você incorpore conscientemente a experiência boa, ela no geral passa pelo cérebro como água pela peneira, deixando pouco de bom para trás. (Enquanto isso, as experiências ruins ficam presas na peneira pela memória implícita de viés negativo.) A experiência foi boa, mas do ponto de vista da construção da estrutura neural é como se ela nunca tivesse existido. Essa é a principal deficiência[37] da maioria dos programas formais de controle do estresse, de treinamento em recursos humanos, de formação da personalidade para crianças, de treinamento da atenção e da compaixão, de orientação, de psicoterapia e de tratamento de drogas e de álcool. De maneira informal, administradores, educadores e pais enfrentam o mesmo problema. Criamos estados mentais benéficos por meio da competência e do esforço. Cada vez que isso acontece, é momentaneamente bom. Na maioria dos casos, porém, não usamos de forma consistente e sistemática os segundos complementares para *instalar* essas experiências no cérebro. Nesse caso, também estou me referindo a mim. Como terapeuta, é humilhante e inquietante perceber que grande parte dos pensamentos e sentimentos positivos que ajudei meus clientes a acessar gerou tão pouco benefício duradouro para eles.

Os efeitos da predisposição negativa também são frustrantes e desestimulantes para o "aprendiz", algo que também tenho sido. Você pode estar num contexto definido (p. ex., treinamento de liderança, AAA, classe de orientação para pais) ou, informalmente, apenas tentando se sentir menos preocupado, melancólico ou estressado. Você faz um enorme esforço para incutir algo de bom na mente – um pouco de tranquilidade, felicidade ou consolo –, e então, poucas horas depois (ou antes, infelizmente), parece que nada disso aconteceu. É como se você se esforçasse para empurrar uma pedra pesada até o alto da montanha e depois a visse rolar de volta para baixo.

A predisposição negativa não é nossa culpa. Não a inventamos. No entanto, existe algo que *podemos* fazer a respeito dela.

Igualdade de condições

A predisposição negativa não significa que você não pode ser feliz. Mas, se for feliz, você o será a despeito dela. É uma *predisposição*, pronta para entrar em ação de acordo com as circunstâncias. Quando você se sente bem, ela fica esperando em segundo plano, procurando um motivo para que você se sinta mal. Quando você se sente mal, ela o faz sentir-se pior.

Essa predisposição cria dois tipos de problemas. Primeiro, ela *aumenta aquilo que é negativo*, chamando sua atenção para o que é ou poderia ser ruim, fazendo com que você reaja de maneira exagerada àquilo e armazenando a experiência negativa na memória implícita. Ela também cria círculos viciosos de negatividade tanto no interior do cérebro como com relação a outras pessoas. Essa predisposição aumenta, de várias maneiras, o estresse, as preocupações, as frustrações, as irritações, as mágoas, os sofrimentos, a sensação de incompletude e os conflitos com os outros.

Segundo, a predisposição negativa *diminui aquilo que é positivo*. Ela afasta sua atenção das coisas boas que existem ao seu redor. Ela faz com que você reaja sem entusiasmo às coisas boas que percebe. E faz com que as boas experiências que você tem passem despercebidas pelo cérebro, deixando quase nada para trás. Essa predisposição é um tipo de gargalo que torna mais difícil a absorção da felicidade pelo cérebro.

A taxa de juros de uma conta poupança determina o quanto você ganha financeiramente por dia. O que você prefere, uma taxa baixa ou uma taxa alta? Do mesmo modo, a *taxa de conversão* dos estados mentais positivos em traços neurológicos positivos determina o quanto você ganha psicologicamente por dia. Nesse caso, também, o que você prefere, uma taxa baixa ou uma taxa alta? Infelizmente, a predisposição negativa reduz a taxa de conversão, o que achata seus rendimentos na vida: sua felicidade, a colaboração com os outros e o sucesso.

Na verdade, a predisposição negativa está voltada à sobrevivência imediata, mas é contrária à qualidade de vida, aos relacionamentos tranquilos e gratificantes e à saúde mental e física duradoura. Esse é o cenário *default* do cérebro da Idade da Pedra. Se não assumirmos seu controle, ele continuará a nos dominar.

Voltar-se para uma visão positiva das coisas simplesmente restabelece a igualdade de condições. Ao reduzir os sentimentos, os pensamentos e as atitudes negativas enquanto reforça os positivos, a prática de incorporar coisas boas corrige as duas tendências da predisposição negativa.

E, ao longo do tempo, a incorporação de coisas boas pode ajudá-lo a perceber que suas necessidades fundamentais de segurança, gratificação e relacionamento foram, por fim, plenamente satisfeitas. Examinaremos como fazer isso no próximo capítulo.

COMO INCORPORAR

- Ao longo da história, as pessoas especularam a respeito das causas do sofrimento e da felicidade tal como apareciam em sua *mente*. Agora estamos começando a compreender como nossas experiências são produzidas pelas estruturas e processos subjacentes do *cérebro*.
- O sistema nervoso vem evoluindo há 600 milhões de anos, e as soluções para os problemas de sobrevivência enfrentados pelos antigos répteis, mamíferos, primatas e humanos ainda continuam presentes em nosso cérebro hoje.
- Para sobreviver e transmitir seus genes, nossos ancestrais precisavam ficar particularmente atentos aos perigos, às perdas e aos conflitos. Consequentemente, o cérebro desenvolveu uma predisposição negativa que procura por notícias ruins, reage intensamente a elas e armazena rapidamente a experiência na estrutura neurológica. Embora ainda possamos ser felizes, essa predisposição cria uma

VELCRO PARA AS COISAS RUINS

vulnerabilidade permanente ao estresse, à ansiedade, à decepção e à dor.

- Um aspecto fundamental da predisposição negativa é o poder extraordinário do medo. Nós geralmente superestimamos as ameaças e subestimamos as oportunidades e os recursos. Ao mesmo tempo, as experiências negativas sensibilizam o cérebro para o que é negativo, tornando ainda mais fácil ter outras experiências negativas, num círculo vicioso.

- Forças interiores como felicidade e resiliência resultam principalmente de experiências positivas. Mas, a menos que dediquemos uma atenção cuidadosa e constante a elas, a maioria das experiências positivas irá passar por nosso cérebro como a água por uma peneira. Elas são momentaneamente agradáveis, mas não têm muito valor em termos da transformação da estrutura neurológica. O cérebro funciona como velcro para as experiências negativas e como teflon para as positivas.

- Embora a predisposição negativa seja boa para sobreviver em condições adversas, ela é péssima quando se trata de qualidade de vida, relacionamentos satisfatórios, crescimento pessoal e bem-estar duradouro. Ela faz com que aprendamos demais com as experiências ruins e de menos com as boas.

- A melhor maneira de compensar a predisposição negativa é incorporar regularmente as coisas boas.

Capítulo 3

Cérebro verde e cérebro vermelho

Durante muito tempo os seres humanos têm se questionado a respeito da natureza humana, dos antigos poetas às pessoas comuns de hoje que, contemplando o oceano ou as estrelas do céu, perguntam: *Quem sou eu?* A resposta é importante por vários motivos.

Se, no fundo, somos lutadores e fujões, gananciosos e compulsivos e invejosos e mesquinhos, então precisamos ser mantidos na linha por meio de poderosas figuras de autoridade, regras rígidas e um forte sentimento de culpa e de vergonha. Por outro lado, se debaixo de tudo isso nós somos indivíduos estáveis, agradecidos e bondosos, então podemos viver de maneira mais livre, guiados mais por nossa própria consciência e afeição.

Até recentemente, havia um número muito pequeno de respostas para as questões fundamentais da natureza humana que fossem baseadas na experiência. Porém, pesquisas em neuropsicologia evolutiva e em áreas afins estão começando a oferecer algumas respostas claras que mostram como encontrar uma sensação *permanente* de segurança, de realização e de intimidade afetuosa. Examinemos, portanto, os três sistemas operacionais do seu cérebro, os dois cenários desses sistemas e uma prática – incorporar o que é bom – que podem fazê-lo compreender a felicidade. Essa informação pode fi-

CÉREBRO VERDE E CÉREBRO VERMELHO 33

car um pouco técnica, mas creio que você constatará, assim como eu, que ela é uma forma realmente útil – e promissora – de compreender a si e aos outros. A partir do próximo capítulo, vamos tratar em profundidade das maneiras práticas de transformar boas experiências diárias em felicidade duradoura e em outras forças interiores.

Os três sistemas operacionais

Para simplificar um longo e elaborado processo: o cérebro desenvolveu-se em três etapas que estão vagamente associadas às fases de evolução dos répteis, dos mamíferos e dos primatas/humanos. As três camadas do cérebro foram construídas de baixo para cima, como os três andares de uma casa. A *base do cérebro* desenvolve-se a partir do topo da medula espinhal. Responsável por atividades básicas de sobrevivência como a respiração, ela estimula e orienta o comportamento. O *subcórtex* fica em cima da base do cérebro e se espalha pelo meio da cabeça. Ele é o centro da emoção, da motivação e dos laços afetivos. O *córtex* é a carapaça externa do cérebro, e é ele que possibilita o raciocínio abstrato, a reflexão sobre o passado e o futuro e as habilidades sociais fundamentais como empatia, linguagem e planejamento cooperativo.

Enquanto isso, mais ou menos em paralelo à construção dos três andares do cérebro, o sistema nervoso autônomo também estava evoluindo, junto com o extremamente importante *nervo vago*. O ramo mais antigo do nervo vago sustenta a alça *parassimpática* do sistema nervoso autônomo, que é tranquilizante e inibidora e também pode apoiar um movimento de retirada ou a imobilidade diante das ameaças. Complementando a influência do sistema nervoso parassimpático e o primeiro ramo do nervo vago, e muitas vezes se contrapondo a ela, a alça *simpática* do sistema nervoso autônomo é ativa e estimulante; ela favorece tanto a busca constante de oportunidades como a luta e a fuga em reação às ameaças. O ramo mais novo do nervo vago, exclusivo dos mamíferos, sustenta o "sistema de envolvimento social". Suas gavinhas estendem-se para baixo até o interior do coração e de outros órgãos, para cima até o interior da laringe, para modular o tom de voz, e até o interior da cabeça, para controlar as expressões faciais.

À medida que o cérebro evoluiu, o mesmo aconteceu com sua capacidade de atender às nossas três necessidades fundamentais – *segurança*, *satisfação* e *ligação* – por meio, respectivamente, de três "sistemas operacionais" que *evitam* danos, *abordam* recompensas e *se apegam* aos outros. (Para construir esse modelo, eu me vali, com adaptações, do trabalho influente de Paul MacLean[1], Jaak Panksepp[2], Stephen Porges[3], Paul Gilbert[4] e E. Tory Higgins[5].) Isso parece complexo, mas a vida diária está cheia de exemplos simples. Suponha que você vai sair para jantar com um amigo. No caminho para o restaurante, você evita danos como furar o sinal vermelho. Tendo se acomodado em sua mesa, você aborda recompensas como algo bom para comer. Enquanto conversa com seu amigo, você se sente mais conectado, mais ligado a ele.

Resumindo: em linhas gerais, seu sistema de evitação de danos está ligado à base do cérebro, ao ramo mais primitivo do nervo vago, ao sistema nervoso parassimpático e às primeiras etapas de evolução dos vertebrados, que incluíam peixes, anfíbios e répteis. Seu sistema de abordagem de recompensas está ligado ao subcórtex, ao sistema nervoso simpático e à etapa de evolução dos mamíferos, enquanto o seu sistema de apego aos outros está ligado ao córtex, ao ramo mais novo do nervo vago e à etapa de evolução dos primatas, especialmente dos humanos. (Para complicar as coisas, o sistema nervoso simpático também pode ser usado para evitar danos por meio da luta e da fuga, e a etapa de evolução dos mamíferos certamente favorece comportamentos sociais complexos.) É meio bobo, mas me ajuda quando penso que minha própria mente contém um pouco de lagarto, de camundongo e de macaco vinculados aos sistemas de evitação, abordagem e apego. Atendemos às nossas necessidades fundamentais de segurança, satisfação e ligação quando – metaforicamente – afagamos o lagarto, alimentamos o camundongo e abraçamos o macaco.

Naturalmente, não podemos levar metáforas como essas muito a sério. Hoje, os três sistemas operacionais – de evitação, de abordagem e de apego – utilizam o conjunto do cérebro para alcançar seus objetivos; eles são definidos pelas *funções* que desempenham, não por sua anatomia. Embora essas funções tenham origem em antigos imperativos biológicos – fugir nadando de um predador, comer uma cenoura, ter um filho –, as formas que elas assumem hoje deixariam espantado o homem das cavernas, sem falar do peixinho--dourado, do esquilo ou do gorila. Por exemplo, o sistema de apego aos outros entra em funcionamento seja quando uma colegial põe a maquiagem antes do baile, chimpanzés catam piolho um no outro, ratos das pradarias experimentam níveis elevados de oxitocina na presença dos parceiros ou o salmão nada correnteza acima para desovar. Na verdade, você experimenta a vida de dentro de uma casa que levou centenas de milhões de anos para ser construída.

Cada sistema operacional tem seu próprio conjunto de habilidades, atividades mentais e comportamentos; os detalhes podem ser vistos no Quadro 1, "Características dos sistemas de evitação, abordagem e apego". Um sistema pode usar os outros para atender a seus objetivos. Por exemplo, para evitar o dano decorrente do arrombamento de sua casa, você pode abordar uma loja de ferragens e comprar um cadeado para a porta e apegar-se a um cachorro grande. Dois dos sistemas, ou os três, podem estar em funcionamento ao mesmo tempo. Ao fazer compras num supermercado, você pode brincar com seu filho pequeno que está brincando de guiar o carrinho (apego) enquanto pega itens de alimentação (abordagem) e fica longe do corredor dos biscoitos (evitação).

Quadro 1: Características dos sistemas de evitação, abordagem e apego

Característica	Evitação	Abordagem	Apego
Necessidade	Segurança	Satisfação	Ligação
Desafio	Ameaça	Perda	Rejeição
Espera	Riscos	Oportunidades	Relacionamentos
Prioridades	Evitar declínios	Promover progressos	Sexualidade, intimidade, valor próprio
Aprecia receber dos outros	Demonstração de confiança	Encorajamento	Afeto
Recursos	Ficar imóvel, fugir, lutar	Incursão, busca contínua	Empatia, vínculo, linguagem
Tendência de comportamento	Cautela, inibição, retraimento	Impetuosidade, excitação, procura	Sociabilidade, vínculo, afeição
Principais sistemas neuro-transmissores	Acetilcolina	Dopamina, opiáceos	Oxitocina, vasopressina
Ramos do nervo vago	Primeiro		Segundo
Principal área do cérebro	Hemisfério direito; menos ativação pré-frontal esquerda	Hemisfério esquerdo; mais ativação pré-frontal esquerda	"Sistema de envolvimento social"

CÉREBRO VERDE E CÉREBRO VERMELHO   *37*

Achei extremamente útil ficar mais consciente do momento em que uma das minhas necessidades básicas – segurança, satisfação e ligação – está sendo atendida, da aparência que o sistema tem quando está funcionando e (como examinaremos no próximo capítulo) do modo de incorporar as experiências fundamentais que darão uma ajuda particular àquele sistema específico. Os sistemas de evitação, abordagem e apego controlam a maneira pela qual enfrentamos os desafios, organizando e dirigindo a maioria das nossas experiências e das nossas ações. Elas meio que comandam o espetáculo – e o fazem de dois modos diferentes e *extremamente* significativos.

O modo receptivo

Imagine um dia em que você esteja se sentindo bem em geral. Depois de acordar, você fica alguns minutos na cama pensando tranquilamente nas pessoas que vai encontrar e nas coisas que irá fazer. Pega trânsito no caminho para o trabalho, mas não briga com ele; simplesmente ouve rádio e não deixa que os outros motoristas o aborreçam. Pode ser que você não se sinta entusiasmado com o trabalho, mas hoje seu foco é a sensação de realização que experimenta ao terminar cada tarefa. Quando está voltando para casa, sua esposa liga e pede para você dar uma passada no supermercado; não é seu programa favorito depois do trabalho, mas você se lembra de que não vai levar mais que quinze minutos. À noite, você não vê a hora de assistir a um programa de TV e se diverte com ele.

Observemos agora esse mesmo dia, mas imaginemos que ele seja abordado de maneira diferente. Depois de acordar, você fica alguns minutos na cama antevendo com pessimismo o dia que tem pela frente e pensando como vai ser chato ir trabalhar. Hoje o trânsito o deixa realmente irritado, e quando um carro lhe dá uma fechada você buzina de raiva. Começa o dia de trabalho ainda irritado com o incidente e, para piorar as coisas, depara com uma quantidade incrível de tarefas repetitivas para fazer. No caminho de volta para casa, você está exausto e sem a menor vontade de fazer mais nada. Aí sua esposa liga e pede para você dar uma passada no supermercado. Você se sente explorado, mas não fala nada e faz o que ela pede. Então passa a maior parte da noite furioso, ruminando com seus botões que você tem de fazer tudo na casa. Embora esteja na hora do seu programa favorito, é difícil aproveitá-lo, tamanho o cansaço e a irritação.

Nesses dois dias imaginários, aconteceram exatamente as mesmas coisas. A única diferença foi o modo como seu cérebro lidou com elas – o *cenário* que ele usou.

Cada um dos sistemas operacionais do cérebro dispõe essencialmente de dois cenários: o *receptivo* e o *reativo*. Na medida em que você sente que a necessidade fundamental que um sistema controla está sendo basicamente atendida, então esse sistema entra no modo receptivo. Quando você se sente seguro, seu sistema de evitação de danos entra no modo receptivo, que traz uma sensação de relaxamento, tranquilidade e paz. Quando você se sente satisfeito, seu sistema de abordagem de recompensas muda para o cenário receptivo, trazendo sensações de gratidão, alegria, realização e contentamento. E, quando você se sente conectado às pessoas, seu sistema de apego aos outros se torna receptivo, evocando sensações de pertencimento, intimidade, compaixão, ternura, valorização e amor. Para simplificar, penso nisso como o cenário "verde" do cérebro.

No modo receptivo, você enfrenta os desafios sem que eles se tornem *estressores*. Incidentes acontecem, e alguns deles são desagradáveis, mas existe uma espécie de absorvente de impacto em seu cérebro que impede que eles o desestabilizem. Você lida com o perigo, a perda ou a rejeição sem se deixar dominar por sentimentos de medo, frustração ou angústia. Você continua envolvido com a vida, e às vezes lidando com assuntos muito difíceis, mas baseado em um sentimento subjacente de segurança, satisfação e apreço.

Em outras palavras, quando o cérebro não está *incomodado*[6] com o perigo, com a perda ou com a rejeição, ele entra no estado de repou-

CÉREBRO VERDE E CÉREBRO VERMELHO

so, que é o modo receptivo. Sistemas neuroquímicos que incluem a *oxitocina*[7] e os opiáceos naturais[8], regiões como o *córtex cingulado subgenual*[9], e redes neurais[10] como o sistema nervoso parassimpático (SNP) desencadeiam e sustentam esse estado equilibrado, sustentável e *homeostático*. Nesse estado, você geralmente se sente em paz[11], relaxado e relativamente tranquilo, enquanto uma ativação moderada a alta do SNP reduz o batimento cardíaco, diminui a pressão arterial, estimula a digestão e renova o corpo, o cérebro e a mente. Também é possível estar ativo e motivado no modo receptivo, com uma ativação maior do sistema nervoso simpático. Os mamíferos, incluindo nós, ficam afetuosos[12], brincalhões, curiosos e criativos quando se sentem seguros, satisfeitos e conectados com as pessoas. Quando as luzes do painel do cérebro estão verdes, você ainda pode ser forte e determinado, perseverante, lutar por seus objetivos com entusiasmo, enfrentar a injustiça, viver com paixão, fazer amor, produzir arte, estimular os filhos e uivar feliz para a Lua em uma noite agradável com os amigos. Seja você uma pessoa tranquila ou ativa, nesse modo suas emoções continuam geralmente positivas.

O Quadro 2 apresenta um resumo do modo receptivo dos sistemas de evitação, de abordagem e de apego. Nesse modo, você não é pressionado nem desestabilizado; nada está fora da linha. Existe um sentimento de tranquilidade, de conforto e de bem-estar permanente. As condições podem não ser maravilhosas, mas são razoáveis, e você se sente basicamente bem. Você sabe como é se sentir assim porque esse é seu estado de repouso, quando não existe nenhum sentimento de perda nem de desordem. É seu *habitat* natural. Você não tem de mover montanhas para chegar até ele. Quando algo assustador, frustrante ou prejudicial chega ao fim, você retorna prontamente para as adoráveis campinas verdes que nunca deixaram de existir, mesmo que estivessem momentaneamente ocultas pelas neblinas e sombras de uma mente inquieta. Isso é o que você é em sua essência mais profunda, e reconhecê-lo representa tanto um estímulo como um alívio.

Quadro 2: Modo receptivo dos sistemas de evitação, abordagem e apego

Característica	Evitação	Abordagem	Apego
Percepção de si	Seguro	Satisfeito	Conectado
Visão de mundo	Proteção	Suficiência	Inclusão
Postura	Confiante	Realizado	Relacionado
Lida por meio de	Asserção	Aspiração	Cuidado
Atitudes afins	Dignidade, sobriedade, moderação	Generosidade, criatividade	Empatia, compaixão, carinho, cooperação, afeição
Experiência principal	Paz	Contentamento	Amor
Sentimentos afins	Forte, calmo, relaxado, tranquilo, iniciativa, eficácia	Agradecido, contente, entusiasmado, realizado, bem-sucedido	Visto, apreciado, conceituado, estimado, especial

É bom estar em casa

O cérebro é o regulador supremo do corpo. No modo receptivo, ele ordena que o corpo conserve energia, se reabasteça e se restabeleça. Nossos ancestrais desenvolveram esse cenário[13] do cérebro para evitar, controlar e eliminar ondas de atividade estressante extenuantes e prejudiciais e para se recuperar delas. Por exemplo, as *endorfinas*[14], outro opiáceo natural, e o óxido nítrico, que são liberados quando o cérebro fica verde, matam as bactérias, aliviam a dor e diminuem as inflamações. Diferentemente dos processos patogênicos[15] que fazem mal à saúde, o modo receptivo *salutogênico* é saudável. Experiências do tipo receptivo preparam a mente[16], o cérebro e o corpo para enfrentar futuros desafios de maneira receptiva. O modo receptivo evoluiu para ser prazeroso a fim de motivar nossos ancestrais a buscá-lo. Parece bom porque é bom.

Quando a mente está na zona verde, as redes neurais não se encontram mais em estado de insuficiência ou perturbação, e o hipotálamo se torna menos ativo[17]. À medida que o principal controlador da sede, da fome, do desejo e de outros impulsos se acalma, o mesmo acontece com a sensação de carência, de pressão e de necessidade. No cérebro como um todo, existe cada vez menos espaço para a aversão, a avidez e a dependência: resumindo, para a *ansiedade*, no sentido amplo do termo. À medida que as motivações fundadas na insuficiência e na perturbação desaparecem, o mesmo acontece com a angústia e a irritabilidade, a frustração e a hiperatividade, a dor e a vergonha. À medida que você permanece de maneira cada vez mais plena no modo receptivo, as causas neurobiológicas subjacentes do estresse, do medo, da frustração e da agonia – do sofrimento, também no sentido amplo do termo – desaparecem gradativamente[18].

Sentindo-se então basicamente seguro e forte, realizado e grato, respeitado e estimado, você tem mais condições de ser mais justo, compassivo e generoso com os outros. Os obstáculos ao seu afeto foram removidos e ele pode fluir livremente, alimentado pela percepção de que suas próprias necessidades essenciais foram satisfeitas.

O cérebro verde é contagiante. Quando você parte de uma posição receptiva, também fica mais fácil arrastar os outros para essa posição. Quando você não está irritado, agressivo ou carente, a probabilidade de que possa provocar os outros é menor; quando você se sente centrado, é mais difícil que os outros consigam provocá-lo. Os círculos positivos crescem. Quando um relacionamento "fica verde", ainda podem ocorrer mal-entendidos, turbulências e conflitos, mas lidamos com eles de maneira receptiva. As pessoas também podem se relacionar dessa maneira na família, nos grupos e nas organizações. Os desafios são enfrentados, a competição e os confrontos[19] acontecem, mas tendo por base a empatia e a boa vontade.

O estado natural de repouso – o modo receptivo do cérebro – está na base da cura psicológica, do bem-estar e da eficácia no dia a dia, da saúde no longo prazo, dos relacionamentos gratificantes e das esferas mais elevadas da potencialidade humana. E cada vez que incorpora algo de bom e sente que suas necessidades fundamentais estão sendo satisfeitas você fortalece os substratos neurais do modo receptivo. Você pode até estar sensibilizando o cérebro às experiências positivas, para que ele as transforme, cada vez mais rapidamente, em estrutura neural.

Velcro para as coisas boas

À medida que evoluíam, nossos ancestrais tinham de reagir a acontecimentos importantes, acontecimentos que eram *relevantes*. É uma vara? Evite-a. É uma cenoura? Aborde-a. É um membro amistoso da minha espécie? Apegue-se a ele. Consequentemente, o cérebro desenvolveu uma *rede de relevância* que reage a notícias boas, como o rosto de um amigo, e a notícias ruins, como o cheiro de fumaça dentro de um edifício. Essa rede lhe diz o que é importante, com o que você deve se preocupar e o que deve lembrar. Suas mensagens orientam a *rede de controle executivo*[20] – localizada no centro do córtex pré--frontal, atrás e acima da testa –, que dá forma a suas ações, palavras e pensamentos.

Se você ficou estressado, a rede de relevância torna-se sensível a más notícias, e você entra, então, em alerta vermelho. Essa sensibilização negativa pode ajudá-lo a sobreviver, mas ela também faz com que você se sinta mal e reaja de maneira exagerada. Por outro lado, ao incorporar o que é bom, você pode sensibilizar a rede de relevância para as boas notícias, ligando o alerta *verde*.

O cérebro pode se tornar sensível ao que é bom de diversas maneiras. As partes superior e frontal do *córtex cingulado* são semelhantes a uma campainha interna que toca quando você se desvia de um objetivo ou de um projeto ("é melhor retomar o eixo"). Se você buscar com regularidade oportunidades para incorporar o que é bom, poderá treinar essa parte do cérebro para que o mantenha ligado nas experiências positivas. Ou veja o caso da ínsula, que "escuta" ininterruptamente o corpo enquanto ele informa ao cérebro como está passando. Em geral, as principais funções do corpo estão em ordem, mesmo que você sinta alguma dor ou esteja com dificuldade de digerir. Ficar com frequência sintonizado a um estado de bem-estar físico moderado mas agradável – como sentir que existe ar suficiente para respirar – pode sensibilizar sua ínsula a uma experiência positiva profundamente importante que está disponível cada vez que você respira.

E, naturalmente, existe a amígdala, que é, de inúmeras maneiras, o núcleo da rede de relevância. A amígdala reage tanto às notícias ruins como às boas. Uma reatividade menor às notícias ruins[21] o ajudaria a se sentir menos ansioso ou zangado, mas não o tornaria mais feliz por si só. Para isso, é preciso reagir mais fortemente àquilo que é *positivo*. Como disse Wil Cunningham[22], você precisa de "uma amígdala alegre".

Em termos de ativação da amígdala[23], parece que as pessoas pertencem a um dos três grupos seguintes. Algumas reagem com a mesma força tanto aos estímulos positivos como aos negativos. Outras têm uma "amígdala mal-humorada" que reage mais aos estímulos negativos que aos positivos; perigos e sofrimentos têm um impacto maior que oportunidades e prazeres. No terceiro grupo, a amígdala apresenta uma reação mais forte aos estímulos positivos que aos negativos. O foco dessas pessoas – as que têm uma amígdala alegre[24] – está mais na promoção do que é bom do que na prevenção do que é ruim. É a chamada "orientação positiva"[25], que traz inúmeros benefícios para a saúde física e mental, os relacionamentos e o bem-estar. Essas pessoas também têm sentimentos extremamente positivos[26] em comparação com as pessoas pertencentes aos outros dois grupos. Na verdade, esses indivíduos mais felizes[27] têm uma maior estimulação amigdaliana do *núcleo acumbente*, um centro de controle na parte mais interna do cérebro que dá início às ações voltadas aos objetivos da pessoa. De fato, a felicidade nos estimula a tomar medidas práticas na direção dos nossos sonhos.

Por que o cérebro desenvolveria a capacidade de transformar uma amígdala mal-humorada numa amígdala alegre? A amígdala torna-se rapidamente sensível às experiências negativas por meio dos círculos viciosos que incluem o cortisol, hormônio do estresse. Isso ajudou nossos ancestrais a sobreviver em condições difíceis ao enfatizar os perigos que os rodeavam, transformando seus cérebros em velcro para as coisas ruins. Porém, em condições boas, seja na selva há milhões de anos, seja na vida da maioria das pessoas hoje, seria adaptativo para a sobrevivência sensibilizar a amígdala às experiências positivas, o que fortaleceria a abordagem de oportunidades e ajudaria a transformar o cérebro em velcro para as coisas boas.

Experiências positivas, especialmente se trazem consigo uma sensação de novidade, aumentam a liberação do neurotransmissor *dopamina*. Enquanto está incorporando o que é bom, geralmente você prolonga a entrada de dopamina na amígdala[28]. Essas liberações contínuas de dopamina fazem com que ela reaja mais intensamente a fatos e experiências boas, ao mesmo tempo que envia sinais ao hipocampo que dizem basicamente: "Este é um protetor, lembre-se dele." Em suma, seja por meio do córtex cingulado, da ínsula, da amígdala, seja por meio de outras partes das redes de relevância ou de controle executivo, é provável que incorporar experiências positivas com frequência torne seu cérebro "mais aderente" a elas, o que aumentará suas experiências positivas, tornando seu cérebro ainda mais aderente a um círculo positivo.

O modo reativo

E existe também o outro cenário do cérebro[29], o que se desenvolveu para manter nossos ancestrais vivos quando estavam preocupados com o perigo, a perda ou a rejeição. Inúmeros sistemas neurais ficam em permanente estado de alerta buscando qualquer indicação de que uma de suas três necessidades fundamentais – segurança, satisfação e ligação – não está sendo atendida. Enquanto o modo receptivo representa o estado de repouso, a predisposição negativa nos torna extremamente vulneráveis a sermos arrancados desse estado e lançados no modo reativo. Pode ser que você se sinta apreensivo ou exasperado, impelido para objetivos diferentes, deixado de lado ou criticado. Isso perturba o equilíbrio saudável do modo receptivo e ativa o modo reativo, o cenário "vermelho" do cérebro, que se desenvolveu para ajudar nossos ancestrais a escapar das mandíbulas ávidas dos predadores, lutar pelos últimos bocados de comida e proteger os bebês a qualquer custo.

Na zona vermelha, a amígdala manda um sinal de alerta tanto para o hipotálamo, para que ele libere os hormônios do estresse, como para o sistema nervoso simpático, para que a reação de fugir ou lutar fique em estado de *hiper*atenção. (Se existe um histórico de trauma, a amígdala pode, em vez disso, provocar uma ativação parassimpática extrema para desencadear a *hipo*atenção de permanecer paralisada, entorpecida ou distante.) Os circuitos neurais que nossos ancestrais utilizavam para a sobrevivência básica entram em funcionamento hoje quando ficamos preocupados por causa de dinheiro, nos sentimos pressionados a respeito de um projeto no trabalho ou magoados com um olhar de censura na mesa de jantar.

O modo reativo presume que existem demandas urgentes; portanto, ele não está preocupado com suas necessidades de longo prazo. Nesse estado perturbado e *alostático* – que vai do sutil ao intenso –, esgotam-se recursos físicos[30] enquanto se adiam projetos estruturais como o fortalecimento do sistema imunológico, a adrenalina e o cortisol que são jogados na corrente sanguínea, e o medo, a frustração e a angústia que tomam conta da mente. Ao mesmo tempo, a predisposição negativa está intensificando o acúmulo de experiência negativa em sua memória implícita. Num sentido amplo, o modo reativo representa a base neural da ansiedade (quero dizer com isso que se origina numa percepção de insuficiência ou perturbação), e o sofrimento e o mal que ele causa em você e nos outros. O Quadro 3 apresenta um resumo das características desse cenário do cérebro.

Empacado no vermelho

O ritmo natural, de base biológica[31], é que os animais – inclusive nós – passem a maior parte do tempo no modo receptivo. Secretamente, a predisposição negativa está em funcionamento, criando uma propensão para explosões reativas ocasionais. Espera-se que essas explosões terminem rapidamente... de uma forma ou de outra. O modo reativo representa um afastamento do ponto de referência, e nós fomos projetados pela evolução para retornar a esse ponto o mais rápido possível. O simples fato de entrar na zona vermelha[32] desencadeia processos neuroquímicos (que incluem opiáceos naturais, óxido nítrico e outros elementos químicos) projetados para trazê-lo de volta à zona verde, seguida de uma agradável e longa recuperação ali. Muito embora as experiências reativas sejam dolorosas[33], enquanto seguirem o projeto evolutivo – esporádicas, breves e geralmente moderadas –, é provável que tenham poucas consequências duradouras.

Infelizmente, a vida moderna viola, em grande medida, esse antigo projeto. Embora a maioria das pessoas não esteja mais exposta às fortes pressões da predação, da fome e dos conflitos mortais, nós normalmente enfrentamos estressores contínuos de intensidade suave a moderada – como fazer várias coisas ao mesmo tempo, proces-

CÉREBRO VERDE E CÉREBRO VERMELHO

Quadro 3: Modo reativo dos sistemas de evitação, abordagem e apego

Característica	Evitação	Abordagem	Apego
Percepção de si	Inseguro	Insatisfeito	Confuso
Visão de mundo	Perigo	Escassez	Exclusão
Postura	Aversivo	Ambicioso	Afastado
Lida por meio de	Resistência	Avidez	Apego pegajoso
Atitudes afins	Apaziguamento, paralisia, fuga, luta	Hiperatividade, compulsão	Censura, rixa, preconceito
Experiência principal	Medo	Frustração	Sofrimento
Sentimentos afins	Zangado, paralisado, derrotado, fraco, sobrecarregado	Decepcionado, fracassado, triste, angustiado	Magoado, descartado, abandonado, maltratado, provocado, atormentado, invejoso, ciumento, rejeitado, solitário, envergonhado, inadequado, indigno

sar fluxos concentrados de informações e de estímulos, correr de um lugar para o outro, fazer horas extras e trocar rapidamente de função – com pouco tempo para uma recuperação receptiva entre eles.

Na selva, o exercício regular ajudava a eliminar do corpo o cortisol do estresse, mas nosso estilo de vida sedentário permite que ele continue circulando, o que aumenta a reatividade, num círculo vicioso. Como as economias modernas precisam que se consuma cada vez mais, você é estimulado ininterruptamente a ir atrás de mais recompensas. Enquanto isso, o noticiário está cheio de sofrimentos e perigos a respeito dos quais você não pode fazer nada. Tudo isso deixa o cérebro[34] em alerta máximo. Seus antigos circuitos de quando era réptil, mamífero, primata e habitante da Idade da Pedra fazem piscar a luz vermelha: *Cuidado, alguma coisa está errada!* Devido à predisposição negativa, essas experiências são prontamente codificadas na estrutura neural. E por causa da capacidade única do ser humano de sustentar estados mentais não relacionados ao seu ambiente imediato fatores psicológicos interiorizados – como a sensação de ser incapaz de fazer tudo a tempo – podem fazer com que você se sinta estressado muito tempo depois de ter passado o desafio.

Em consequência disso, embora o modo reativo[35] esteja projetado para representar um afastamento temporário da linha de referência do equilíbrio saudável, ele se torna para muitas pessoas a nova condição de normalidade, uma espécie de abandono interior crônico. Pode não ser uma sensação horrorosa – pode ser que você "simplesmente" não consiga deixar de se sentir pressionado, incomodado, tenso, irritadiço, esgotado, inadequado, inquieto ou mal-humorado –, mas ele é prejudicial para o seu bem-estar, para a sua saúde e para os relacionamentos.

Consequências do modo reativo

A entrada na zona vermelha faz você se sentir mal emocionalmente[36], altera de forma negativa as perspectivas e prejudica o aprendizado. Ela absorve recursos que poderiam ter sido usados para o prazer e o bem-estar, e para restabelecer o desenvolvimento pessoal. Ela nos faz assumir uma posição defensiva, silenciar nossa autoexpressão e ter sonhos

CÉREBRO VERDE E CÉREBRO VERMELHO

pequenos. Ela estimula a busca de autoalívio ou de "automedicação" duvidosos por meio do excesso de comida, das drogas e do álcool, dos *video games* ou da pornografia. Enquanto isso, as reações de estresse do corpo impedem o desenvolvimento e a recuperação de longo prazo. A zona vermelha nos faz sentir mal porque ela é má. Sua natureza desagradável é um sinal fundamental de que você deve deixá-la rapidamente e, se possível, evitá-la.

Não devemos subestimar o impacto crescente das experiências reativas. Ao longo do tempo, elas representam fatores de risco de depressão[37] e de outros problemas mentais. Muitos distúrbios psicológicos estão associados às extremidades reativas[38] de um dos três sistemas operacionais do cérebro. Por exemplo, a ansiedade generalizada, a agorafobia, o transtorno de estresse pós-traumático (TEPT), o transtorno obsessivo-compulsivo (TOC), o transtorno dissociativo, a ansiedade social e o pânico estão relacionados ao sistema de evitação. O abuso ou a dependência de substâncias, e outros processos de adição, estão relacionados ao sistema de abordagem. A ligação insegura, o narcisismo, o transtorno de personalidade *borderline*, o comportamento antissocial e as consequências do abuso e do descuido na infância estão relacionados ao sistema de apego.

No corpo, o peso das experiências reativas gradativamente acumuladas[39] é chamado de *carga alostática*, a qual aumenta as inflamações[40], enfraquece o sistema imunológico[41] e debilita o sistema cardiovascular[42]. No cérebro, a carga alostática[43] provoca a atrofia dos neurônios do córtex pré-frontal, o centro de controle administrativo verticalizado; do hipocampo, o centro de aprendizagem e memória; e de outras áreas. Ela prejudica a *mielinização*[44], o isolamento das fibras neurais que acelera seus sinais, o que pode enfraquecer a conectividade entre as diferentes áreas do cérebro, fazendo com que não consigam operar juntas tão bem como deveriam. Por exemplo, pode ser mais difícil para você conservar uma perspectiva mais ampla de um problema se alguém o estiver provocando. O estresse crônico também diminui a *neurotrofina*, o BDNF[45] [sigla em inglês de fator neurotrófico derivado do cérebro] – indispensável para proteger os neurônios[46] e estimular o aprendizado –, especialmente no córtex pré-frontal.

Nos relacionamentos, "ver tudo vermelho" tem inúmeras consequências negativas. Já me senti extremamente magoado por pessoas que me humilharam ou me decepcionaram, e sei que também magoei os outros de forma semelhante. Basta pensar como você se sentiu quando foi enganado ou maltratado em um relacionamento importante. O simples fato de considerar os outros como "eles"[47], mesmo quando não existe nenhum conflito, reduz nossa capacidade de empatia e aumenta nossa tendência de desumanizar e desvalorizar[48] aquelas pessoas. Comparados aos outros animais[49], os seres humanos têm uma propensão especial de retaliar. A reatividade alimenta o conflito, que alimenta a reatividade, numa espiral crescente de mágoa, ressentimento e vingança.

Vamos recuar um pouco e levar em conta as consequências mais amplas. O cérebro é o órgão mais influente do corpo. A principal fonte da contribuição do cérebro para as reações exageradas, a infelicidade, a psicopatologia, as doenças associadas ao estilo de vida e os problemas de relacionamento é seu cenário vermelho e reativo.

A escolha

Esses dois modos de funcionamento do cérebro – receptivo e reativo, verde e vermelho – constituem a base da natureza humana. Não temos escolha diante das necessidades vitais a que o cérebro serve – evitar danos, abordar recompensas e apegar-se aos outros – nem diante de sua capacidade de estar no modo verde ou no modo vermelho. Nossa única escolha é o modo em que estamos. (Veja o Quadro 4 para uma comparação entre os dois modos.)

Vivendo com uma sensação de perigo e de sofrimento, de fome e de privação, e de agressão e de humilhação social, os primatas e os primeiros seres humanos desenvolveram um cérebro predisposto a

CÉREBRO VERDE E CÉREBRO VERMELHO   *51*

desejar e a sofrer para sobreviver. Quando as condições eram difíceis, a maioria dos indivíduos morria jovem e os bandos temiam e combatiam uns aos outros, as vantagens de curto prazo do modo reativo eram maiores que seus custos de longo prazo. Hoje em dia, porém, quando as condições melhoraram, as pessoas desejam uma vida longa e saudável e bilhões de nós precisam viver juntos de forma cooperativa, os custos do modo reativo superam em muito seus benefícios. Na verdade, um dos principais aspectos do projeto do cérebro no que diz respeito à transmissão dos genes tornou-se agora, no século XXI, uma falha de projeto, um "defeito". O que você pode fazer com relação a isso?

Quadro 4: Resumo dos modos receptivo e reativo

Característica	Receptivo	Reativo
Percepção de si	Seguro, satisfeito, conectado	Inseguro, insatisfeito, desconectado
Visão de mundo	Proteção, suficiência, inclusão	Perigo, escassez, exclusão
Postura	Confiante, realizado, relacionado	Aversivo, ansioso, afastado
Lida por meio de	Asserção, aspiração, cuidado	Resistência, avidez, apego
Metabolismo	Reabastecimento	Depleção
Sistemas físicos	Solidificando-se	Desgastando-se
Efeito na saúde	Salutogênico	Patogênico
Equilíbrio	Estável, homeostático	Perturbado, alostático
Experiência principal	Paz, contentamento, amor	Medo, frustração, angústia

Você pode usar a mente para mudar o cérebro para melhor. Especificamente, você pode *se comprometer o mais possível com a vida a partir do modo receptivo, conter e acalmar os estados reativos quando eles ocorrerem e voltar para sua base receptiva assim que puder.* Esse é o melhor caminho, a alternativa ao estresse, à infelicidade, aos conflitos com os outros e a inúmeros problemas de saúde. E, à medida que seguir esse caminho, será mais fácil permanecer nele, já que seu cérebro ficará cada vez mais predisposto a ele.

Desenvolva uma predisposição receptiva

Vimos no capítulo 2 que a predisposição negativa tem cinco características básicas. Ela faz com que você (1) fique reativo quando as condições são desafiadoras; (2) se sinta inquieto, insatisfeito e desconectado mesmo quando as condições são boas; (3) continue aprendendo com as experiências ruins; (4) se torne imediatamente sensível à reatividade; e (5) retorne lentamente ao modo receptivo, mesmo quando o custo é evidente. Mas não estamos fadados a viver dessa maneira.

Com o tempo, a incorporação do que é bom pode, na verdade, transformar a predisposição negativa do seu cérebro numa *predisposição receptiva* – com cinco características muito diferentes – que irá ajudá-lo a permanecer centrado, forte, saudável e feliz. Em primeiro lugar, o fato de ter uma reação receptiva ou reativa diante de um desafio depende do que foi introduzido em seu cérebro. A interiorização contínua de experiências positivas desenvolve forças interiores para que você possa enfrentar os desafios da vida sem medo, frustração ou angústia. Em segundo lugar, a incorporação do que é bom mostra com frequência que você se encontra basicamente bem agora mesmo, que sempre existem motivos para a gratidão e a alegria, que você é uma pessoa querida e de valor. Em terceiro lugar, suas experiências cada vez mais positivas e suas forças interiores crescentes evitarão que experiências negativas penetrem na mente e se depositem no cérebro. À medida que seu jardim mental se enche de flores, sobra menos espaço para que as ervas daninhas cresçam. Em quarto lugar, como vimos anteriormente neste capítulo, você estará sensibilizando o cérebro para o que é positivo, tornando-o um velcro para as coisas boas. Em quinto lugar, se você já se tornou uma pessoa estressada, preocupada ou infeliz, começar a incorporar o que é bom assim que possível faz com que você dê início, de maneira extremamente autêntica, ao processo de recuperação dos estados reativos. Além disso, como a incorporação do que é bom desenvolve suas forças interiores, seu corpo se tornará cada vez mais resiliente e sua mente ficará cada vez mais concentrada numa paz, numa alegria e num amor fundamentais, fazendo com que você se recupere mais rapidamente das experiências negativas em geral[50].

Incorporar o que é bom aproxima-o das coisas. Aproxima-o de uma intimidade confortável com sua própria experiência, de uma abertura confiante para a vida, de uma sensação de competência, e até mesmo de domínio, com relação à própria mente. Embora material reativo ainda possa brotar de você – isso acontece comigo –, você terá cada vez mais condições de mantê-lo numa estrutura receptiva. Quando minha mãe faleceu, eu me senti triste e desorientado, mas esses sentimentos foram como nuvens de um temporal num enorme céu de aceitação, gratidão e amor pela minha família. Mesmo que um dos sistemas operacionais do seu cérebro esteja com a luz vermelha piscando, os outros dois podem permanecer com a luz verde acesa. Por exemplo, você pode se sentir preocupado com uma conta inesperada (evitação) e, ao mesmo tempo, se sentir feliz por ter um emprego estável (abordagem) e se sentir apoiado por sua/seu companheira/o (apego).

Mesmo nos momentos difíceis, você ainda pode realizar coisas simples ao seu alcance que a Mãe Natureza concebeu para desligar a luz vermelha, acender a verde e trazê-lo de volta para o estado de repouso – como expirar lentamente, lembrar-se de um momento em que se sentiu forte, saborear um prazer físico, pensar em alguém que se importa com você e sentir-se amando a si próprio. Não se trata de curas milagrosas. Mas com tempo, empenho e prática é perfeitamente natural que você passe a maior parte dos minutos da maioria dos dias com o cérebro no modo receptivo.

Paz, alegria e amor são *objetivos* importantes para a maioria das pessoas. Eles são as recompensas e os frutos de uma boa vida. Além disso, por causa da neuroplasticidade dependente da experiência, essas experiências são um *método* poderoso e um caminho maravilhoso para transformar o cérebro. Toda vez que incorpora a sensação de se sentir seguro, satisfeito ou conectado, você estimula circuitos neurais receptivos em seu cérebro. E, quando estimula um circuito neural, você o fortalece. Tomando emprestado um ditado tibetano, incorporar o que é bom é "aceitar o fruto como o caminho". Felicidade são bons recursos.

COMO INCORPORAR

- O cérebro foi construído em três etapas – base do cérebro, subcórtex e córtex – que, em termos gerais, estão associadas à evolução dos répteis, dos mamíferos e dos primatas. Em um processo paralelo, os dois ramos do nervo vago também se desenvolveram.

- À medida que o cérebro evoluía, o mesmo acontecia com sua capacidade de atender a nossas três necessidades fundamentais – *segurança*, *satisfação* e *ligação* –, por meio, respectivamente, de três "sistemas operacionais": que *evitam* danos, *abordam* recompensas e *se apegam* aos outros.

- Os sistemas de evitação, abordagem e apego do cérebro têm basicamente dois ambientes. Quando você sente que suas necessidades fundamentais são atendidas em algum sistema, ele volta ao seu estado de repouso, o modo "verde" e *receptivo*. Nesse ambiente homeostático, o *habitat* natu-

CÉREBRO VERDE E CÉREBRO VERMELHO   55

ral do cérebro, seu corpo se reabastece e se recupera. Enquanto isso, sua mente permanece com um sentimento básico de paz, alegria e amor no que diz respeito aos sistemas de evitação, abordagem e apego. Você continua a se comprometer com a vida e todos os desafios que ela traz, mas com um sentimento subjacente de segurança, satisfação e carinho.

- Quando seu cérebro entra no estado verde, como você não se sente *incomodado* pelo perigo, pela privação ou pela rejeição, não existe nenhum motivo real para a aversão, a avidez ou o apego emocional – para o nosso *desejo desesperado*. O modo receptivo oferece pouco – ou nenhum – combustível para o estresse, a ansiedade, a irritação, a hiperatividade, a insatisfação, a tristeza, a mágoa, a inveja ou os conflitos – para o nosso *sofrimento*.

- Por outro lado, quando você sente que uma necessidade fundamental não foi atendida, devido à predisposição negativa seu cérebro rapidamente passa para o modo *reativo* "vermelho", lute/fuja/imobilize-se. Nesse ambiente *alostático*, os recursos físicos são exauridos enquanto os projetos de crescimento são adiados. Na zona vermelha, sua mente é povoada pelo medo, pela frustração e pela angústia no que diz respeito aos sistemas de evitação, abordagem e apego.

- Nossos ancestrais répteis, mamíferos, primatas e humanos normalmente passavam longos períodos no modo receptivo, interrompidos por breves explosões de estresse reativo, a que se seguia mais um longo período de recuperação receptiva. A vida moderna quebra esse antigo padrão com seus estressores de nível brando a moderado espalhados por toda parte. Consequentemente, o modo reativo tornou-se para muitas pessoas a nova condição de normalidade, uma espécie de abandono interior crônico que tem efeitos prejudiciais para a saúde mental e física, assim como para os relacionamentos.

- Incorporar as coisas boas afasta-o dos episódios reativos e fortalece as faculdades receptivas do cérebro. À medida que você constrói dentro de si um sentimento subjacente de força e bem-estar, sua felicidade se torna cada vez mais incondicional, cada vez menos baseada nas condições externas. Surpreendentemente, as experiências de paz, alegria e amor, que são *objetivos* importantes para uma boa vida, também representam *métodos* poderosos para alcançá-la.

SEGUNDA PARTE

Como

Capítulo 4

CURE a si mesmo

Uma amiga minha terminou subitamente um relacionamento após ter passado mais de uma década feliz com o parceiro. Ele era o amor de sua vida. Depois que ele foi embora, ela se sentiu vazia e desesperada. Conversou com os amigos, praticou exercícios, fez meditação e procurou um terapeuta. Embora tudo isso tivesse ajudado, ela ainda sentia uma tristeza infinita, às vezes insuportável.

Então ela decidiu acrescentar a prática de incorporar o que é bom às outras coisas que estava fazendo para se sentir melhor, e algo começou a mudar. "Quando saía para correr", ela me contou mais tarde, "eu me sentia bem. Quando deixava que essa impressão permanecesse comigo, era como se as sensações boas estivessem impregnando minha mente a partir do corpo." O mesmo acontecia quando ela tomava um banho quente e deixava a sensação de relaxamento tomar conta de si, ou passava alguns segundos desfrutando a satisfação que sentia quando terminava um projeto no trabalho. "A tristeza e o desespero começaram a ir embora." Poucas semanas depois, ela disse que a incorporação de sensações boas algumas vezes ao dia tinha tido um papel importante na diminuição do sentimento de perda. "Sinto, sinceramente, que isso me ajudou a aprender a ser feliz de novo."

Sua história é bem dramática, mas é verdadeira. Minha amiga não tentou esconder o sofrimento e a tristeza por meio do pensamento positivo. Ela permitiu que o luto acontecesse, e, lentamente, ao longo de muitos meses, ele foi embora. Durante esse processo, sempre que podia ela se abria a experiências positivas de vitalidade, relaxamento, satisfação e, finalmente, alegria.

Quando se inclina para o lado do que é bom, você não está negando nem resistindo ao que é ruim. Você está simplesmente admitindo, usufruindo e utilizando o que é bom. Você está ciente da verdade inteira, de *todos* os azulejos do mosaico da vida, não apenas dos negativos. Você identifica o que é bom em si próprio, nos outros, no mundo e no futuro que podemos construir juntos. E você pode incorporá-lo quando quiser.

Os quatro passos para incorporar o que é bom

Tecnicamente, incorporar o que é bom é *a interiorização deliberada de experiências positivas na memória implícita*. Isso implica quatro etapas simples:

1. Tenha uma experiência positiva.
2. Enriqueça-a.
3. Absorva-a.
4. Associe o elemento positivo ao negativo.

A primeira etapa *ativa* um estado mental positivo, e as etapas 2, 3 e 4 *instalam-no* em seu cérebro. A primeira letra de cada etapa produz o acrônimo **TEAA**. As três primeiras etapas estão concentradas inteiramente em experiências positivas. A quarta etapa é opcional, mas poderosa: ela utiliza pensamentos e sentimentos positivos para suavizar, reduzir e, potencialmente, substituir os negativos.

Uma rápida passada pelas etapas

Farei aqui um resumo das etapas; os capítulos de 5 a 10 irão cobri-las mais profundamente. (Se quiser ter uma experiência empírica desse método, consulte o boxe "Uma amostra de como é incorporar o que é bom", na página 62.) Quando você está, de fato, incorporando o que é bom, as três ou quatro etapas tendem a se misturar; mas, quando você está aprendendo o método pela primeira vez, é útil deixar claro o que acontece especificamente em cada etapa.

PRIMEIRA ETAPA. **Tenha uma experiência positiva.** Observe uma experiência positiva já existente no primeiro ou no segundo plano da sua consciência, como um prazer físico, um senso de determinação ou um sentimento de proximidade com alguém. Ou crie uma experiência positiva para si mesmo. Por exemplo, você pode pensar em coisas pelas quais se sente agradecido, lembrar-se de um amigo ou identificar uma tarefa que concluiu. Na medida do possível, ajude ideias como essas a se tornar *experiências* emocionalmente gratificantes; caso contrário, elas não passam de *pensamento* positivo.

SEGUNDA ETAPA. **Enriqueça-a.** Retenha a experiência positiva de cinco a dez segundos ou mais. Abra-se às sensações que existem dentro dela e tente percebê-las em seu corpo; deixe que ela ocupe sua mente. Desfrute-a. Estimule suavemente a experiência para que ela se torne mais intensa. Descubra algo de desconhecido ou de novo a respeito dela. Reconheça como ela é relevante para você, como poderia estimulá-lo ou ajudá-lo, ou transformar de maneira significativa sua vida. Faça com que esses neurônios realmente disparem juntos para que realmente permaneçam juntos.

TERCEIRA ETAPA. **Absorva-a.** Visualize e sinta que a experiência está penetrando em você ao mesmo tempo que você penetra nela. Deixe que ela aterrisse realmente em sua mente. Talvez possa visualizá-la pousando em você como uma poeira dourada, sentir que ela lhe traz o conforto de um bálsamo suave, ou colocá-la como uma joia na arca do tesouro do seu coração. Reconheça que a experiência está se tornando parte de você, um recurso interior que você pode levar aonde quer que vá.

UMA AMOSTRA DE COMO É INCORPORAR O QUE É BOM

Você gostaria de ter uma ideia da sensação que se tem quando se incorpora o que é bom? Aqui estão algumas dicas que você pode utilizar nas três primeiras etapas; examinaremos a quarta no capítulo 8. Aproveite a dica e examine cuidadosamente as três primeiras etapas sozinho.

- Observe algo prazeroso que já esteja presente em sua experiência. Quem sabe uma sensação de descontração proveniente da respiração, do bem-estar ou da curiosidade.
- Descubra algo bom próximo de você. Talvez algo sólido, bem-feito, protetor, útil ou belo, como uma poltrona aconchegante, uma árvore do lado de fora da janela ou um quadro na parede.
- Pense em algo que o deixa alegre, hoje em dia ou no passado. Pode ser algo tão simples como ter um teto para se abrigar.
- Lembre-se de alguém que faz com que você sinta que se preocupam com você. Não precisa ser um relacionamento perfeito, mas a atenção – o afeto por você, o desejo de que esteja tudo bem com você – é genuína.
- Lembre-se de alguém de quem você gosta.
- Pense em algumas coisas que o ajudam a se sentir forte... calmo... agradecido... feliz... amado... carinhoso.

CURE A SI MESMO

QUARTA ETAPA. **Associe o elemento positivo ao negativo** (opcional). Enquanto tem uma percepção vívida e estável de uma experiência positiva no primeiro plano da consciência, mantenha também algo negativo no segundo plano. Por exemplo, quando se sentir incluído e apreciado, você pode viver essa experiência entrando em contato com sentimentos de solidão do passado. Se elementos negativos prendem sua atenção, deixe-os de lado e concentre-se apenas nos positivos; quando se sentir novamente concentrado nos elementos positivos, você pode permitir que os negativos também fiquem presentes na consciência, se quiser. Sempre que precisar, afaste da mente todos os elementos negativos e fique apenas com os positivos. Em seguida, para prosseguir na erradicação dos elementos negativos, durante a próxima hora mantenha na consciência apenas os positivos ou neutros. Repita isso algumas vezes, enquanto também se lembra de coisas neutras (p. ex., pessoas, situações e ideias) que ficaram associadas aos elementos negativos.

Torne-se um *expert* em incorporar o que é bom

Você já sabe como incorporar o que é bom, mesmo que não tenha feito isso conscientemente. Todos nós já passamos pela experiência de saborear uma refeição deliciosa ou de passar momentos agradáveis com os amigos. Porém, como acontece com qualquer outra habilidade, você provavelmente pode se aperfeiçoar ainda mais. Portanto, vou dar algumas sugestões. Ao experimentá-las, fique mais atento ao modo como você se sente quando incorpora o que é bom, como o sinal deixado numa trilha da floresta para poder voltar pelo mesmo caminho.

Valorize as pequenas coisas

A maioria das oportunidades de viver uma experiência boa chega sem fazer muito alarde. Você terminou de escrever um *e-mail*, o telefone está funcionando, você tem um amigo. Além disso, a maioria das experiências boas são relativamente moderadas; numa escala de zero a dez, elas ficam no um e no dois. Não faz mal. Esses momentos ainda valem por si sós. Ademais, ao longo do tempo eles podem se acumular para transformar positivamente seu cérebro.

Descubra boas ocasiões para ter experiências boas

Geralmente você irá incorporar o que é bom enquanto a vida segue seu curso. No momento em que estou escrevendo este texto, nosso velho gato marrom e cinza-prata está enrolado em cima da escrivaninha, transmitindo-me uma sensação familiar aconchegante que é bom incorporar. Ao longo do dia, busque oportunidades para permitir que as experiências boas penetrem em você.

Você também pode incorporar o que é bom em momentos específicos. Por exemplo, assim que acordar, pode se lembrar de uma experiência que seja importante para você, como desejar coisas boas aos outros. As refeições são uma ocasião tradicional para se sentir agradecido. Logo antes de dormir, sua mente é muito receptiva; portanto, não importa o que tenha dado errado durante o dia, descubra algo que deu certo, abra-se para essa experiência e deixe que as sensações agradáveis aconteçam e lhe proporcionem um sono tranquilo.

Faça do seu jeito

As pessoas incorporam o que é bom de diversas maneiras, o que é ótimo. Vejamos a questão da gratidão. Tem gente que a aborda de forma conceitual. Fico estarrecido com o simples fato de as coisas existirem, de o universo estar aqui e de nós fazermos parte dele. Isso para não falar dos dons! Outros podem se relacionar com a gratidão de forma concreta, como quando são gratos a um amigo. A experiência familiar também pode ter seu papel[1]. Em algumas famílias, compartilhar alegrias é algo agradável que une as pessoas, enquanto em outras as experiências positivas são mais pessoais.

Aproveite

Às vezes pode ser difícil se permitir uma experiência boa. Reflita, então, sobre o "teste do amigo". Se seu amigo pudesse ter uma experiência boa, você lhe desejaria isso? Você iria querer que seu amigo fosse capaz de aproveitar a experiência e incorporá-la? Bem, é igualmente válido que você também deseje ter experiências positivas. Você não está olhando o mundo com óculos cor-de-rosa, e sim corrigindo a tendência do cérebro de olhar o mundo com óculos esfumaçados. Além disso, ao incorporar o que é bom[2], você se torna mais capaz de lidar com o que é ruim. Isso não significa pôr um sorriso no rosto quando você está estressado ou decepcionado. Porém, quando surge uma oportunidade, por que não se permitir sentir-se bem e desenvolver mais forças dentro de você?

Naturalmente, toda experiência, por mais que seja positiva, é transitória. Quando incorporar o que é bom, permaneça no presente, usufruindo o que flui através da consciência sem tentar agarrá-lo enquanto passa, abrindo-se a ele para que ele penetre em você.

Fique do seu lado

Para incorporar o que é bom, você precisa querer se ajudar. Ficar do seu lado – não contra os outros, mas do seu próprio lado – é a base de todas as práticas saudáveis, de bem-estar e de sucesso. Sem essa postura, você não se sentiria motivado a agir em seu próprio interesse. Infelizmente, por terem sido exageradamente criticadas na infância, por exemplo, muitas pessoas são amigas muito melhores dos outros do que de si próprias. Quanto mais você foi deixado indefeso no passado, mais importante é, para você, se defender hoje. (Para incorporar e, consequentemente, fortalecer o sentimento de estar do seu próprio lado, experimente o exercício dirigido do próximo boxe.)

FIQUE DO SEU LADO

Este exercício utiliza as três primeiras etapas da incorporação do que é bom. Adapte minhas sugestões como quiser.

1. **TENHA**. Observe se existe qualquer traço da postura de ficar do seu lado já presente no primeiro ou no segundo plano da consciência. Talvez você possa perceber ou sentir que está decidido a cuidar de suas próprias necessidades ou a desejar bons votos a si próprio. Ou, então, crie essa sensação. Lembre-se de quando defendia energicamente seus interesses, quando defendia a si próprio ou era bondoso consigo mesmo. Se for difícil ficar do seu próprio lado, comece lembrando da experiência de ficar do lado de outra pessoa. Perceba como é se sentir assim e depois veja se é capaz de ter a mesma atitude com relação a si mesmo. Você pode recorrer a uma imagem ou lembrança da época em que era uma criança pequena e vulnerável e verificar se é capaz de ser atencioso para com ela.

2. **ENRIQUEÇA**. Abra-se para esse sentimento. Deixe que ele tome conta de seu corpo e de sua mente e fique mais intenso. Retenha-o, ajude-o a durar, construa em sua mente um santuário para ele. Observe os diferentes aspectos da experiência. Imagine como seria seu modo de sentar, de ficar de pé ou de falar se você estivesse do seu próprio lado; em seguida, deixe que sua postura ou sua expressão facial se modifiquem de acordo com isso. Perceba como o fato de estar do seu próprio lado seria importante para você em casa ou no trabalho.

3. **ABSORVA**. Perceba e visualize que a sensação de estar do seu próprio lado está penetrando em você ao mesmo tempo que você penetra nela. Deixe que essa experiência boa se torne parte de você. Dedique-se completamente a ela. Deixe que a atitude de ser bondoso consigo mesmo e de desejar o sucesso a si mesmo seja, cada vez mais, a maneira como você se trata.

Torne isso um hábito

Assim como o músculo, o cérebro é um sistema físico que quanto mais se exercita mais forte fica. Portanto, torne a incorporação do que é bom um elemento constante de sua vida. Embora seja inicialmente uma atitude deliberada, ela se tornará cada vez mais automática. Mesmo sem pensar muito nisso, você estará incorporando experiências boas ao cérebro. Você pode incorporar habitualmente o que é bom mesmo por meio das experiências mais simples, como neste relato que alguém me fez: *Adoro incorporar o que é bom sempre que chupo uma laranja. Como chupo pelo menos duas por dia, tenho a possibilidade de experimentar esse momento com frequência. Assim que descasco a laranja, fecho delicadamente os olhos e aspiro o perfume suave. Conservo esse prazer na mente e penso que sou a primeira pessoa a examinar o interior daquela laranja e a prová-la. Embora leve menos de um minuto, essa experiência tem um efeito extremamente positivo em meu humor e em meu nível de energia. Passo o dia esperando por esse momento.*

Incorpore o que você precisa

Você pode aplicar as etapas do **TEAA** a qualquer experiência positiva. Contudo, como você provavelmente já percebeu em sua própria vida, parece que algumas experiências são mais benéficas que outras. Como se concentrar nas experiências que serão mais úteis para você? É aqui que a incorporação do que é bom se torna extremamente pessoal – e extremamente maravilhosa, pois você pode incorporar as experiências que visam *especificamente* a seus próprios desejos e necessidades.

Talvez você queira se sentir menos preocupado, autocrítico ou inseguro. Talvez você esteja enfrentando uma situação difícil em casa ou no trabalho, ou gostaria de se sentir motivado a praticar mais exercício ou beber menos. Talvez você simplesmente queira se sentir mais feliz, levar uma vida mais tranquila e ser mais amado. O que faria uma grande diferença para você ter em maior quantidade dentro de si?

Uma boa forma de responder a essa pergunta é levando em conta os três sistemas operacionais do cérebro. Se você se sente angustiado, tenso, pressionado ou desamparado, essa situação põe em funcionamento o sistema de evitação de danos, fazendo com que você seja socorrido, em especial, por "experiências de iniciativa" relacionadas a esse sistema, tais como proteção, segurança, relaxamento, força e intervenção. A tristeza, a decepção, a frustração, a hiperatividade, a pressão ou o tédio envolvem o sistema de abordagem de recompensas, sendo mais bem tratadas pelas experiências de iniciativa correspondentes de gratidão, prazer, realização e satisfação. Os sentimentos de exclusão, mágoa, inadequação, inveja, solidão, ressentimento ou irritação ocupam o sistema de apego aos outros, fazendo com que sejam especialmente úteis nesse caso as experiências de iniciativa de pertencimento, autocompaixão, estima por parte dos outros, amizade, bondade e assertividade.

Em outras palavras, todo problema precisa de uma solução adequada a ele. Se você tem escorbuto, precisa de vitamina C. Durante anos tentei satisfazer minha carência de amor – uma carência que todo o mundo tem – acumulando realizações; isso, porém, nunca funcionou porque eu estava tentando resolver um tipo de problema relacionado ao apego com os outros com um tipo de solução relacionada à abordagem de recompensas. Na verdade, tomei um monte de comprimidos de ferro para combater o escorbuto, e eles não serviram para nada. Somente quando passei a incorporar experiências relacionadas ao apego – sentir-se notado, incluído, respeitado, desejado e cuidado – é que fui capaz de cuidar, aos poucos, dessa minha carência.

Então, qual é a sua vitamina C? Ela pode estar ligada a uma situação atual, a uma antiga dificuldade com outra pessoa ou a uma mágoa de infância. Quando você sabe o que quer incorporar e cul-

CURE A SI MESMO

tivar dentro de si, pode buscar oportunidades na vida diária para experimentar aquilo que escolheu e instalá-lo em seu cérebro por meio das etapas do **TEAA**. Assim, você estará do seu próprio lado, será um bom amigo de si mesmo e se proporcionará o alimento psicológico de que necessita. Uma vez instalada, será mais fácil ativar essa força interior da próxima vez que precisar dela; então, você poderá reinstalá-la, aprofundando seu traço neural, num círculo virtuoso. E, naturalmente, você pode usar essa abordagem para mais de uma "vitamina", para mais de uma experiência de iniciativa.

Eis aqui um exemplo de incorporação de experiências que visa especificamente às necessidades de uma pessoa, nesse caso, no sistema de evitação de danos: *Como estava tendo ataques de pânico, todo dia eu ia até a varanda atrás da casa e voltava minha atenção para o jardim. Olhava para as plantas que eu adoro e observava os insetos zumbindo em volta delas, os passarinhos pulando de uma planta para outra e os raios de sol passando entre as folhas. Durante alguns minutos, eu incorporava a sensação de segurança que existia em meu jardim. Às vezes imaginava essa confiança e essa paz erguendo uma bolha dourada protetora ao meu redor. Eu então pegava um pequeno objeto do jardim e o punha no bolso. Quando começava a sentir o desconforto da ansiedade, eu segurava o objeto, lembrando de como me sentia no jardim e trazendo para dentro da mente aquela sensação de força e de paz.*

Mesmo que não consiga recuperar todos os detalhes da experiência desejada, ao menos você conseguirá recuperar partes dela. Como você tem de começar de algum lugar, decida aquilo que está diante de você. Quando entrei na universidade, era uma pessoa muito tímida. Certa noite, meu colega de quarto me perguntou se eu queria sair com ele e um grupo de moças. O convite me deixou extremamente nervoso. Mas ele era um passo na direção das experiências de relacionamento de que eu sabia que precisava. Portanto, obriguei-me a ir com ele e fiquei quieto, mas no final deu tudo certo. Eles foram simpáticos comigo e eu me senti incluído. Nos dias que se seguiram eu revi mentalmente o que tinha acontecido, incorporando inúmeras vezes aquelas sensações agradáveis. Isso me ajudou a estar um pouco mais disponível quando me convidaram para sair de novo, o que me trouxe experiências ainda mais ricas de ser desejado, apreciado e querido. Uma coisa boa levou a outra. Eu realmente me transformei numa pessoa mais amistosa na universidade, o que me fez trilhar um caminho com o qual jamais havia sonhado quando era um garoto desajeitado do segundo grau. Passados quarenta anos, olho para trás e percebo que o passo fundamental naquele caminho foi dado na noite em que aceitei o convite do meu colega de quarto.

Faz bem incorporar o que é bom

É preciso certo esforço para incorporar o que é bom, especialmente no começo. Além disso, pode ser que você tenha alguns bloqueios para agir assim, como acreditar que sentir-se bem é uma atitude egoísta (para superar obstáculos como este, consulte o capítulo 9). Como a motivação é fundamental para que nos apeguemos a qualquer coisa, ajuda saber *por que* incorporar o que é bom faz bem a você e aos outros. Gostaria, portanto, de sintetizar os benefícios dessa prática, incluindo alguns que já mencionei.

Ao dedicar apenas alguns segundos extras para fazer com que uma experiência positiva perdure – até mesmo o bem-estar do simples ato de respirar –, você ajudará a transformar um estado mental passageiro numa estrutura neural permanente. Com o decorrer do tempo, você pode encher seu armazém interior com as forças de que necessita, como sentir-se tranquilo em vez de irritado, amado em vez de maltratado e cheio de recursos em vez de vazio. Essas forças vão promover o bem-estar e a eficácia, curar problemas psicológicos como a ansiedade e estimular a criatividade, a realização plena do potencial e a prática espiritual.

Incorporar o que é bom é, intrinsecamente, uma forma de ser ativo em vez de passivo – o martelo em vez do prego – numa época em que muitas pessoas se sentem pressionadas e fustigadas pelos acontecimentos e por suas reações a eles. É também uma forma de se valorizar, o que é especialmente importante se você não foi valorizado pelos outros. Essa prática o traz para o momento atual e reduz o processo de ruminação, aquela repetição requentada de ideias dentro da cabeça que favorece o surgimento de problemas mentais e físicos. Ela o ensina a controlar mais sua atenção, de modo a mantê-la concentrada naquilo que é bom para você e para os outros e afastá-la do que é ruim.

Desenvolver suas forças interiores por meio da incorporação do que é bom é como aumentar o calado de um veleiro para que ele não seja tão sacudido pelos temporais da vida e se recupere mais prontamente das tempestades fortes, permitindo que você possa partir em segurança para águas mais profundas em busca dos seus sonhos. Você transformará momentos de bem-estar *hedonista* num contínuo senso de realização e significado mais fundamental: o chamado bem-estar *eudemônico*. Sentir-se melhor ajuda a agir melhor, que ajuda o mundo a tratá-lo melhor, que o ajuda a se sentir melhor, num círculo virtuoso.

Incorporar o que é bom não significa ir em busca do prazer ou espantar a dor. Significa pôr fim a essas atitudes. Quando você traz experiências boas para dentro do cérebro – quando desenvolve a percepção de que já é uma pessoa tranquila, alegre e amada –, seu bem-estar se torna cada vez mais *incondicional*, menos dependente das condições externas como receber a atenção do parceiro ou ter um dia de trabalho perfeito. À medida que seus estados mentais positivos se tornam traços neurais positivos, você passa gradualmente a ficar num estado de felicidade que surge naturalmente dentro de você.

Tesouros do cotidiano

Se você incorporar um monte de coisas boas, poderá fazê-lo cinco ou dez vezes por dia, de dez a trinta segundos de cada vez – no máximo cinco minutos[3]. Isso não irá tomar conta da sua vida. Você não ficará autocentrado nem terá uma visão excessivamente positiva. Ainda será capaz de identificar desafios e se sentirá mal às vezes. Não vai ignorar problemas de saúde, dificuldades financeiras, maus-tratos por parte dos outros ou sofrimento emocional. Não se esquecerá de que aqui e no mundo todo coisas terríveis acontecem diariamente a milhões de pessoas – e podem acontecer a qualquer um de nós.

Contudo, do mesmo modo que os fatos positivos não anulam os ruins, os fatos negativos não anulam os bons. Estamos rodeados de fatos positivos, mesmo numa época cheia de desafios – coisas grandes e pequenas que favorecem sua felicidade e seu bem-estar e a felicidade e o bem-estar dos outros. O chocolate é delicioso, estamos rodeados de paisagens e de sons maravilhosos, você consegue concluir muitas coisas todo dia e é mesmo uma pessoa importante para os outros. Você pode usufruir os resultados do trabalho árduo de inúmeras pessoas que construíram o mundo de hoje. Abre a torneira e a água aparece; gira o interruptor e a luz acende. Tem a sorte de possuir um corpo, um cérebro e uma mente humanos que foram meticulosamente moldados durante 3,5 bilhões de anos de evolução. E, o que é mais prodigioso, você foi dotado com o universo inteiro. Todo átomo mais pesado que o hélio – o oxigênio no ar e na água, o cálcio nos dentes e nos ossos, o ferro no sangue – nasceu dentro de uma estrela. Você é, literalmente, feito de poeira estelar.

Tem gente que deseja o seu bem, que gosta de você, que percebe o bem que existe em você. É quase certo que você seja amado. Sua generosidade e suas boas intenções são reais, elas existem. Você gerou muitas coisas boas no passado, e continua a fazê-lo no presente. Assim como eu, você não é uma pessoa perfeita – ninguém é –, mas é uma pessoa boa.

Fatos positivos continuam existindo em grande quantidade, por mais que não sejam conhecidos. Neste momento – e na maioria dos outros – você está se sentindo bem. Cada instante de experiência está cheio de uma plenitude quase insuportável. Você está continuamente ligado a todas as coisas. Se você sente que existe algo transcendental como Deus, Espírito Santo ou qualquer outra coisa que tenha significado para você, então isso também representa um benefício maravilhoso.

Além das coisas boas que existem no presente, ocorreram fatos positivos no passado e ocorrerão também no futuro. Basta pensar nos momentos agradáveis, gratificantes ou significativos que você desfrutou ou nas pessoas que perceberam sua luz interior e o amaram. Pense no futuro, nas coisas boas que podem acontecer, no amor que você pode dar e receber.

Todas essas coisas boas significam que cada dia é como se fosse um caminho sinuoso semeado de joias: pérolas e diamantes, esmeraldas e rubis, cada uma delas representando a possibilidade de ter uma experiência positiva. Infelizmente, a maioria das pessoas passa batido sem percebê-las. E, mesmo quando de fato a percebem, elas raramente *sentem* alguma coisa. Deixam para trás uma joia depois da outra, perdidas para sempre.

Mas não precisa ser assim. Com um pouco de determinação e habilidade, você pode reservar alguns segundos todo dia para incrustar um punhado dessas joias no tecido do seu cérebro, do seu ser, da sua vida. Breves momentos de tranquilidade, prazer, calma, determinação, alegria, *insight* e generosidade que se transformam em estrutura neural.

São apenas algumas joias por dia. Não obstante, dia após dia, aumentando gradativamente, elas se transformam no bem que permanece. É a lei das pequenas coisas: um monte de pequenas coisas ruins conduz as pessoas a uma situação difícil e dolorosa, e um monte de pequenas coisas boas as conduz a uma situação melhor. Muitas vezes fico impressionado com a enorme diferença que uns poucos momentos podem fazer dentro da minha mente ou dentro da mente de outra pessoa. Acho isso realmente auspicioso, já que as pequenas coisas são as que podemos influenciar mais. Você não pode fazer nada com relação ao passado, mas tem, sim, o poder de incorporar o que é bom durante os próximos momentos. Como diz o provérbio: *Se você cuidar dos minutos*[4], *os anos vão cuidar de si mesmos.*

COMO INCORPORAR

- Incorporar o que é bom é a interiorização deliberada de experiências positivas na memória implícita. Isso implica quatro etapas simples (a quarta é opcional). (1) **T**enha uma experiência positiva. (2) **E**nriqueça-a. (3) **A**bsorva-a. (4) **A**ssocie o elemento positivo ao negativo. A primeira letra de cada etapa forma o acrônimo **TEAA**. A primeira etapa *ativa* uma experiência positiva, e as etapas de 2 a 4 *instalam-na* em seu cérebro.
- É natural incorporar o que é bom. Todos conhecemos a essência desse procedimento: tenha uma experiência positiva e, em seguida, desfrute realmente dela. Não obstante, como acontece com toda habilidade, você pode executá-la melhor por meio do aprendizado e da prática.
- A maioria das experiências positivas é relativamente breve e de intensidade média. Porém, a incorporação de meia dúzia delas por dia, durante meio minuto ou menos de cada vez, resultará em algo importante para você.
- Você pode incorporar o que é bom tanto durante os afazeres diários como durante momentos especiais como a refeição ou logo antes de se deitar.
- Incorporar o que é bom implica ser um bom amigo de si mesmo. Se isso for difícil para você, como é para muita gente, você pode criar e incorporar, deliberadamente, experiências de ficar do seu próprio lado.
- A incorporação de algumas experiências tem um valor especial. Quando o sistema de evitação de danos do cérebro

está ameaçado, você precisa de experiências fundamentais que estejam diretamente relacionadas a ele, como a sensação de proteção ou de força. O mesmo se aplica aos sistemas de abordagem e apego. Você pode utilizar as etapas do **TEAA** para buscar e incorporar as experiências que realmente irão ajudá-lo nos dias de hoje.

- Recorrendo ao poder oculto de experiências aparentemente comuns, esta prática supostamente simples desenvolve a resiliência, cura a angústia e as disfunções, melhora os relacionamentos, promove a saúde física e produz uma felicidade duradoura.

Capítulo 5

Fique atento

Este capítulo trata da *atenção* que deve ser dada às experiências positivas já existentes, enquanto o capítulo 6 irá examinar como *criar* novas experiências positivas; esses dois capítulos dão conta do modo de *ativar* as experiências positivas: a primeira etapa – Tenha – da incorporação do que é bom. Em seguida, os capítulos 7 e 8 irão mostrar como *instalá-las* em seu cérebro, utilizando a segunda, a terceira e a quarta etapas da incorporação do que é bom: Enriqueça, Absorva e Associe. O capítulo 9 irá aplicar as habilidades que você adquiriu nos capítulos precedentes a situações específicas como um relacionamento, e a problemas ou necessidades especiais como a substituição da ansiedade pela confiança, da tristeza pela alegria e da autocrítica pela autocompaixão. O capítulo 10 irá oferecer práticas dirigidas de vinte e uma experiências e forças interiores essenciais. (Nas práticas dirigidas deste livro existem algumas sugestões repetidas, que você pode pular se quiser.)

Embora a quarta etapa do processo de incorporação do que é bom possa ser eficaz, ela precisa ser utilizada com habilidade, já que envolve material psicológico negativo como raiva, mágoa ou vergonha. Até que examinemos profundamente a quarta etapa no capítulo 8, as práticas dirigidas conterão somente as três primeiras etapas.

Como perceber uma sensação agradável

Você pode reservar meio minuto ou mais para fazer essa prática, com os olhos abertos ou fechados. Não há problema em fazê-la junto com outras atividades, mas no começo você provavelmente irá aproveitá-la melhor se antes interromper o que estiver fazendo.

1. **Tenha** Descubra uma sensação agradável que já esteja presente no primeiro ou no segundo plano da sua consciência. Quem sabe uma sensação relaxante que o ato de respirar traz, um calor ou frescor confortável, ou uma sensação física de vitalidade ou vivacidade. Essa sensação pode ser sutil ou moderada e, no entanto, ainda ser agradável. Pode haver outras sensações ou pensamentos que sejam desagradáveis, mas tudo bem. Tire-os da mente por ora e volte sua atenção para a sensação agradável. Quando descobrir uma sensação agradável, passe para a etapa seguinte.

2. **Enriqueça** Retenha a sensação agradável. Examine-a um pouco. Que tal lhe parece? Ajude-a a durar. Mantenha sua atenção nela durante dez, vinte ou mais segundos sem interrupção. Retorne a ela caso você se distraia. Exponha-se a essa sensação na mente e no corpo. Sem pressão nem esforço, observe se ela se torna ainda mais plena, ainda mais intensa. Desfrute-a. Deixe que o prazer da sensação ajude a mantê-la viva. Observe se você consegue consolidá-la por meio de pequenos gestos como mover o corpo para respirar mais plenamente ou sorrir suavemente.

3. **Absorva** Tanto durante a segunda etapa como logo depois dela, visualize e sinta que a sensação agradável está penetrando em você e você nela.

Quando terminar a prática, observe como está se sentindo. Perceba como é incorporar o que é bom.

Se não foi capaz de perceber nenhuma sensação agradável, ou você estava tomado por um sofrimento agonizante (espero que não!) ou simplesmente precisa tentar mais algumas vezes. É natural encontrar dificuldades na primeira etapa da incorporação do que é bom, e fácil subestimá-las. Quando se lida com a mente, é bom manter um moderado, mas persistente, espírito investigativo. Continue procurando. Se você não conseguir encontrar nada positivo agora, pode ser que isso apareça mais tarde.

A música da experiência

Quando ouve uma canção, você é capaz de distinguir seus elementos: vocais, guitarra, piano e bateria. Do mesmo modo, sua experiência compõe-se de diferentes elementos, entre eles os pensamentos, as percepções sensoriais, as emoções, os desejos e as ações. Durante o jantar desta noite, antes de escrever este trecho, meu filho e minha filha estavam rindo juntos de maneira afetuosa. A "música" da minha experiência incluía o quanto eles se importavam um com o outro, a visão da alegria estampada em seus rostos, a sensação de contentamento como pai, o desejo de que nunca deixassem de se amar e o momento em que me inclinei na direção deles para usufruir seu afeto.

Muitas vezes você incorpora o conjunto da experiência. Quando caminho nas colinas perto de casa, as belas paisagens, a sensação de vitalidade e o prazer de estar ao ar livre, tudo se mistura. Mas também é importante aprender a entrar em contato com as diferentes partes da experiência. Ficar mais consciente de todos os aspectos da experiência dá a você uma sensação maior de integração e de unidade interna. Além do mais, isso permite que você aumente o volume, por assim dizer, em diferentes partes quando precisar delas. Você pode se concentrar na *ideia* de que a felicidade dos outros depende principalmente deles e não de você, na *sensação* de bem-estar físico, no *sentimento* de calma, na *vontade* de ser menos perfeccionista ou no *gesto* de se desligar dos *e-mails*. Deter-se numa parte da experiência lhe proporciona benefícios imediatos, além de ajudar para que ela penetre em seu cérebro, o que torna mais fácil evocá-la novamente no futuro.

Portanto, vamos fazer um levantamento dos elementos mais importantes da sua experiência e das gratificações que eles poderiam lhe proporcionar. Veja se você consegue descobrir algo em cada um deles cuja lembrança seja prazerosa. Por exemplo, se passou por uma decepção, você pode se concentrar mais no sentimento de gratidão; ou, se está estressado, pode se concentrar mais na sensação de relaxamento.

Pensamentos

Seus pensamentos incluem conhecimento factual, ideias, crenças, expectativas, pontos de vista, *insights*, imagens e recordações. Alguns pensamentos são verbais (conversa mental consigo mesmo), enquanto outros são compostos de imagens ou de uma mistura de palavras e imagens.

Inúmeras pesquisas demonstram os benefícios da terapia cognitiva[1] centrada na mudança dos pensamentos para melhor. Por exemplo, quando tinha vinte e poucos anos me dei conta de que fora um "caxias", não um fracote, enquanto crescia. Esse pensamento foi extremamente importante para mim! Certa vez uma paciente entrou em meu consultório, suspirou lentamente e disse que tinha estado pensando que "não era culpa sua que o marido fosse um alcoólatra". Esse pensamento ajudou-a a parar de se culpar por ele beber, além de ajudá-la a enfrentá-lo mais diretamente. É bom incorporar pensamentos que são verdadeiros e úteis em vez de pensamentos falsos e nocivos. Entre os bons pensamentos estão: perceber a si mesmo, os outros, o passado e o futuro de forma mais cuidadosa; compreender o modo como suas atitudes conduzem a diferentes resultados; encarar as coisas de maneira mais razoável.

Embora não haja dúvida de que os pensamentos são importantes, nós em geral usufruímos ou padecemos principalmente daquilo que percebemos, sentimos, queremos e fazemos. Portanto, as práticas deste livro enfatizam essas partes mais materiais da experiência.

Percepções sensoriais

Este é o campo da visão, da audição, da gustação, do olfato, do tato e da *interocepção* (as sensações internas do corpo, como o gorgolejo no estômago). As percepções sensoriais são o atalho para experiências de prazer, relaxamento, vitalidade e força.

Cada sentido é uma porta de entrada potencial para o *prazer*. Por exemplo: ver um vestido bonito, ouvir boa música, dar uma mordida num pêssego suculento, sentir o cheiro de pão quente, coçar-se ou, sinceramente, enfim encontrar um banheiro. Além de ser agradável por si só[2], o prazer normalmente reduz a sensação de estresse e desencadeia o processo de recuperação dele. O prazer é um recurso subestimado de saúde física e mental. Quando encontrá-lo, permita-se recebê-lo plenamente, como a pessoa que me escreveu: *Perto do meu apartamento na Carolina do Norte, a imensa amplidão das veneráveis montanhas contra a linha do horizonte me dá a sensação de que existe espaço de sobra para mim. Quando tenho essa visão, sinto-me "descomprimido" da cabeça aos pés e disponível de uma maneira que me parece maravilhosa. A visão majestosa me preenche, fazendo com que eu me sinta bem sempre que penso nela depois.*

O *relaxamento* envolve a ala parassimpática do "repouso e digestão" do sistema nervoso, o contraponto natural à ala simpática da "luta ou fuga". De modo bastante semelhante ao prazer, o relaxamento reduz o estresse[3] – além de fortalecer o sistema imunológico[4], aumentar a resiliência[5] e baixar a ansiedade[6]. É praticamente impossível ficar muito incomodado com alguma coisa se você se sentir profundamente relaxado.

A *vitalidade* pode parecer intensa, como quando você fica agitado com a vitória do seu time ou emocionado ao dançar ou fazer amor. Porém, na maior parte do tempo a vitalidade é mais moderada, como quando você simplesmente se sente vivo. Seja ela poderosa ou sutil, incorporar o atributo da vitalidade é especialmente útil se você se sente esgotado, melancólico ou sobrecarregado em casa ou no trabalho.

Embora algumas experiências de *força* se caracterizem pelo impacto, a persistência obstinada – como o simples fato de superar uma infância, um relacionamento ou um trabalho difícil – é mais comum. Certa noite, observei um homem que se arrastava para casa depois de deixar o turno noturno de trabalho, e, pelo modo como se movia e pela expressão em seu rosto, percebi o quão persistente ele tinha de ser simplesmente para não entregar os pontos.

Sentimentos

Os sentimentos são compostos de sensações e estados de espírito. As sensações são específicas, muitas vezes razoavelmente breves e provocadas por estímulos internos ou externos. O sorriso de um amigo o deixa feliz; no minuto seguinte, um comentário ríspido feito por ele o deixa irritado. Estados de espírito são mais difusos, duradouros e não dependem de estímulos. A tristeza é uma sensação, enquanto a depressão é um estado de espírito.

Sensações produzem estados de espírito. Por exemplo, a incorporação frequente de sensações de alegria e de gratidão tende a desenvolver um estado de espírito alegre. Por sua vez, os estados de espírito produzem sensações. Um senso básico de contentamento com a vida favorece sensações de agradecimento e de alegria. Consequentemente, incorporar sensações positivas pode melhorar o seu estado de espírito, o que lhe trará mais sensações positivas, as quais, por sua vez, poderão melhorar ainda mais seu estado de espírito.

Um dos sentimentos mais belos, naturalmente, é o amor, tal como revelado no relato de uma mulher: *Toda noite, antes de apagar a luz, eu dou uma passada no quarto do meu filho pequeno, que está dormindo, e digo baixinho: "Quero que você seja feliz e tenha saúde, segurança e paz." O amor que sinto quando faço isso penetra dentro de mim. Uma noite, depois de voltar para o meu quarto e me cobrir, a alegria continuou a se expandir dentro do meu coração e eu decidi estendê-la a meu marido. Pensei no quanto o amava e as sensações de alegria não paravam de fluir para dentro de mim. No escuro, pus um enorme sorriso no rosto e fui dormir me sentindo uma pessoa extremamente feliz!*

Desejos

Nossos desejos incluem esperanças, vontades, anseios, carências e necessidades. Eles também incluem motivações e predisposições, valores, moral, aspirações, propósitos e objetivos, assim como aversões, hiperatividade, apego excessivo, necessidade exagerada de algo e todo tipo de adição. Seus desejos podem estar voltados para o mundo exterior – desejar que alguém não deixe de atender a suas necessidades, digamos – ou para o mundo interior, como ter a intenção de se manter firme ao protestar contra esse tratamento. Os desejos positivos conduzem à felicidade e são vantajosos, como pretender tomar um copo d'água quando se está com sede; enquanto os negativos conduzem ao sofrimento e são prejudiciais, como pretender pegar um cigarro quando se está estressado.

Portanto, ao experimentar um desejo positivo, preste atenção nele e incorpore-o. Tome consciência dos fatores mentais que estimulam os desejos bons, como a determinação e a convicção, e incorpore-os também. Observe os resultados bons quando você *não* age de acordo com um desejo ruim, e incorpore o alívio, a satisfação e a sensação de merecimento que recebeu em troca.

Ações

Estou utilizando "ações" num sentido amplo, que abrange tanto o que fazemos externamente – comportamentos, expressões faciais, postura, as palavras que falamos ou escrevemos – como as predisposições e habilidades internas que produzem nossas ações observáveis, como a tendência de estender a mão àqueles que estão sofrendo e a capacidade de ouvir com empatia. Você pode se ajudar a agir de maneira mais eficaz se registrar, de fato, as ações que quer favorecer, seja enquanto está realmente envolvido nelas, seja quando simplesmente está pensando em realizá-las. Suponha, por exemplo, que você gostaria de ser mais assertivo com as pessoas insistentes, o que poderia implicar ter de se inclinar para a frente e não para trás, estufar o peito, fazer gestos confiantes ou falar com firmeza. Então, quando fizer ou imaginar uma dessas ações, retenha essa experiência por pelo menos dez segundos, ajudando-a a penetrar em você.

Uma mulher utilizou esse método para se ajudar a modificar a maneira como conseguia que as crianças ficassem prontas para a escola: *Como minhas filhas de 7 e 9 anos de idade adoram dormir até mais tarde, nunca foi fácil tirá-las da cama, e a manhã normalmente era corrida, agitada e mal-humorada. Finalmente decidi tentar uma maneira diferente. Comecei passando bem cedinho em cada um dos quartos. Inclinava-me ao lado daqueles corpinhos adormecidos e dava um longo e profundo suspiro enquanto as beijava no rosto. Elas ainda têm cheiro de bebê, e eu sei que isso não vai durar para sempre. Esses sentimentos maternos penetram dentro de mim, deixando-me à vontade com relação ao método usado para acordá-las. Incorporo a ternura do seu cheiro de bebê e retenho-a no coração por alguns minutos, enquanto elas ainda estão dormindo. Isso me deixa tão feliz! Então, com alegria e delicadeza, esfrego as mãos em seus cabelos e costas e as desperto; e o prazer que sinto ao fazer isso se torna parte de mim. O resultado disso quase sempre é um despertar alegre e agradável, cheio de sorrisos e abraços. E eu consigo saborear os momentos que irão embora cedo demais.*

A etapa da consciência

No início deste capítulo, quando você fez a experiência de perceber uma sensação agradável, utilizou a maneira mais simples de ter uma experiência positiva: *percebeu* algo bom que já está presente em sua mente. A consciência é igual ao palco de um teatro. A qualquer momento, existe algo no primeiro plano da consciência, debaixo dos holofotes da atenção, como estas palavras que você está lendo. Simultaneamente, no segundo plano da consciência, do lado externo do palco, você também está vivenciando outras coisas, como sensações, sons e sentimentos. Isso lhe proporciona dois lugares onde procurar pelas experiências boas que você já está tendo.

Veja se você consegue encontrar algo prazeroso ou útil no *primeiro plano* da sua consciência, algo que esteja debaixo do holofote neste exato momento. Talvez uma sensação de interesse, bem-estar ou determinação. Quem sabe você simplesmente acabou de comer e se sinta agradavelmente satisfeito. Mesmo que não seja algo importante ou intenso, ainda assim é positivo.

De modo semelhante, durante o correr do dia haverá inúmeros momentos em que existirá algo positivo diante da sua mente, como o cheiro gostoso de café, o sentimento de carinho por um amigo ou uma sensação de alívio quando o dia felizmente chega ao fim. Cada vez que você percebe e incorpora uma dessas experiências boas, isso representa uma pausa na correria diária, uma espécie de *pit stop* para relaxar e reabastecer, como esta pessoa descobriu certa manhã: *Quando acordei estava escuro, e, enrolado no acolchoado aconchegante, eu ouvi o barulho delicioso da chuva fina batendo na claraboia. Senti-me protegido e amado, e deixei que essa sensação tomasse conta de mim. Depois de me levantar, peguei os cachorros e fomos para o parque, que, naquela hora da manhã, era só nosso. O silêncio imperava – não se ouvia nenhum passarinho cantando, um carro passava de vez em quando, havia uma sensação de paz e de isolamento naquela cidade frenética. Senti-me imensamente agradecido. Fechei os olhos, respirei profundamente e deixei-me levar por aquela sensação.*

Em seguida, verifique se você consegue encontrar algo positivo no *segundo plano* da sua consciência. É igual a quando você está comendo: embora sua atenção esteja voltada principalmente para a comida, você também está consciente dos outros sons e do ambiente como um todo. Do mesmo modo, enquanto você lê este texto, seu corpo pode estar sentindo um relaxamento agradável no segundo plano. Ou pode haver uma atitude de curiosidade ou esperança pairando na parte de trás da mente.

Quando encontrar algo positivo no segundo plano da sua consciência, concentre-se nele e traga-o para o primeiro plano. Aprenda a transferir coisas da parte de trás da mente para a parte da frente. Já que geralmente existe *algo* agradável ou proveitoso em algum lugar da sua consciência, o fato de se tornar mais hábil nessas transferências cria inúmeras possibilidades de que, a qualquer momento, a essência de sua experiência – aquilo que se encontra no segundo plano – seja positiva. Além disso, como a codificação neural daquilo que se encontra debaixo dos holofotes da atenção é maior, ao mover um aspecto da sua experiência para a parte da frente da consciência, você intensifica sua transferência para a estrutura do cérebro. (Para entender como é feita a transferência de uma parte da experiência do segundo plano para o primeiro, experimente fazer o exercício do boxe "Como trazer uma sensação para a parte da frente da consciência", da página 86.)

Para reter algo bom no primeiro plano, você não pode se distrair com as coisas do segundo plano. Simplesmente deixe-as em paz, não resista a elas nem corra atrás delas. Se achar conveniente, você pode lhes dar atenção mais tarde.

COMO TRAZER UMA SENSAÇÃO PARA A PARTE DA FRENTE DA CONSCIÊNCIA

Este método implica perceber algo bom no segundo plano da consciência e movê-lo para o primeiro plano. Você irá aplicar este processo a uma parte da sua experiência: as *sensações*.

1. **TENHA** Enquanto você está lendo este texto, diversas sensações relacionadas a este livro ou a outros assuntos estão agindo naturalmente na parte de trás da sua mente. Elas podem ser moderadas ou sutis, e entre elas pode haver sensações negativas; porém, é provável que ao menos uma ou mais dessas sensações seja positiva, como sentir tranquilidade, confiança, bem-estar básico ou afeto com relação aos outros. Fique um pouco sozinho em silêncio e preste atenção ao murmúrio na parte de trás da sua mente. Encontre uma sensação de que você goste e concentre-se nela.
2. **ENRIQUEÇA** Uma vez que uma sensação positiva tenha se instalado no primeiro plano da consciência, retenha-a, permita que, se possível, ela se torne mais intensa e sinta-a em seu corpo.
3. **ABSORVA** Enquanto isso, perceba que a sensação está penetrando em você à medida que você penetra nela. Abra-se para essa sensação e receba-a.

Como você se sente depois de fazer o exercício? Repita esse processo durante alguns instantes, de modo que aprofunde a sensação de mover coisas da parte de trás para a parte da frente da mente.

Gostar e querer

Quando você começa a ter uma experiência boa, a tendência natural é querer que ela não termine. Se fizer isso, porém, você não estará mais fluindo com a experiência; em vez disso, estará se colocando distante dela, tentando congelá-la e possuí-la. Com isso, lá se foi a experiência boa. É como ouvir música. Se você ouve um improviso musical formidável e tenta reproduzi-lo na mente enquanto a música continua, o prazer da música se perde. A arte, portanto, está em *gostar* da experiência boa sem *querê-la*.

Gostar implica desfrutar, apreciar e saborear. *Querer*, para mim, significa hiperatividade, insistência, compulsão, pressão, tentativa de agarrar, apego a, ânsia por e ligação exagerada a. No subcórtex e na base do cérebro, circuitos ligados mas independentes controlam o gostar e o querer[7]. Isso quer dizer que você pode gostar de uma coisa e não querê-la, como apreciar o sabor do sorvete ao mesmo tempo que recusa uma segunda porção após uma farta refeição. As pessoas também podem querer uma coisa e não gostar dela, como as que vejo nos cassinos pressionando mecanicamente as máquinas caça-níqueis sem parar, parecendo pouco se importar se estão ganhando.

Gostar do que é agradável é natural, e não existe nenhum mal nisso. O problema aparece quando queremos coisas que não são boas para nós ou para os outros, tal como querer beber demais ou vencer discussões a qualquer custo. Outro problema é quando aquilo que queremos é bom, mas a maneira como tentamos obtê-lo é ruim. Por exemplo: quero chegar ao trabalho na hora (bom), mas muitas vezes dirijo rápido demais para chegar até lá (ruim). E, sinceramente, penso que o problema está na própria experiência pura de querer. Observe como é querer, ter uma forte sensação de desejo, ser impulsionado na direção de um objetivo. A raiz nórdica da palavra *want* [querer] significa "falta". Querer é diferente de inspirar, aspirar, comprometer-se, pretender, ambicionar ou ter paixão. Você é capaz de ter objetivos elevados e trabalhar com afinco sem se tornar refém da compulsão? Baseado numa deficiência ou num distúrbio mental, o querer ativa o modo reativo do cérebro e dá uma sensação de contração e cansaço. Pensem neste ditado: *Gostar sem querer é o paraíso, enquanto querer sem gostar é o inferno.*

A conclusão prática é que você deve aproveitar suas experiências à medida que forem brotando de você sem se apegar a elas, e buscar bons resultados com recursos adequados sem se tornar compulsivo com relação a isso. Quando perceber uma coisa boa em sua experiência, estimule-a suavemente a permanecer, sem tentar se agarrar a ela. O cérebro tende a ficar procurando algo novo para querer. Ao incorporar com frequência experiências de que você gosta sem com isso passar a querê-las, você pode reverter gradativamente o próprio hábito de querer.

Fruta em galho baixo

É algo bastante extraordinário perceber que, em qualquer momento, sua consciência contém alguns elementos positivos. A menos que você esteja dominado por algo terrível, neste exato momento existem, em seu fluxo de consciência, elementos da paz, da alegria e do amor que você sempre desejou.

Basta um pouquinho de atenção para que as experiências boas estejam disponíveis para você o dia inteiro. Elas são como as frutas que nascem nos galhos baixos das árvores, só precisam ser percebidas. Assim que você as percebe, hum! São deliciosas. A maioria das experiências boas que você já está tendo são como pequenas jabuticabas doces – um suspiro relaxante, um bom objetivo, um olhar ou um som agradável ou uma piada compartilhada com um amigo. Sempre que quiser, você pode recorrer a essas experiências simplesmente percebendo-as e deixando que elas o alimentem.

Mesmo a própria consciência, uma espécie de espaço que contém todos os elementos da sua experiência, possui aspectos positivos que sempre podem ser percebidos. A tela de TV não é modificada pelas imagens belas ou feias que apresenta. De forma semelhante, a consciência jamais é maculada ou danificada por aquilo que passa através dela. Isso dá à consciência um caráter inato de confiabilidade e tranquilidade. Mesmo que esteja deprimido ou sofrendo muito, você pode encontrar abrigo e alívio na consciência que contém esses e quaisquer outros conteúdos complexos da mente.

COMO INCORPORAR

- Existem duas maneiras de dar o primeiro passo (Tenha) para incorporar o que é bom: perceber uma experiência positiva já existente ou criar uma.
- Você pode perceber uma experiência positiva tanto no primeiro como no segundo plano da sua consciência. Tente se conscientizar mais das experiências que estão suspensas no segundo plano, que lhe proporcionarão mais coisas boas para incorporar.
- Tome consciência dos diversos elementos da sua experiência, que incluem pensamentos, percepções sensoriais, sentimentos, desejos e ações. Cada um deles pode ser bom para incorporar.
- Os pensamentos incluem conversas consigo mesmo, bem como imagens, expectativas, perspectivas, planos e recordações. As experiências sensoriais proveitosas incluem prazer, relaxamento, vitalidade e força. Os sentimentos consistem em sensações mutáveis e estados de espírito permanentes; incorporar com frequência determinadas sensações pode alterar um estado de espírito afim. Os desejos incluem seus comportamentos, bem como suas propensões e habilidades.

- Seu cérebro possui sistemas separados para o gostar e o querer. Consequentemente, é possível gostar de algo sem querê-lo. Se você se permitir ter experiências positivas sem tentar se agarrar a elas, tirará mais proveito delas e não será dominado pela compulsão e pela pressão de querê-las.
- O fato de perceber experiências boas lhe proporciona inúmeras oportunidades de incorporar todo dia o que é bom. Até mesmo perceber sua própria consciência representa uma oportunidade de ter uma experiência boa, já que a consciência é intrinsecamente serena e nunca é maculada nem prejudicada por aquilo que passa por ela.

Capítulo 6

Crie experiências positivas

No capítulo anterior, examinamos como perceber uma experiência boa já existente. A outra forma de ter uma boa experiência é *criá-la*, e veremos como fazê-lo neste capítulo. Criar uma experiência positiva pode ser tão simples como olhar em volta para descobrir uma vista agradável ou pensar em alguma coisa que o deixa feliz. Geralmente você faz isso simplesmente porque é bom. Em outras ocasiões, você evoca a experiência de uma força interior para reagir a um desafio: talvez o avião esteja sacudindo de forma assustadora, então você respira fundo para se acalmar; ou alguém lhe dá uma fechada no trânsito, e você se lembra de não levar aquilo para o lado pessoal.

Quer você aja assim simplesmente para se sentir bem ou para enfrentar um desafio, a capacidade de autoativar estados de espírito benéficos – fazer tocar a música que *você* quer em sua estação de rádio interior – é fundamental para a cura psicológica, o bem-estar e a produtividade diários, o crescimento pessoal e a prática espiritual. No entanto, para muitas pessoas é difícil, no começo, evocar experiências positivas sempre que desejam – especialmente aquelas que seriam úteis em determinadas situações ou para atender a algumas necessidades. Por exemplo, se você está se sentindo estressado, pode ser preciso ter prática para criar uma sensação de relaxamento no corpo. Se alguém o magoou, pode levar um certo tempo até que você se lembre de um amigo e se sinta assistido e estimado. Os estados de espírito que seriam mais benéficos para uma pessoa geralmente são os mais difíceis de ser autogerados. Mas, com a prática, você se sairá cada vez melhor. Além disso, à medida que interiorizar com frequên-

DA IDEIA À EXPERIÊNCIA CONCRETA

Experimente estas maneiras de ajudar *pensamentos* a respeito de um fato positivo a se tornar *sentimentos, sensações, desejos* e *ações* favoráveis associados a ele:

- Tenha consciência tanto do seu corpo como do fato positivo.
- Acalme-se e abra a mente e o corpo, com a intenção de acolher o acontecimento.
- Pense sobre aspectos do fato positivo que estimulem naturalmente sentimentos, sensações, desejos e ações positivos.
- Seja amável consigo mesmo – como uma voz interior que diz "Siga em frente, isto é real, é verdadeiro, tudo certo se sentir bem a respeito disto".
- Imagine que esse fato positivo ocorra na vida de um(a) amigo(a). Que experiência você desejaria que ele(a) tivesse? Você consegue desejar essa mesma experiência a você?

Tente isso com diferentes experiências. Por exemplo, deixe que a visão de uma sólida muralha vire uma sensação de proteção. Deixe que a certeza de que superou um dia difícil lhe traga alívio. Deixe que a lembrança de algumas de suas realizações estimule um senso de merecimento. Deixe que a percepção de que você faz parte de um grupo estimule uma sensação de pertencimento.

CRIE EXPERIÊNCIAS POSITIVAS 93

cia as experiências criadas por você, elas começarão a surgir naturalmente em sua defesa como forças interiores quando a vida lhe der um safanão.

Vamos examinar diversas maneiras de criar uma experiência boa, com alguns exemplos para cada uma delas. Muitos desses métodos baseiam-se na descoberta de fatos positivos. Você não está inventando nada; está percebendo o que é *verdade*, o que é a realidade objetiva. Reconhecer os acontecimentos favoráveis não é negar os acontecimentos desfavoráveis. Você está simplesmente se concentrando nos acontecimentos que podem, legitimamente, inspirar uma experiência boa.

Muitas vezes percebemos um fato positivo, mas não sentimos nada com relação a ele. Esse passo aparentemente pequeno – da ideia à experiência concreta – é extremamente importante, pois, sem ele, não existe muita coisa para instalar no cérebro. Em termos de desenvolvimento da estrutura neural, o que importa não é o acontecimento, a circunstância ou a condição em si, mas sua *experiência* dela. Conhecimento sem sensação é como cardápio sem refeição. A respeito das maneiras de transformar um fato positivo numa experiência boa consulte o boxe "Da ideia à experiência concreta", na página 92.

Cenário atual

Praticamente a qualquer hora, onde quer que você se encontre, é possível descobrir um fato positivo nas imediações. Neste exato momento, olhe ao seu redor. Você é capaz de perceber alguma coisa que seja atraente ou bela e sentir algo bom vindo dela? É capaz de ouvir algo que pode lhe transmitir uma sensação de bem-estar e tranquilidade? Você está tocando algo – uma cadeira, uma peça de roupa ou as páginas de um livro – que o deixa feliz pelo fato de fazer parte de sua vida? Existem pessoas nas proximidades de quem você gosta ou por quem sente estima?

Inclua coisas triviais ou que normalmente lhe passam despercebidas. Por exemplo, ao digitar estas palavras, comecei a prestar atenção no teclado (reconhecer um fato positivo); em seguida, comecei a me dar conta de como aquela invenção era inteligente e útil (ter uma experiência boa). Numa escala de 0 a 10, minha gratidão com relação aos teclados está no nível 1, mas não deixa de ser uma experiência positiva. Embora faça uso de teclados há quarenta anos, até agora eles não tinham despertado nenhum sentimento especial em mim. Debaixo do meu nariz estava uma oportunidade que eu deixara de aproveitar. Você ganha um bônus quando identifica um fato positivo que, até então, havia passado despercebido. Uma vez tendo-o percebido, existe um efeito multiplicador que faz com que você continue a identificá-lo no futuro.

Eis aqui a história de uma mulher que descobriu fatos positivos num cenário improvável: *Moro em Detroit, onde 40 por cento da área foi abandonada; ou seja, é como viver na natureza no meio de ruínas urbanas. Outro dia, quando estava passeando pela "pradaria urbana", tive minha caminhada literalmente interrompida por uma árvore cheia de pássaros estridentes. Olhei para cima, incorporando o som e o espetáculo, deixando que eles preenchessem cada parte do meu ser. Tomei consciência do zumbido de uma rodovia distante, o que acabou criando uma sinfonia interpretada por pássaros e carros. Incorporar momentos como esses tem me ajudado a ver o mundo de uma nova maneira. Às vezes, o sol de fim de tarde batendo nos tijolos vermelhos de um prédio abandonado chega a ser tão bonito que é impossível traduzir em palavras.*

Acontecimentos recentes

É provável que nos últimos dias tenham acontecido várias coisas com relação às quais você teria todo o direito de se sentir bem. Pense nas coisas fisicamente prazerosas, como jogar água no rosto de manhã ou se aconchegar no travesseiro à noite. E quanto às coisas

CRIE EXPERIÊNCIAS POSITIVAS

que você realizou, mesmo que sejam simples como lavar uma máquina de roupa ou responder a alguns *e-mails*? Descobrir um significado positivo em fatos corriqueiros[1] é uma boa forma de criar uma experiência positiva. É provável que nas últimas vinte e quatro horas você tenha feito uma refeição, alguém tenha se sentido feliz por você e tenha visto ou ouvido algo que o agradou. Antes de deitar, você pode incorporar sensações relacionadas a pelo menos um dos acontecimentos do dia. Alguém me contou que fez isso durante um ano inteiro: *No dia de Ano-Novo, inaugurei uma caixa de Ano Bom. Todo dia eu punha um bilhetinho dentro sobre algo bom que tinha acontecido. Vou ler todos na véspera de Ano-Novo. Hoje, quando uma coisinha qualquer me deixa feliz, eu a sinto, em vez de apressadamente evitar falar dela.*

Pense também nas *muitas e muitas* coisas que poderiam ter dado errado mas não deram, como o acidente que não aconteceu no caminho para o trabalho, o prato que não se quebrou e a gripe que não o deixou de cama. Não reconhecemos esse tipo de acontecimento bom por dois motivos. Primeiro, não existe um estímulo que chame a atenção: é difícil perceber algo que *não* aconteceu. Segundo, a ausência de um fluxo diário de acontecimentos ruins é, felizmente, a regra na vida da maioria das pessoas. O cérebro filtra as coisas que não mudam, tanto o barulhinho da geladeira como a ausência rotineira de desastres. Embora esse processo, chamado *hábito*, represente um uso eficaz dos recursos neurais, ele faz com que percamos oportunidades de usufruir experiências boas. Tente identificar pelo menos uma coisa por dia que poderia ter dado realmente errado e não deu, e então reserve alguns momentos para se sentir bem por isso.

Condições permanentes

Diferentemente dos acontecimentos efêmeros, existe uma grande quantidade de coisas que são relativamente estáveis e confiáveis – e todas elas representam oportunidades de usufruir experiências boas. Neste exato momento, muitos lugares que você ama continuam existindo sem problema. Por exemplo, quando estou sentado na cadeira do dentista, imagino os prados de Tuolumne do Parque Yosemite, visualizo mentalmente as cúpulas de granito e ouço o vento suave nos pinheiros. Existem pessoas boas na sua vida e os outros lhe querem bem. Olhe para o interior da sua casa, do *closet* à cozinha, repare nas coisas que continuam existindo e diga internamente o nome delas. Por exemplo: *Esta pia continuará me servindo amanhã... estas roupas continuarão aqui... estas paredes ainda estarão pintadas, esta mesa e esta lâmpada continuarão sendo úteis.*

Ampliando o espaço da sua reflexão, considere as características imperfeitas, mas ainda assim positivas, da sociedade em que você vive – espero que não deixe de incluir o império da lei, a democracia e os direitos civis –, especialmente quando comparada às alternativas, tanto em termos históricos quanto ao que ainda é comum encontrar nos dias de hoje. Pense na cultura e no acesso fácil à música, às opiniões, à arte, à diversão e aos ensinamentos criteriosos. A ciência e a tecnologia avançaram, oferecendo coisas como a refrigeração, a viagem aérea, a descarga sanitária, a aspirina e a internet. Ampliando ainda mais sua reflexão, você pode contar com as dádivas da natureza, do cachorro que sai correndo atrás de uma bola às nuvens no céu ou ao barulho do mar. Eis aqui um belo exemplo: *Existe uma colina perto de casa que fica coberta de flores a maior parte do ano. Quando estou no escritório trabalhando, sei que a colina continua bonita com suas cores brilhantes: púrpura, laranja, azul e cor-de-rosa. Posso ver, mentalmente, os esquilos correndo por cima das pedras cobertas de musgo. É como se fosse um pequeno refúgio no trabalho: saber que as flores continuam lá enquanto eu estou participando de uma reunião.*

Claro, as condições podem mudar – o outono vira inverno, os filhos saem de casa, entes queridos morrem – e as condições positivas podem ter seu lado ruim (um ótimo emprego pode significar também longas horas de trabalho). Ainda assim, podemos identifi-

CRIE EXPERIÊNCIAS POSITIVAS

car as condições boas que *de fato* existem, e cada uma delas pode se tornar um ponto de partida válido para alcançar uma sensação de bem-estar, de segurança, de gratidão, de alívio, de maravilhamento ou de tranquilidade.

Seus atributos pessoais

Certamente você tem inúmeros atributos de caráter e de personalidade, características como integridade e senso de humor e diversos talentos e habilidades. Perceber esses fatos e sentir-se bem a respeito deles vai melhorar seu humor e ajudá-lo a superar sentimentos de incapacidade ou de vergonha. Sentir-se bem consigo mesmo não faz de você alguém arrogante; na verdade, à medida que aumenta seu senso de merecimento, você sente menos necessidade de impressionar os outros.

Não é preciso ser santo nem herói para possuir atributos positivos; todos nós temos alguns! Porém, se a autocrítica faz com que você se sinta incapaz ou inseguro consigo mesmo, a sensação de que, basicamente, você é uma pessoa decente e capaz pode ser algo desafiador. Defender, diante de *si* e dos outros, a verdade de que você é fundamentalmente uma pessoa boa – não uma pessoa perfeita, mas uma pessoa boa – pode parecer um tabu.

Pense nos atributos positivos de um amigo – talvez seja uma pessoa sincera, com peculiaridades agradáveis e dona de um coração generoso. Será que negar esses atributos seria uma forma justa de tratá-lo? Em vez disso, como seu amigo seria beneficiado se você valorizasse seus atributos positivos? Agora inverta a situação: você é capaz de perceber seus próprios atributos bons? É uma questão de justiça: você está dizendo a verdade a respeito de si próprio, do mesmo modo que diria a verdade a respeito de um amigo. Por que seria bom perceber coisas boas em seu amigo, mas ruim perceber coisas boas em si mesmo? A Regra de Ouro é uma via de mão dupla: nós também devemos tratar de *nós mesmos* do modo como tratamos dos outros.

Perceba em si mesmo virtudes e forças como persistência, paciência, determinação, empatia, compaixão e integridade. Repare também nas habilidades, mesmo nas aparentemente simples como preparar uma refeição, montar uma planilha ou ser um bom amigo. Esses são fatos, não ficção. Se os pensamentos negativos quiserem arrastá-lo – *Mas eu não sou* sempre *assim, e, além do mais, essa coisa boa é anulada pelas coisas ruins que existem em mim* –, isso é normal. Simplesmente tome consciência desses pensamentos negativos e volte sua atenção para suas virtudes, forças e habilidades. Reflita sobre aquilo que diferentes amigos e membros da família apreciam, gostam ou amam em você. Ou imagine que está observando a vida de alguém igualzinho a você: o que essa pessoa dá aos outros? O que existe de digno e admirável a respeito dela? Ou imagine o ser mais justo e amoroso do universo sussurrando em seu ouvido, dizendo o quanto você é bom.

Tente aceitar realmente a *autenticidade* de seus bons atributos. Escolha um e tenha uma percepção clara dele. Talvez você seja um amigo prestativo, um bom cozinheiro ou uma pessoa decente. Seja o que for, saiba que isso é real. Deixe que o reconhecimento de um de seus bons atributos se transforme numa sensação de alegria, confiança e merecimento. Permita que essas sensações positivas penetrem em você. Pense que quando você se sente bem consigo mesmo dessa forma isso é bom para você e para os outros. Em seguida repita o procedimento com outras coisas boas a seu respeito. Incorpore a sensação de que você é fundamentalmente uma pessoa boa.

Esta mulher incorporou o bem-estar que sentia a respeito da qualidade de seu trabalho: *Existe uma fase difícil da residência médica em que dúvidas recorrentes acerca de sua competência profissional ficam pairando como nuvens negras. Para lidar com isso, eu passei a realmente incorporar os momentos em que as coisas iam bem, como no caso da gratidão de um paciente esquizofrênico desenganado pelos outros que, à medida que foi retomando a vida aos poucos, me disse o quanto*

*apreciava nossas sessões de terapia. Quanto mais eu aceito exemplos con-
cretos da minha competência, menos eu ouço o disco negativo rodando
na cabeça e mais feliz e engajada me sinto.*

O passado

Uma fonte extraordinária de boas experiências é a arca de tesouros
do passado. Se uma situação me desafia, às vezes me lembro do dia
em que consegui superar uma saliência rochosa quando estava escalando uma montanha (fato), ao mesmo tempo que sinto em meu
corpo a determinação e a força (sensação) que senti na ocasião. Ou,
quando acontece um contratempo no trabalho, trago à memória
alguns êxitos do passado. Se alguém me critica, depois de tentar
esclarecer o que aconteceu e ver que lição posso tirar daquilo, fico
pensando nos bons momentos que passei na companhia de um amigo, o que me faz sentir apreciado e valorizado.

Às vezes as experiências passadas se misturam. Como durante
anos frequentei centenas de praias, me vem hoje uma sensação níti-
da de amplidão e liberdade quando penso nos momentos que passei
à beira-mar. Ou você pode ter uma vaga lembrança de um período
da vida ao qual poderia recorrer. Por exemplo, saber que você superou uma crise financeira pode evocar o sentimento positivo de tenacidade e de dignidade pessoal. Na verdade, você não precisa de nenhuma lembrança palpável. Pode usar fotos de lugares de que não se
lembra ou histórias da infância para imaginar as sensações boas que
deve ter tido. Não tenho a menor dúvida de que fui um bebê desejado e amado, o primogênito da família após minha mãe sofrer dois
abortos. E tenho imaginado como deve ter sido a sensação de ser
tratado com tanto carinho e amor pela mamãe e pelo papai.

Quando você reflete sobre o passado, pode vir uma sensação con-
traditória de que as coisas boas são passageiras. Não se preocupe. Procure não dar muita atenção à tristeza e ao sofrimento. Você valoriza
o que foi precioso no passado quando o experimenta de novo hoje.

O futuro

O futuro é outro tipo de arca do tesouro cheia de possíveis experiências boas, seja a expectativa de tirar os sapatos apertados depois do trabalho ou sonhar com as próximas férias de verão. Essa viagem mental no tempo recorre às camadas intermediárias do córtex[2] que representaram um importante acontecimento no processo evolutivo, possibilitando que nossos ancestrais se planejassem de maneira mais eficaz.

Pare um pouquinho, pense numa coisa boa que ainda vai acontecer hoje e deixe que isso se transforme numa sensação agradável. Imagine a experiência boa que você pode ter futuramente se, num relacionamento difícil, falar ou agir de forma diferente. Ou imagine os benefícios que terá no futuro se fizer aquela mudança de vida há tanto tempo acalentada, como arranjar um trabalho diferente ou praticar meditação regularmente.

Compartilhe as coisas boas

As pesquisas mostram que conversar sobre coisas boas com os outros intensifica a experiência. Como os seres humanos são os animais mais sociáveis do planeta, eles contam com redes neurais extremamente desenvolvidas destinadas à empatia[3] e à capacidade de se relacionar com os outros[4]. Quando duas ou mais pessoas compartilham uma experiência positiva, as sensações agradáveis nessas redes de empatia ficam indo e voltando, numa reação em cadeia. Como John Milton escreveu em *Paraíso perdido*: "O bem, quanto mais compartilhado, mais abundantemente cresce."

Você pode recordar o passado com alguém – quem sabe um momento engraçado ou um desafio que vocês venceram juntos. Também pode celebrar o presente sussurrando "Que lindo!" a sua/seu

CRIE EXPERIÊNCIAS POSITIVAS

companheira/o quando observa os filhos brincando, compartilhar um olhar de felicidade enquanto aprecia o pôr do sol ou sorrir de prazer um para o outro enquanto atacam uma sobremesa suculenta. Além disso, você pode planejar tranquilamente um belo futuro, desde o que fazer na noite de sábado até onde morar depois que se aposentar.

Descubra o lado bom das coisas ruins

Em 2011, um exame de rotina de uma mancha na pele revelou um melanoma maligno na minha orelha esquerda. Meu cunhado morrera recentemente de câncer de pele. Enquanto minha mente estava ocupada solucionando problemas como a busca de um tratamento, bem lá no fundo eu me sentia um animalzinho encolhido e assustado. Durante dez dias fiquei na maior ansiedade, até que o câncer foi removido e os exames mostraram que ele não tinha se espalhado. No entanto, existe um grande risco de que ele reapareça. Eu poderia interpretar isso tudo de maneira lúgubre e negativa: "Protetor solar é um saco. Será que funciona? Odeio que o câncer fique pairando em cima da minha cabeça." Mas não. Em vez disso, a maioria das vezes eu agradeço por isso ter acontecido, pois fez com que eu me compadecesse mais das pessoas doentes e desse mais valor à vida, já que ainda estou aqui para aproveitá-la.

Sua *perspectiva* dos fatos – o contexto em que os situa e o significado que dá a eles – realmente molda sua experiência com relação a eles. Em especial, descobrir um significado positivo em acontecimentos negativos[5] – processo conhecido como *reconfiguração* – é útil no enfrentamento e na superação das situações difíceis. Não quero dizer com isso que uma experiência desagradável seja menos dolorosa, nem que seja normal que as pessoas o tratem mal. O que eu acho é que mesmo um acontecimento ou uma situação terrível pode proporcionar algumas possibilidades de viver uma experiência positiva.

Pense nos sofrimentos passados. De alguma forma eles o deixaram mais forte? Que lições você tirou deles? E quanto às perdas: elas o ajudaram a valorizar o que você ainda tem? Pense num desafio atual e pergunte a si mesmo: "Será que isso me fez perceber que tenho de mudar de rumo?" Reflita sobre o que aprendeu a respeito do cuidado de si mesmo com as pessoas que o trataram mal. Ou suponhamos que você se encontre no meio de um importante processo de transição: o que poderá ganhar nessa nova etapa da vida?

Uma mulher encontrou um pouco de serenidade quando o pai faleceu: *Papai foi um fuzileiro naval americano durante a Segunda Guerra Mundial que deu seu último suspiro num ensolarado* Memorial Day. *Ouvimos o barulho alto dos caças sobre nossas cabeças no momento exato em que ele morreu. O quarto ficou silencioso depois do voo rasante. Eu estava sentindo uma tristeza enorme e não sabia se suportaria a perda do meu pai; ao mesmo tempo, porém, fiquei impressionada com a sensação de amor, paz e tranquilidade que tomou conta do aposento depois que ele partiu. Envolvi-me nela. Parecia que o tempo tinha parado. Foi um momento muito importante. Aquela experiência produziu uma lembrança afetiva que me ajudou a superar totalmente a perda do meu querido pai – e ainda me ajuda até hoje. Agora, sempre que me sinto desorientada ou estressada, lembro aqueles momentos de profunda tranquilidade e mergulho neles de novo.*

Preocupe-se com os outros

Pensar num amigo, falar com delicadeza ou ser generoso são ocasiões favoráveis para ter uma experiência positiva. Pensamentos, palavras e gestos afetuosos geralmente fazem bem. Na verdade, um estudo descobriu que os centros de recompensa do cérebro ficam mais ativos[6] quando as pessoas decidem dar dinheiro a instituições de caridade em lugar de guardá-lo para si.

O cuidado abrange tanto experiências internas como comportamentos externos. Internamente, você pode se lembrar de alguém de

CRIE EXPERIÊNCIAS POSITIVAS

quem gosta. Externamente, você pode sorrir para um estranho, tocar alguém num gesto de compreensão, pôr um filho na cama ou parar de interromper a esposa (algo que eu mesmo tenho procurado fazer). Para obter benefícios suplementares, você pode se sentir feliz enquanto antevê um gesto atencioso, enquanto o pratica e enquanto se lembra dele. Além disso, é possível que essa preocupação com os outros aumente a preocupação dos outros com você.

Este é o exemplo de um homem que incorporou uma experiência amorosa: *Enquanto segurava meu netinho nos braços, balançando para lá e para cá e cantando bem baixinho, ele fechou os olhos, sua respiração foi ficando mais ritmada e ele adormeceu. Saboreei a sensação de ter nas mãos algo precioso durante vários minutos e deixei que a percepção desse momento permanecesse dentro de mim e fizesse ali sua morada. Maravilhoso.*

Descubra o que há de bom na vida dos outros

Existe um tipo de cuidado com os outros que é tão importante que eu gostaria de salientá-lo. Nossos ancestrais viviam em pequenos bandos[7] em que os indivíduos precisavam cooperar entre si para cuidar dos filhos e se manter vivos em condições difíceis. É provável que a capacidade evolutiva de sentir prazer com as alegrias e a prosperidade dos outros tenha ajudado a aprofundar os vínculos de cuidado que favoreceram a sobrevivência e a transmissão dos genes. Ficar feliz com a felicidade alheia é uma tendência inata e poderosa da alma humana. E isso lhe oferece infinitas oportunidades de se sentir bem, já que sempre existe alguém, em algum lugar, que está feliz com alguma coisa.

Pense em algum fato positivo na vida de alguém que seja importante para você. Em seguida, verifique se consegue se sentir satisfeito e feliz por essa pessoa. Isso é chamado às vezes de *alegria altruísta*, ficar feliz com a sorte dos outros. Se for difícil perceber isso direito, tente com uma criança que você conheça ou seja capaz de imaginar:

quem sabe uma criancinha no momento em que está abrindo um presente, dando uma lambida num sorvete ou brincando com um cachorrinho. Se outros sentimentos vierem à tona, como a tristeza por causa de suas dificuldades pessoais, isso é normal. Tome consciência desses sentimentos, mas, em seguida, dirija sua atenção cuidadosamente de volta para aquilo que você deseja estimular em sua mente: a alegria com o bem-estar dos outros.

Faça essa experiência com diversas pessoas que são próximas de você. Depois, com gente que você não conhece, como estranhos na rua, no noticiário ou pessoas hipotéticas inacessíveis. Pessoalmente, adoro fazer isso. Além de ser uma atitude amável com os outros, ela abre seu coração aos poucos. E também é uma maneira poderosa de destruir sentimentos de inveja, ciúme ou má vontade. Quando você age assim, os pensamentos relacionados às coisas ruins da sua vida são substituídos por sentimentos afetuosos relacionados ao que há de bom na vida dos outros.

Imagine fatos positivos

As camadas corticais intermediárias[8] que permitem que somente o ser humano tenha a capacidade de pensar sobre o futuro e sobre o passado são a base neural do maravilhoso cinema interior que é a imaginação. Se você é como eu, nada mais fácil do que utilizar esse cinema com propósitos nocivos, como ficar repassando sem parar uma interação perturbadora. Em vez disso, utilize-o para fins construtivos, como imaginar fatos positivos que poderiam ser verdadeiros – e mesmo alguns que não poderiam.

Coisas que poderiam ser verdadeiras

Embora jamais tenha surfado, gosto muito dos vídeos em que as pessoas aparecem em cima de ondas gigantescas. Quando me imagino

CRIE EXPERIÊNCIAS POSITIVAS

105

fazendo isso, sinto-me excitado e feliz. Esse acontecimento imaginário provavelmente nunca acontecerá de verdade, mas, como no mínimo é possível, representa uma fonte potencial de uma experiência positiva. Você pode usar esse método de várias maneiras. Pode imaginar a voz de uma pessoa amada conversando com você numa situação desafiadora. Se você possui talentos que não foram plenamente utilizados, pense como seria se isso tivesse acontecido. Se gostaria de se sentir mais forte, imagine que é faixa preta de caratê. Se gostaria de se sentir mais calmo, imagine que está sentado tranquilamente em plena natureza. Em cada situação, seja realista a respeito daquilo que pode sentir; não exagere, pois isso diminuiria a eficácia da experiência.

Coisas que não poderiam ser verdadeiras

Você também pode usar seu cinema interior para imaginar fatos positivos que jamais poderiam acontecer de verdade com você. Bem lá no fundo dos centros de memória emocional[9] do cérebro, experiências imaginárias constroem estruturas neurais por meio de mecanismos semelhantes aos utilizados pelas experiências reais e vividas. Você não utiliza esse método para se iludir com relação ao que tem faltado, nem para cair num mundo róseo e fantasioso que desvie sua atenção do aperfeiçoamento deste mundo. Você continua sabendo o que é verdadeiro. Simplesmente sofre menos por isso.

Por exemplo, conheço gente que nunca recebeu nenhum tipo de cuidado amoroso da parte dos pais. Esse tipo de amor é importante para o desenvolvimento psicológico sadio, e a falta dele deixa uma ferida no coração. Para essas pessoas, imaginar pais amorosos e incorporar em seguida a sensação de ser abraçado, confortado e tratado com carinho representou uma experiência profunda. Isso não quer dizer que elas se esqueceram daquilo que de fato ocorreu na infância. Mas elas foram capazes de agir em seu próprio benefício, descobrindo formas de proporcionar a si próprias ao menos *alguma* sensação de experiência vital, sentindo-se cuidadas por um genitor amoroso. Embora não tenha representado uma cura milagrosa, essa experiência teve um grande significado para elas.

Crie fatos positivos

A maioria dos dias oferece oportunidades para que criemos fatos positivos, e cada um desses novos acontecimentos representa uma oportunidade de viver uma experiência boa. Você pode cumprimentar alguém, pôr uma flor no vaso, ouvir música, trocar alguns móveis de lugar, fazer um caminho diferente para o trabalho, comer proteína no café da manhã, pegar o gato no colo ou trocar a fronha do travesseiro. O objetivo não é se impor um monte de exigências novas, mas simplesmente ficar aberto para a possibilidade de criar um acontecimento que possa favorecer uma experiência boa.

Uma forma de criar um fato positivo é fazer algo que o deixa feliz. Uma amiga minha carrega na bolsa uma caixinha feita por ela que contém conchas do mar trazidas de uma viagem à Itália, uma foto do seu cachorro e uma cruz; sempre que precisa de um pouco de ânimo, ela abre a caixinha e dá uma olhada no que tem dentro. Outra amiga pegou uma foto de quando era criança e pôs junto com a carta de motorista; assim, toda vez que tem de mostrar a carta, ela vê o rosto de uma menina adorável.

Outra maneira de criar fatos positivos é o exercício de autocontrole. Tire daquele programa de TV que dá nos nervos. Não seja crítico. Recuse-se a se preocupar mais que três vezes com algo que você não pode mudar; depois da terceira vez, adeus preocupação. O simples fato de você conseguir se livrar de uma situação ruim em que estava metido já cria algo de bom; reserve um tempo para registrar essa experiência e usufrua isso antes de começar a fazer outra coisa.

Toda manhã, escolha um fato positivo que você fará com que se torne realidade naquele dia. E, quando criar esse acontecimento, aproveite de fato a experiência decorrente dele.

Como evocar diretamente uma experiência positiva

À medida que você desenvolve os traços neurais das experiências positivas, fica mais fácil ativar, sempre que desejar, estados mentais positivos, sem precisar pensar em nenhum fato positivo para evocá-los. Verifique se você consegue se recordar diretamente de uma sensação boa. Comece com uma experiência que seja fácil de acessar: um sentimento de força, de tranquilidade, de afeição ou de alegria. No começo, isso irá funcionar melhor se sua mente não estiver perturbada por preocupações ou estresse. Com a prática, porém, você irá aprender a estimular os circuitos neurais responsáveis pelos estados positivos mesmo quando estiver perturbado ou descontrolado. É como enfiar a mão no meio da bagunça para pegar a ferramenta de que você precisa.

Encare a vida como uma oportunidade

No capítulo anterior e neste examinamos os diferentes modos de pôr em prática a primeira etapa do processo de incorporação do que é bom: Tenha – ativar – uma experiência positiva. São eles:

Perceba uma experiência que *já* está presente

1. no *primeiro plano* da consciência
2. no *segundo plano* da consciência

Crie uma experiência positiva

3. descobrindo fatos positivos em seu *contexto atual*
4. descobrindo fatos positivos em *acontecimentos recentes*
5. descobrindo fatos positivos em *situações permanentes*

6. descobrindo fatos positivos em seus *atributos pessoais*
7. descobrindo fatos positivos no *passado*
8. antevendo fatos positivos no *futuro*
9. *compartilhando* coisas boas
10. vendo o *lado bom das coisas ruins*
11. *preocupando-se* com os outros
12. *percebendo o que há de bom* na vida dos outros
13. *imaginando* fatos positivos
14. *produzindo* fatos positivos
15. *evocando diretamente* uma experiência positiva
16. encarando a vida como uma *oportunidade*

Ainda que a vida seja difícil, estamos rodeados de fatos positivos. O sol nasceu hoje de manhã, os outros estão felizes e o cheiro da comida está ótimo. E eles existem dentro de você: seu corpo está em forma, sua mente, cheia de recursos, e você é, fundamentalmente, uma pessoa boa. Mesmo fatos negativos muitas vezes oferecem oportunidades de viver experiências boas. Além disso, existem inúmeras maneiras de viver uma experiência boa sem fazer nenhuma referência aos fatos.

Às vezes é impossível perceber ou criar uma experiência boa. A mente pode estar abalada por um sofrimento indizível ou uma perda terrível, sufocada por uma depressão arrasadora ou tomada pelo pânico. Nesse caso, nada mais resta a fazer senão sobreviver à tormenta – conviver com ela e deixá-la passar –, reservando, se possível, um pouco de compaixão por si próprio.

Contudo, na maioria das vezes é possível perceber ou criar uma experiência boa, seja procurando ao seu redor por algo de que você goste, seja reconhecendo suas boas intenções ou, ainda, pensando em alguém que você ama. Ou pode ser algo ainda mais simples, como sentar-se numa posição mais confortável. Reconhecer que cada novo dia oferece inúmeras maneiras de gerar uma experiência boa é algo bom por si só. Imagine descobrir que você pode propor-

CRIE EXPERIÊNCIAS POSITIVAS

cionar experiências boas a um amigo querido ou a alguém que esteja sofrendo. Você provavelmente ficaria feliz em saber que seria capaz de fazer isso. Bem, você tem esse mesmo poder de proporcionar experiências boas a si próprio. Esta é a décima sexta maneira de viver uma experiência positiva: encarar a vida como uma oportunidade.

Mesmo em meio ao sofrimento e à aflição, você normalmente tem a capacidade de fazer surgir um pensamento, uma percepção concreta, um sentimento, um desejo ou uma ação que sejam benéficos. E normalmente também tem a capacidade de alimentar a experiência boa, de forma que ela se mantenha. Examinaremos como fazê-lo no próximo capítulo.

COMO INCORPORAR

- Ser capaz de autoativar experiências positivas – evocar sempre que desejar as forças interiores – é fundamental para enfrentar situações difíceis, para o bem-estar e para ser uma pessoa eficiente no dia a dia. Com a prática, essas experiências e essas forças passarão cada vez mais a se ativar sozinhas.
- Para transformar a ideia de fato positivo numa experiência mais concreta, preste atenção no seu corpo, com tranquilidade e disponibilidade, e pense nos aspectos do fato que naturalmente geram sentimentos, sensações, desejos ou ações positivas.
- Fatos positivos estão presentes tanto em seu contexto atual como nos acontecimentos recentes, nas condições existentes, em suas qualidades pessoais, no passado e na vida dos outros. Você também pode criar fatos positivos. Qualquer fato positivo é uma base potencial para uma experiência boa.
- Algumas outras formas de criar experiências positivas: imaginar o futuro, compartilhar experiências boas, ver o

lado bom das coisas ruins, ser atencioso, imaginar fatos positivos (tanto os que poderiam ser verdadeiros como os que não poderiam) e evocar diretamente uma experiência positiva.

- Às vezes é simplesmente impossível ter uma experiência positiva. Contudo, na maior parte do tempo é possível percebê-la ou criá-la. Este fato representa outra fonte de experiências positivas: considerar a vida como uma oportunidade.

Capítulo 7

Desenvolvimento do cérebro

Após aplicar os métodos apresentados nos dois últimos capítulos, digamos que você esteja se sentindo relaxado, agradecido ou amoroso. Algo de bom está acontecendo: a primeira etapa do processo de incorporação do que é bom. E agora?

Você ajuda essa experiência a penetrar em seu cérebro. É aí que entram a segunda e a terceira etapas. Na segunda etapa, você *enriquece* a experiência permitindo que ela persista e desenvolvendo-a dentro da mente. Na terceira etapa, você a *absorve*, pretendendo e sentindo que a experiência está se tornando uma parte de você. Essas duas etapas *instalam* experiências em seu cérebro, transformando estados mentais favoráveis em traços neurais favoráveis.

Enriqueça uma experiência

Existem cinco importantes fatores que estimulam a aprendizagem – a conversão de ocorrências mentais passageiras em estrutura neural permanente: quanto maior for a *duração*, a *intensidade*, a *multimodalidade*, a *novidade* e a *relevância pessoal*, maior será a retenção na memória. Cada um desses fatores representa uma forma de aumentar o disparo dos neurônios para que eles possam ficar mais unidos durante uma ocorrência de incorporação de algo bom. A repetição dessas ocorrências fortalecerá mais os traços neurais.

Embora as altas esferas do sistema mental/cerebral possam produzir altos voos da imaginação, *insights* matemáticos sutis, sensações complexas, imagens e melodias requintadas, lá no térreo, por assim dizer, a construção de uma nova estrutura é um processo mecânico. Quanto mais ferramentas você tiver, quanto maior a frequência de sua utilização e quanto maior o número de segundos transcorridos enquanto as utiliza, mais estrutura neural você irá desenvolver. Mais é melhor. Além disso, é bom contar com cinco opções para enriquecer uma experiência; se uma não for aplicável ou não estiver funcionando naquele exato momento, você pode tentar outras.

Duração

É bastante frequente a impressão de que uma experiência boa ficou fora do nosso alcance. Em vez de permitir que isso aconteça, devemos ajudá-la a continuar existindo, deixando que ela perdure entre cinco e dez segundos corridos; quanto mais tempo, melhor. Você pode utilizar os métodos que ativaram a experiência boa para reativá-la várias vezes, mantendo-a viva. Um homem me contou um exemplo claro de como ele faz isso: *Procuro lembrar uma vez em que estava comendo bolo de chocolate com sorvete. Não me lembro somente dos sabores, mas também das texturas e das temperaturas. Reconheço o quanto de prazer estou sentindo e imagino faces risonhas pairando ao redor do cérebro enquanto aprecio os sabores. Lembro-me de estender ao máximo o prazer que obtive comendo bolo de chocolate com sorvete. Quando os pensamentos desviam minha atenção, dou outra mordida mental. Tento fazer com que a experiência perdure durante trinta segundos, um minuto, vários minutos, o quanto der. Mais tarde, se alguma coisa me incomoda, digo a mim mesmo: "Está na hora do bolo com sorvete!"*

DESENVOLVIMENTO DO CÉREBRO   *113*

Permita-se viver uma experiência boa. Dedique-se a isso, renunciando a tudo o mais durante o tempo que quiser. Entregue sua mente à experiência; no bom sentido, deixe-a possuí-lo. Abra espaço para ela, mantenha uma espécie de altar para ela em sua mente.

MANTER-SE CONSCIENTE DA EXPERIÊNCIA BOA

- De maneira deliberada, *dedique* sua atenção à experiência e, em seguida, *sustente*-a. É mais ou menos como esquiar no gelo[1]. Firmar o pé é igual a dedicar a atenção; em seguida, deslizar pelo gelo é igual se manter em contato com a experiência. De tempos em tempos, você pode dedicar novamente sua atenção a ela e sustentar seu contato com ela.
- Dê um pouco de atenção à sua própria atenção para que possa retomá-la caso ela comece a se dispersar. Ordens delicadas para você mesmo podem ajudar, como uma voz meiga no fundo da mente dizendo "Deixe que ela perdure".
- Para diminuir a falta de atenção decorrente da tensão e do estresse, respire profundamente uma ou duas vezes; isso irá ativar o tranquilo e relaxante ramo parassimpático do sistema nervoso.
- Nomeie a experiência para si próprio: "Tranquila... relaxante... segura."
- Se você se distrai com facilidade, tente incorporar especialmente experiências estimulantes. Entre elas estão os prazeres físicos, sentimentos revigorantes como deleite, maravilhamento, alegria, afeto e vivacidade, e atitudes concretas como ter uma determinação férrea.

Se você se distrair, não se preocupe. Quando perceber que isso está acontecendo, tente concentrar sua atenção na experiência positiva sem se criticar. Pode ser que junto com as experiências positivas também venham experiências negativas como sensações ou sentimentos desagradáveis. Reconheça-os, deixe que se manifestem e atenha-se à experiência positiva. Lembre-se de que você pode pensar sobre outras coisas mais tarde. Experimente também as sugestões do boxe "Manter-se consciente da experiência boa", da página 113.

Intensidade

À medida que aumenta a intensidade da experiência, o mesmo acontece com os níveis do neurotransmissor norepinefrina, que estimula a formação de novas sinapses; e, quanto mais a experiência alimenta novas sinapses, mais ela fica arraigada no cérebro. Além disso, à medida que a experiência se torna mais prazerosa – em especial se ela foi mais recompensadora do que o cérebro inicialmente esperava[2] porque você intensificou-a deliberadamente e abriu-se a ela por meio da incorporação de algo bom –, os níveis de dopamina também sobem, alimentando, por sua vez, novas sinapses. Basicamente, se se aumenta a intensidade de prazer da experiência, o mesmo acontece com a estrutura neural permanente. Consequentemente, estimular experiências positivas para que se tornem mais intensas e sentir-se tão bem quanto possível é uma ótima maneira de obter benefícios permanentes delas.

Para isso, estimule a experiência positiva para que ela se torne mais rica, mais plena e mais significativa, tanto física como mentalmente. Mergulhe na experiência e deixe que ela se torne o mais intensa possível. Tome consciência de seus aspectos gratificantes, como o toque agradável de algo em sua pele ou a sensação gostosa quando alguém é amável com você. Quem sabe você possa fechar os olhos atentamente a algo imutável para que consiga, de fato, se concentrar nessa experiência deliciosa. Ainda que sutil, a experiência – de sentir-se calmo, aceito ou realizado – pode impregnar a mente. Saboreie-a e aprecie-a. Desfrute dela!

Multimodalidade

Multimodalidade significa que você está consciente do maior número possível de aspectos da experiência. Suponha que você esteja pensando nos atributos positivos de um amigo. Você também pode se ligar em sensações, sentimentos, desejos e ações relacionados a eles. Ou, se estiver se sentindo agradecido, visualize uma enxurrada de coisas boas entrando em sua vida, sinta o corpo se relaxando, observe o desejo de compartilhar um pouco do que você recebeu e se imagine agradecendo em voz alta.

Tente sentir, especialmente, as experiências boas no corpo inteiro. Deixe que sua atenção percorra seu corpo como a água penetra na terra. Respire de maneira consciente; isso irá ajudá-lo a manter contato com seu corpo. Veja se você consegue sentir que todo o seu corpo está respirando, e observe que sentimentos como felicidade, amor ou paz estão incorporados nessa respiração.

É tão óbvio que é fácil esquecer: nosso envolvimento com a vida se dá como *corpo* absolutamente físico. Centros de controle subcortical[3] monitoram ininterruptamente a condição do seu corpo e enviam pedidos de intervenção; além disso, um sentimento afim manda um aviso para o interior do córtex. Esses avisos subcorticais moldam os pontos de vista e os valores contidos no córtex, com consequências que repercutem no subcórtex e na base do cérebro. Por meio desse circuito[4], a ação molda o pensamento e o pensamento molda a ação, que é a base da chamada *cognição incorporada*. Por exemplo, algumas pesquisas mostram que voltar-se para uma recompensa[5] aumenta a reação do cérebro a ela, e que as expressões faciais, a postura[6] e mesmo o gesto de abrir ou fechar as mãos, tudo isso influencia a experiência e o comportamento.

Consequentemente, você pode enriquecer uma experiência[7] incorporando-a por meio de diversos tipos de ação, até mesmo as sutis. No começo do meu casamento, quando minha esposa estava me contando um problema e, ah, começava a parecer que o problema era comigo, eu me retraía fisicamente ("Tirem-me daqui"). Contudo,

116   O CÉREBRO E A FELICIDADE

aos poucos fui percebendo que, se eu me inclinasse em sua direção, isso me ajudaria a manter o foco na conversa e o coração aberto ao que ela tinha a dizer. De modo semelhante, você pode usar um sorrisinho meigo para melhorar o humor, sentar-se um pouco mais ereto para ficar mais alerta ou melhorar a postura para se sentir um pouco mais forte. Geralmente, quanto mais nos envolvermos de maneira ativa e física[8] com as experiências positivas, maior será seu impacto.

Uma forma criativa de se ocupar de uma experiência com significados múltiplos é ser imaginativo com relação a ela. Mesmo coisas simples podem ser eficazes, como se pode ver neste exemplo dado por uma orientadora do Ensino Fundamental II (para mais detalhes sobre como incorporar o que é bom com crianças, consulte o capítulo 9): *Assisto a grupos de orientação de alunos com baixo envolvimento escolar e introduzi um exercício de gratidão no qual praticamos a incorporação do que é bom. Distribuo tiras de papel de cores diferentes, cola bastão e canetas hidrocor; cada um deles recebe três tiras. Peço que os alunos fechem os olhos e, durante alguns minutos, pensem nas coisas que existem em sua vida pelas quais eles são gratos. Depois, peço que escolham três dessas coisas e escrevam o nome de cada uma delas numa tira de papel. Deixo claro que eles podem escolher algo importante ou tão simples como queijo derretido, água quente ou melancia sem semente (três dos meus itens favoritos). Em seguida, cada aluno faz uma corrente de papel com as tiras. Toda vez que acrescentamos uma argola, paramos para refletir sobre o valor da experiência acrescentada. Lembro aos alunos que eles devem deixar que a experiência penetre dentro deles e se torne parte deles. O que mais me chama a atenção quando faço esse exercício são a paz e a tranquilidade que tomam conta do espaço e os sorrisos delicados estampados em todos os rostos.*

Novidade

Seu cérebro é um detector de novidades, sempre procurando por algo inesperado para, em seguida, estocá-lo rapidamente na memória.

DESENVOLVIMENTO DO CÉREBRO 117

Portanto, tente descobrir algo de novo em suas experiências positivas, especialmente se elas forem lugares-comuns como comer um pedaço de pão, chegar em casa do trabalho ou olhar nos olhos de alguém que você ama. Faça com que esses momentos sejam únicos. Procure por recompensas inesperadas[9] em suas experiências – algo como: "Não esperava esse gosto sutil de *curry* na sopa", ou: "Não sabia que seria tão gostoso te abraçar" –, o que tenderá a elevar os níveis de dopamina, favorecendo, assim, o registro da experiência no cérebro.

Concentre-se nos diferentes aspectos da experiência. Experimente fazer isso com algo que você conhece bem, como a respiração. Respire algumas vezes e explore algumas das inúmeras sensações na barriga, no peito, no diafragma (entre a barriga e o peito) e na garganta. Perceba o ar frio entrando e o ar quente saindo. Perceba as sensações ao redor do lábio superior, nas costas, nos pequenos movimentos dos ombros, do pescoço, da cabeça e dos quadris. Cada vez que sua atenção se volta para outro aspecto da experiência, cria-se um novo estímulo para o cérebro.

Perceba as coisas enquanto estão se transformando, pois isso também traz uma sensação de novidade. Quando estiver conversando com um amigo, fique atento às expressões que passam pelo rosto dele e ao fluxo e refluxo de sensações que acontece dentro de você com relação àquilo que seu amigo está dizendo. Ou, enquanto estiver sentado calmamente com uma sensação básica de bem-estar, observe como olhares, sons, gostos, toques, odores e pensamentos surgem ininterruptamente na consciência e em seguida desaparecem.

Como vimos no capítulo 2, o hipocampo é extremamente importante para a memória e, portanto, para incorporar as coisas boas; seus neurônios, porém, também são vulneráveis, podendo ser enfraquecidos ou eliminados pelo cortisol, o hormônio do estresse. Felizmente, o hipocampo é o principal lugar do cérebro em que ocorre o processo de formação de novos neurônios (chamado de *neurogênese*). O ineditismo das suas experiências faz com que aumente a taxa de sobrevivência desses neurônios bebês[10]. Como nenhuma experiência é exatamente igual à outra, o foco nos diferentes aspectos da experiência e sua incorporação favorecem uma sensação de frescor e de novidade que podem, portanto, fortalecer a neurogênese e ajudar na recuperação do hipocampo.

Relevância pessoal

Imagine que você está andando num *shopping center* ou navegando num *website*. Seu cérebro fica esquadrinhando ininterruptamente ao redor para descobrir coisas que possam lhe interessar. É relevante para minhas necessidades, interesses ou preocupações? Concentre a atenção naquilo. *Não é relevante?* Siga em frente. E, quando o cérebro encontra, de fato, algo relevante para você, ele arquiva a experiência.

Consequentemente, você pode usar esse processo natural de busca da relevância para desenvolver os traços neurais de suas experiências positivas. Tome consciência do modo pelo qual a experiência que você está incorporando pode ajudá-lo e por que ela é valiosa. Por exemplo, ficar relaxado e tranquilo pode diminuir o estresse e a angústia; partilhar um comentário jocoso com a/o companheira/o pode ajudá-los a se sentir mais unidos quando for difícil ficar junto por causa da agenda lotada dos dois.

Situe a experiência no contexto da sua vida. Durante a experiência, você pode até dizer a si mesmo: "Isso se aplica a mim porque _____." Embutida na percepção daquilo que é relevante para você está a gentileza consigo próprio, uma sensação de "é disso que eu preciso, gosto disso, isso é conveniente para mim". Você não está alimentando seu ego, e sim proporcionando a si próprio uma experiência *importante*, do mesmo modo que a ofereceria a um amigo que pudesse utilizá-la.

Absorva a experiência

Certa vez, quando estávamos de férias, minha esposa e eu contemplamos um pôr do sol que, mesmo para os padrões havaianos, era extraordinário. Disse a mim mesmo: "Lembre-se dele." E hoje, enquanto escrevo estas linhas vinte anos depois, ainda vejo aquele céu tomado de tons púrpura e rosa incandescentes e brilhantes.

Por si só, o fato de enriquecer a experiência – a segunda etapa da incorporação do que é bom – irá aperfeiçoar sua instalação no cérebro, já que você estará intensificando e prolongando a atividade neural que naturalmente tende a desenvolver a estrutura neural. E, exatamente como faz quando tira um instantâneo mental de um pôr do sol, você pode aperfeiçoar ainda mais essa instalação pretendendo e sentindo que a experiência está penetrando em você e se tornando parte de você, na terceira etapa da incorporação do que é bom: absorva.

Na verdade, incorporar o que é bom é como fazer uma fogueira. Primeira etapa: acender a fogueira. Segunda etapa: alimentá-la para que não apague. E terceira etapa: sentir-se tomado por seu calor. Você pode começar a terceira etapa após terminar completamente a segunda; porém, na maior parte do tempo a sensação de absorver uma experiência positiva se mistura com a sensação de enriquecê-la e se sobrepõe a ela. É como ser aquecido por uma fogueira enquanto põe mais lenha nela.

Ao cumprir a terceira etapa, algumas pessoas visualizam a experiência positiva caindo sobre elas como uma chuva leve ou uma delicada poeira dourada, ou sendo colocada como uma joia na arca do tesouro do coração. Uma pessoa apresentou-me uma metáfora visual impressionante da absorção de uma experiência: *Se você pegar um copo de água pura e acrescentar uma gota de óleo, o óleo permanece na superfície. Se você pegar outro copo de água e acrescentar uma gota de corante alimentício, a gota avança aos poucos através da água, tingindo-a com sua cor. É assim que explico visualmente aos outros o que é incorporar algo de bom. O óleo representa uma experiência passageira sem nenhuma importância, enquanto a coloração representa uma transformação tangível, que precisa de tempo para penetrar.*

Outros sentem que a experiência positiva os está aquecendo como uma xícara de chocolate quente ou aliviando mágoas interiores como um bálsamo reconfortante. Ou eles simplesmente sabem que estão recebendo, registrando e retendo a experiência; que ela está se depositando no cérebro, tornando-se parte deles, um recurso interior que eles podem levar consigo para onde forem. Descubra o que funciona para você e confie que a experiência boa encontrará o caminho para o seu cérebro. Enquanto você está penetrando nela, ela está penetrando em você.

Eis aqui um exemplo de como uma mulher absorveu uma experiência positiva inúmeras vezes: *Recentemente, uma de minhas gatas ficou doente. Levei Sammy, que tem 11 anos de idade, ao veterinário, pensando que ela iria tomar algum remédio e logo estaria novinha em folha. Em vez disso, fiquei sabendo que seu peito estava congestionado, o que dificultava a respiração. Sammy tinha uma doença incurável. Após uma conversa séria com o veterinário e com meu companheiro, decidi que o melhor era pôr fim à vida dela. Embora os animais sejam seres extremamente preciosos, aquela decisão impensável tinha de ser tomada. A eutanásia deixou uma cicatriz dolorosa em meu cérebro e em meu coração. Passei dias e dias chorando. Depois de haver transcorrido certo tempo, e eu já um pouco mais calma, comecei a tentar incorporar algo de bom. Como me lembrava dos momentos maravilhosos passados com Sammy, passei a saborear cada um deles por bem mais de trinta segundos. Eu percebia aquelas sensações positivas penetrando profundamente em mim como um bálsamo e cicatrizando os instantes finais terríveis que eu passara com ela. De certa forma, eu sentia como se Sammy estivesse se tornando parte de mim. A lembrança dela sentada no meu colo ou correndo atrás de um brinquedo representou um enorme consolo para mim.*

Sejam quais forem os métodos que você use para absorver a experiência, procure ter a disposição, e até mesmo a coragem, de ser modi-

DESENVOLVIMENTO DO CÉREBRO

ficado, de crescer, de se tornar um pouco diferente em consequência dela. Por exemplo, ao incorporar uma experiência de gratidão, verifique se você mesmo sente que está, de fato, se tornando uma pessoa mais agradecida e reconhecida. Ao incorporar um sentimento de força, verifique se você realmente consegue se permitir ser alguém um pouco mais forte. A mente (e o cérebro) extrai sua forma daquilo que lhe serve de fundamento, e você está deixando que ela assuma seus contornos em meio à experiência positiva que você está incorporando.

Paz, contentamento e amor

Vamos juntar as peças por meio de um exercício prolongado de incorporação do que é bom aplicado às experiências fundamentais da paz, do contentamento e do amor, que esclarecerá com perfeição o modo receptivo do cérebro. Na primeira vez que fizer o exercício, é bom se demorar um pouco em cada uma de suas partes, para poder compreendê-la com clareza. Então, você será capaz, cada vez mais, de passar diretamente para uma sensação integrada de paz, contentamento e amor. Eu mesmo uso esse exercício muitas vezes, inclusive logo depois de acordar. (Para uma versão curta dele, consulte "Um minuto para as coisas boas", na página 176.)

Vamos lá:

Sinta a presença de tudo o que está passando por sua consciência: pensamentos, percepções sensoriais, sentimentos, desejos e ações. Deixe-os em paz; deixe que apareçam e desapareçam.

Reconheça algumas das formas de proteção que existem neste exato momento, incluindo as paredes que o cercam e as pessoas boas próximas a você. Reconheça alguns de seus recursos, como aptidões, boas notas ou carta de motorista. Traga à mente um sentimento de força e de determinação. Perceba que seu corpo está basicamente bem agora, que seu coração está batendo, que você está respirando normalmente, que está se sentindo bem, mesmo que não esteja em excelente forma.

Tome consciência de qualquer sensação de ameaça desnecessária e veja se consegue tirá-la da mente. Tente não se envolver com preocupações ou projetos; você pode fazer isso mais tarde. Você não está brigando nem competindo com ninguém. Toda contrariedade, exasperação, irritabilidade ou raiva está desaparecendo. Tome consciência de qualquer posição defensiva, rigidez ou ansiedade desnecessárias – e veja se consegue tirá-las da mente. Dentro dos limites do razoável, deixe que a sensação de segurança o invada. Você está ficando mais calmo e relaxado. É possível que sinta uma sensação de tranquilidade, como um plácido lago de montanha. Não há nenhum motivo para sentir aversão; você não está resistindo a nada, nem internamente nem no mundo lá fora. Você está reconhecendo e descobrindo um sentimento de paz.

Deixe que a paz perdure, aproveite-a, enriqueça e absorva essa sensação. Penetre na paz enquanto ela penetra em você. Deixe que isso perdure durante o tempo que quiser.

Agora deixe que o sentimento de paz passe para o segundo plano da mente e traga para o primeiro plano algo que o ajude a se sentir agradecido, reconhecido, grato. Pense em outra coisa que lhe traga prazer, alegria, deleite ou felicidade. Lembre-se da ocasião em que conseguiu terminar uma tarefa. Tenha consciência das coisas que você realizou, dos objetivos que alcançou. Recorde momentos de satisfação e de realização. Traga à mente mais coisas que lhe deem sensações de plenitude e de bem-estar. Tire da mente decepções, frustrações e insatisfações. Seja compreensivo com suas próprias deficiências, sem deixar de aceitar que elas existem. Veja se consegue encontrar um sentimento de suficiência, até mesmo de abundância, neste momento, sem nenhum desejo de que ele seja minimamente diferente do que é. Sinta que o contentamento cresce. Não é preciso compreender nada; você não está em busca de nada dentro da sua mente nem no mundo lá fora. Você está reconhecendo e descobrindo um sentimento de contentamento.

DESENVOLVIMENTO DO CÉREBRO

Deixe que o contentamento perdure e usufrua dele; enriqueça e absorva esse sentimento. Penetre no contentamento enquanto ele penetra em você. Deixe que isso perdure o tempo que você quiser.

Agora deixe que o sentimento de contentamento passe para o segundo plano da mente e traga para o primeiro plano algo que o ajude a se sentir uma pessoa amada e carinhosa. Abra-se a outro ser e sinta-se ligado emocionalmente a ele – pode ser uma pessoa, um animal de estimação ou um grupo de pessoas. Pense em alguém que é afetuoso ou amistoso com você, e ajude isso a se transformar numa sensação de consideração. Lembre-se de uma época em que você se sentia incluído, notado e compreendido, apreciado ou respeitado, e até mesmo estimado e amado. Deixe que a sensação de que você é importante para os outros o invada, relaxando o rosto, a garganta e os olhos, acalmando e aquecendo o coração. Deixe que as rejeições desapareçam, junto com os ressentimentos e as mágoas passadas nos relacionamentos. Saiba como é se sentir amado. Reconheça alguns dos comportamentos que mostram que você é uma pessoa boa, que se importa com os outros. Tome consciência de algumas contribuições que você deu aos outros, de algumas de suas capacidades. Deixe que o senso de merecimento penetre em você. Uma vez mais, deixe gravado lá dentro que você é, de fato, uma pessoa boa.

Lembre-se de alguém de quem você goste, alguém importante para você, alguém que você ame. Sinta compaixão – o desejo de que os seres vivos não sofram – por alguém, quem sabe um amigo em dificuldade, uma criança que sofre ou pessoas pobres que moram em regiões remotas ou próximas de sua casa. Sinta bondade, o desejo de que as criaturas sejam felizes. Lembre-se de alguém, em algum lugar, que seja feliz. Alegre-se com a felicidade alheia. Deixe que a inveja e o ciúme desapareçam completamente; você não precisa se preocupar com eles. Sinta-se cada vez mais ligado aos outros, à vida como um todo, até mesmo ao planeta inteiro e mais além. Você não tem nenhum motivo para grudar em ninguém; você já está vinculado aos outros, já é ama-

do e afetuoso. Amor que flui em abundância, entrando e saindo. Você está reconhecendo e descobrindo um sentimento de amor.

Deixe que o amor perdure e usufrua dele; enriqueça e absorva esse sentimento. Penetre no amor enquanto ele penetra em você. Deixe que isso perdure o tempo que você quiser.

Agora sinta que a paz, o contentamento e o amor estão todos presentes, juntos, em sua mente. Apoiando um ao outro. Um sentimento de plenitude, seu estado natural. Enquanto você permanece no modo receptivo do cérebro, existe um sentimento conjunto de plenitude e bem-estar. Pode ser que você tenha de enfrentar desafios, que seu corpo esteja sofrendo ou que sua mente esteja inquieta, mas nada disso perturba sua essência. Não há necessidade de ficar ansioso nem sentir compulsão por nada. Neste momento, você está sentindo que suas necessidades fundamentais de segurança, satisfação e ligação estão sendo basicamente atendidas.

Você está seguro.

COMO INCORPORAR

- A segunda e a terceira etapas do **TEAA** são: Enriqueça e Absorva uma experiência positiva a fim de instalá-la no cérebro.
- Cinco fatores principais enriquecem uma experiência e intensificam sua conversão em estrutura neural: duração, intensidade, multimodalidade, novidade e relevância pessoal.
- Você pode absorver a experiência visualizando-a penetrar em você, percebendo que ela está tomando posse do seu corpo e permitindo que ela o transforme.
- Ter o hábito de oferecer a si próprio um sentimento básico de paz, contentamento e amor é um jeito incrível de entrar em contato com o modo receptivo e aprofundar seus traços neurais.

Capítulo 8

Flores em vez de ervas daninhas

As três primeiras etapas do processo de incorporação do que é bom incluem somente o que é positivo. Você pode usar essas etapas para enfrentar um desafio ou para relativizar algo que ainda o esteja incomodando; porém, enquanto está percorrendo essas etapas, seu único foco são as experiências positivas. Por exemplo, quando era um garoto "caxias", me senti humilhado algumas vezes quando era o último a ser escolhido para fazer parte de uma equipe esportiva. Portanto, quando fiquei mais velho, incorporei muitas experiências boas jogando futebol americano e fazendo escaladas com os amigos. No momento em que fazia essas atividades, eu não me lembrava de nenhuma das antigas humilhações, muito embora o que me havia motivado a procurar e incorporar essas experiências fosse a consciência de que havia uma questão não resolvida desde a infância.

Em vez disso, na quarta etapa do processo de incorporação do que é bom – Associe – sua consciência encerra, ao mesmo tempo, elementos positivos *e* negativos. Você deixa os elementos positivos mais predominantes e intensos, sentindo que eles se conectam com os elementos negativos e aos poucos os enfraquecem – e talvez até os substituam. Nessa etapa, as flores das experiências positivas sufocam e substituem gradualmente as ervas daninhas dos pensamentos, sensações e desejos negativos.

Deixe-me explicar primeiro por que esse método funciona e depois dar algumas sugestões sobre como utilizá-lo com eficácia.

Elementos negativos têm um preço

Experiências desagradáveis fazem parte da vida. Mas podemos tirar proveito de algumas delas. A tristeza pode amolecer seu coração, as privações podem torná-lo mais forte e a raiva pode servir de estímulo para lidar com maus-tratos. Além disso, se você resiste às experiências desagradáveis, isso impede que elas circulem pela mente e pelo corpo, ficando por ali. Se você assume uma postura negativa diante de algo negativo, o resultado simplesmente é uma situação ainda mais negativa.

Entretanto, quando experiências desagradáveis se transformam em elementos negativos armazenados no cérebro, isso não é bom. Elementos negativos têm consequências negativas. Eles o deixam melancólico, aumentam a ansiedade e a irritabilidade e transmitem um sentimento de fundo de não corresponder às expectativas e de incompetência. Esses elementos incluem crenças prejudiciais como "ninguém precisa de mim". Os desejos e tendências contidos neles o deixam em maus lençóis. Eles podem entorpecê-lo e amordaçá-lo; ou fazer com que você reaja de maneira exagerada aos outros, o que pode criar círculos viciosos negativos entre você e eles. Elementos negativos provocam impactos no corpo, esgotam, no longo prazo, a saúde mental e física e podem reduzir a expectativa de vida.

Além de tudo, os elementos negativos em seu cérebro funcionam como uma poderosa corrente que o arrasta para o modo reativo. O conhecimento do mecanismo neural que ativa e depois armazena esses elementos parece indicar maneiras de *modificá-los* de fato, chegando ao ponto de eliminá-los completamente.

Como os elementos negativos agem no cérebro

Às vezes vivenciamos pensamentos, sensações, sentimentos, desejos e ações negativos relacionados a lembranças *explícitas*. Se me lembram do dia em que estávamos viajando com nossos filhos e o carro quase despencou por um despenhadeiro cheio de neve perto de Yosemite, sou tomado por uma sensação desagradável de medo e impotência. Contudo, os elementos negativos geralmente surgem de depósitos da memória *implícita*. Digamos que você tenha comprado uma calça jeans mais justa que o normal e que isso tenha reavivado uma série de autocríticas a respeito do seu peso. Ou talvez você tenha ido dar uma caminhada, começou a pensar em dinheiro e parecia que tinha aberto um pote de ansiedade.

Quer se originem da memória explícita ou implícita, os elementos negativos normalmente não são ativados do mesmo modo que acontece quando você abre um documento no computador. A menos que sejam "*flashes* de lembrança" de um trauma, com todos os detalhes dolorosos impressos em sua mente, eles não são recuperados em conjunto, e sim *reconstruídos* a partir de fontes preexistentes[1]. O cérebro faz isso com tanta rapidez que é como se uma pasta específica de sujeira fosse retirada de um arquivo localizado em algum lugar da cabeça. Na verdade, o que existe é um processo ativo no qual uma quantidade enorme de sinapses – milhões ou até bilhões delas – leva alguns décimos de segundo para se sincronizar numa espécie de confederação ou *coalizão* que representa a experiência consciente[2] desses elementos negativos.

Então, quando os elementos negativos[3] – como uma fixação preocupante, a imagem de um campo de batalha, a incapacidade de se manifestar diante de figuras de autoridade, uma reação mordaz à/ao companheira(o) ou a sensação crescente de não ser desejado como pessoa – deixam de estar ativos na consciência, eles se *reconsolidam* gradativamente nas estruturas da memória. Mecanismos moleculares pequenos[4] precisam no mínimo de vários minutos – e provavelmente várias horas – para reinstalar os elementos negativos no cérebro. O fato de isso significar um processo laborioso que leva tempo permite que você utilize dois métodos para suavizar, corrigir e potencialmente substituir os elementos negativos.

Dois métodos para transformar elementos negativos

Se houver algo além dos elementos negativos que também esteja presente na consciência, ele está representado por sua própria coalizão de sinapses. As duas coalizões começam a se conectar simultaneamente, já que neurônios que disparam juntos permanecem juntos. Em consequência, você pode ficar deliberadamente consciente tanto dos elementos positivos como dos negativos, de tal maneira que – em especial se o que for positivo estiver vividamente presente no primeiro plano da consciência – o positivo se conecte com o negativo. Na verdade, pensamentos e sensações extremamente positivos vão começar a se inserir nos elementos negativos. Quando os elementos negativos deixam a consciência para ser reconsolidados na estrutura neural, eles tendem a levar com eles alguns desses vínculos positivos. Na próxima vez que os elementos negativos forem reativados, eles também tenderão a levar consigo algumas dessas associações positivas e desses pensamentos e sensações positivos.

Escreva por cima dos elementos negativos

Digamos que você teve uma discussão sem importância com um amigo ou com sua/seu companheira/o. Embora tenha sido complicado e desagradável, racionalmente você sabe que tudo vai ficar bem entre vocês. Ainda assim, não consegue parar de se preocupar com isso. Portanto, o que você pode fazer é ter consciência, ao mesmo

FLORES EM VEZ DE ERVAS DANINHAS 129

tempo, da sua ansiedade e da sensação de que alguém se importa com você (pode ser a outra pessoa). Faça com que os sentimentos positivos se mantenham mais fortes que os negativos, enquanto continua consciente de ambos ao mesmo tempo. Após doze segundos ou mais, tire a ansiedade da mente e deixe que a sensação de que alguém se importa com você perdure por mais doze segundos aproximadamente. Se a preocupação com o relacionamento voltar, ela poderá estar um pouco (ou muito) mais moderada como resultado desse rápido exercício. Além disso, como acontece com qualquer exercício mental, quanto mais você pratica, maior o impacto no cérebro. Este é o primeiro método de utilização de elementos positivos para reduzir elementos negativos.

Não obstante, por mais benéfica que seja essa introdução de elementos positivos nos negativos, pesquisas indicam que ela pode às vezes simplesmente "escrever por cima" dos elementos negativos[5] sem realmente apagá-los, como um belo quadro pintado em cima de um quadro horroroso. Quando escrevemos por cima de elementos negativos, eles podem se vingar e voltar[6] se o elemento detonador adequado estiver presente. Ou pode ser mais fácil readquiri-los no futuro[7].

Apague os elementos negativos

Para lidar com as possíveis fragilidades da sobreposição de elementos positivos em negativos, pesquisas recentes sugerem um segundo método para reduzir elementos negativos: determinados protocolos psicológicos praticamente apagam associações negativas da estrutura neural, em vez de simplesmente se sobreporem a elas. Funciona assim. Elementos negativos estão frequentemente associados a um "gatilho" neutro. Suponhamos que na infância você teve um treinador desbocado, crítico e intimidante. Nesse caso, a autoridade masculina – um gatilho neutro, já que ela não é intrinsecamente negativa – ficou vinculada, em seu cérebro, a experiências de medo e humilhação (elementos negativos). Caso isso tenha acontecido, pode ser que hoje você ainda se sinta pouco à vontade na presença de uma figura de autoridade masculina no trabalho, mesmo que saiba, racionalmente, que ele não vai tratá-lo como o treinador fazia quando você era criança. Como romper o elo que liga o gatilho neutro aos elementos negativos?

Para isso, você pode utilizar a "janela de reconsolidação" existente no cérebro, que dura ao menos uma hora[8]. Durante pelo menos uma hora após os elementos negativos terem sido ativados e, em seguida, terem deixado a consciência, se você trouxer o gatilho neutro repetidas vezes à mente enquanto experimenta apenas sensações neutras ou positivas (por aproximadamente doze segundos ou mais), isso interromperá a reconsolidação das associações negativas[9] ao gatilho neutro da estrutura neural e até mesmo reduzirá a ativação da amígdala[10] relacionada ao gatilho neutro.

Tomando como exemplo o caso da figura de autoridade masculina, você pode utilizar ambos os métodos para reduzir os elementos negativos. Em primeiro lugar, retenha na mente um forte sentimento de automerecimento junto com a recordação, no segundo plano da consciência, de ter sido humilhado pelo treinador quando era criança; ao agir assim, você estará ligando conscientemente elementos positivos e negativos. Em segundo lugar, após apagar da mente a recordação dolorosa, pense apenas em coisas neutras ou positivas – como a sensação de merecimento – algumas vezes ao longo da hora seguinte, enquanto traz à mente também, durante doze segundos ou mais, a ideia de autoridade masculina ou a lembrança da imagem de uma figura de autoridade masculina que você conheça (o gatilho neutro).

Você também pode empregar esse método nas suas atividades diárias. Logo antes de se reunir com um homem que encarne uma figura de autoridade, você pode associar na consciência o forte senso de merecimento à recordação dolorosa do treinador esportivo. Então, durante a reunião com a pessoa, acesse várias vezes o senso de merecimento sem fazer referência à antiga lembrança do treinador. Também é possível tentar essa abordagem de forma mais discreta; por exemplo, simplesmente observar uma figura de autoridade masculina cruzar a sala enquanto você renova reiteradamente seu senso de merecimento.

Potencial impressionante

Em suma, durantes as fases de reconstrução e de reconsolidação, os padrões neurais subjacentes aos elementos negativos *podem ser transformados* por meio de duas formas de associação com elementos positivos. Em primeiro lugar, você pode influenciar positivamente os elementos negativos. Isso vai estruturá-los numa perspectiva mais ampla, realista e auspiciosa, além de acalmar e atenuar os sentimentos, as sensações e os desejos deles. Em segundo lugar, você pode interromper a reconsolidação de associações entre os elementos negativos e os gatilhos neutros da estrutura neural, apagando-os gradativamente.

Trata-se de ferramentas poderosas para reduzir e afastar elementos negativos. Este é um dos meus exemplos favoritos de como utilizá-las: *Eu estava tomando conta dos dois Welsh Corgi Cardigan da minha filha. Eu os conheço há bastante tempo e nós nos damos bem. Resolvi ficar deitado quieto no chão para ver o que eles fariam. Numa questão de segundos eles pularam para cima de mim, puseram as patas no meu peito, lamberam-me o rosto e os lábios, morderam carinhosamente meu nariz e minhas orelhas, cheiraram meu pescoço, correram em volta de mim e então começaram tudo de novo. Não preciso dizer que eu estava tendo acessos de riso. Foi uma adorável experiência de amor incondicional. Então me ocorreu que eu podia usar essa experiência para me livrar de uma lembrança dolorosa de quando eu tinha por volta de 3 ou 4 anos de idade. Minha avó, que era uma pessoa desagradável e cruel, tinha me trancado do lado de fora da casa e dito que as vacas do pasto vizinho iriam me comer, além de outras histórias malucas iguais a essa que me aterrorizavam. Fiquei pensando inúmeras ve-*

zes na adorável experiência dos corgis pulando em cima de mim e me lambendo o rosto numa demonstração incondicional de amor, ao mesmo tempo que me lembrava dos momentos difíceis passados com minha avó. Funcionou! Hoje, não consigo pensar na minha avó sem imediatamente pensar nos corgis. A antiga lembrança desapareceu, substituída pela alegria e pelo amor.

Esta é a quarta etapa do processo de incorporação do que é bom: por meio da associação daquilo que é positivo com o que é negativo, você inocula um "remédio" para as aflições da mente diretamente nas redes neurais onde o sofrimento, a angústia e a disfunção se encontram enraizados.

Embora possa parecer exótica ou arriscada, essa associação é natural. Aposto que você mesmo já faz isso às vezes, reunindo ao mesmo tempo na mente coisas positivas e negativas. Você pode se lembrar do apoio de um amigo quando está preocupado com os filhos, menosprezar-se quando está confuso com alguma coisa, sair para passear na natureza se está se sentindo deprimido, orar por conta de uma doença ou de uma perda ou manter um sofrimento crônico num amplo e tranquilo espaço de consciência.

A ligação do positivo com o negativo pode ser feita informalmente na vida diária, bem como formalmente em diversas psicoterapias. A psicanálise, por exemplo, associa uma nova interpretação aos sintomas neuróticos da pessoa e a terapia rogeriana mantém o sofrimento do paciente dentro da visão incondicionalmente positiva do terapeuta. A terapia da coerência, em particular, desenvolvida por Bruce Ecker[11] e seus colaboradores, liga sistematicamente elementos positivos e negativos.

Passe para a quarta etapa

Passemos aos detalhes da quarta etapa do processo de incorporar o que é bom. O começo é igual ao das três primeiras etapas: Tenha,

Enriqueça, Absorva. Em seguida, quando se sentir seguro na experiência positiva, você a Associa a algum elemento negativo. Você pode manter na consciência elementos positivos e negativos durante o tempo que quiser. Quando estiver pronto, libere os elementos negativos e mergulhe inteiramente nos positivos por pelo menos mais alguns segundos.

Se uma situação, ação, relação ou desejo (ou seja, o elemento desencadeador) neutro ficou associado em sua mente a um elemento negativo, tente pensar – diversas vezes ao longo da hora seguinte, sem sentir que o negativo está presente – em coisas neutras ou positivas junto com o elemento desencadeador neutro, durante doze segundos ou mais. Às vezes não existe um elemento desencadeador neutro ou, ao menos, você não consegue pensar em um. Se acontecer isso, não se preocupe, simplesmente pule essa parte da quarta etapa. Ainda assim, o simples fato de ter mantido na consciência elementos positivos e negativos trará benefícios a você.

Mantenha duas coisas na mente

À primeira vista pode parecer um pouco estranho pensar em duas coisas ao mesmo tempo, mas você já passou por várias experiências desse tipo, de ouvir enquanto toma notas até manter entretida uma criança pequena no banco de trás do carro enquanto dirige para a escola. Com um pouco de prática, você vai até se sair melhor.

Mantenha o elemento negativo no segundo plano da consciência para que ele seja vago, insignificante e moderado. Enquanto isso, mantenha o elemento positivo no primeiro plano para que ele seja radiante, grande e intenso. Se o elemento negativo ficar forte demais, deixe-o cair como a uma batata quente. Fique do seu próprio lado. Você está *a favor* do elemento positivo. Você quer que ele vença! Se ajudar, imagine que você dispõe de aliados que o apoiam, o fortalecem e o animam.

Se o elemento negativo for especialmente intenso ou atraente, você pode apenas pensar nele *conceitualmente*, nada mais, enquanto mergulha no elemento positivo. Ou você pode ter uma percepção mais detalhada do elemento negativo, mas, ainda assim, mantê-lo distante, nos bastidores da etapa da consciência, deixando que o elemento positivo ocupe o centro das atenções. Mais desafiador, embora provavelmente mais eficaz, você pode sentir o elemento positivo entrando em contato direto com o negativo. Por exemplo, você pode imaginar que o elemento positivo está entrando em contato direto com o negativo, que está penetrando nele como uma chuva cálida, suave e persistente; como um bálsamo dourado que leva conforto até as áreas internas frias, magoadas ou feridas; ou como a água que preenche antigos espaços vazios.

Conecte-se mentalmente

Você também pode imaginar que o elemento positivo está se conectando com as camadas mais profundas da sua psique, como aconteceu com esta pessoa: *Minha mãe abandonou a família no dia em que eu completei 3 anos de idade. Eu regularmente incorporo o que é bom enquanto caminho numa trilha próxima junto a uma lagoa. Diariamente eu vejo coisas ali que me alimentam, como o voo gracioso de um bando de aves ou as folhinhas novas de um arbusto. Quando percebo essas coisas, paro por cerca de trinta segundos para sorvê-las. Respiro profundamente e imagino a experiência boa penetrando em mim – a imagem de encher uma arca do tesouro funciona para mim. Comecei a juntar essa bela experiência com a lembrança da partida de minha mãe. No começo foi desconcertante pensar nela. Porém, após fazer essa experiência durante alguns meses, hoje consigo pensar em minha mãe sem sofrer.*

Você pode até mesmo sentir que sua criança interior – já que existem camadas anteriores dentro da psique de todo o mundo – finalmente está obtendo algumas coisas de que sempre necessitou. Talvez visualizar o seu lado adulto provedor apoiando e confortando instâncias mais jovens suas, pegando-as no colo, como fez esta mulher: *Recentemente, uma mágoa infantil profunda surgiu do buraco da memória. No passado, isso teria me deixado arrasada. Nesse momento, porém, eu me perguntei: do que essa criança extremamente assustada e sozinha precisa? A resposta foi: de alguém que a abrace com amor e ateste sua tristeza. Portanto, eu simplesmente fiquei sentindo uma presença afetuosa, meiga e carinhosa que ouvia aquela menininha e não tentava afastá-la de seus sentimentos. Muitos e muitos anos depois, alguém finalmente estava ouvindo, sentindo e amparando aquela menininha. Desde então, essa mágoa tem reaparecido várias vezes, mas cada vez mais fraca.*

Como brinde, se lhe parecer autêntico, explore a sensação de receber o elemento positivo *dentro* do negativo. Como a sensação de se acalmar. Ou como a sensação de que suas instâncias infantis estão recebendo e incorporando pelo menos um pouco daquilo que elas estavam desejando. Isso implica uma dupla perspectiva na qual uma instância sua experimenta proporcionar uma experiência positiva, enquanto outra instância experimenta recebê-la.

Três exigências

Em linhas gerais, a quarta etapa tem três exigências. Em primeiro lugar, você tem de ser capaz de manter duas coisas na mente ao mesmo tempo. Em segundo lugar, você não pode se deixar dominar pelo elemento negativo. Consequentemente, recomendo a você não utilizar este método para o buraco negro no centro do trauma (embora um terapeuta experiente possa utilizar a quarta etapa com seus clientes). Em terceiro lugar, você precisa manter o elemento positivo mais em destaque. Caso contrário, ele pode ficar impregnado de negatividade.

Isso tudo pode parecer complicado à primeira vista, mas depois de experimentar algumas vezes a quarta etapa do **TEAA** ele vai parecer fácil e até mesmo simples.

Experiências preventivas

A quarta etapa da incorporação do que é bom é uma maneira extremamente útil de combinar experiências de iniciativa fundamentais – que exploramos no capítulo 4 – com suas próprias questões e necessidades. Você pode, por exemplo, ligar sentir-se bem agora mesmo com ansiedade, tranquilidade com irritabilidade, alegria e gratidão com tristeza, conexão com separação, sentir-se amado com sentir-se magoado, excelência com imperfeição e motivação com a sensação de estar empacado. Na verdade, você estaria usando uma experiência positiva específica como uma espécie de "antídoto" para determinados elementos negativos. Para outros exemplos, veja o Quadro 5 na página oposta, "Como combinar algumas experiências preventivas com elementos negativos"; ele organiza as experiências positivas e negativas em termos das três necessidades fundamentais: necessidade de segurança, de satisfação e de ligação. (Naturalmente, os "antídotos" relacionados não são a única maneira de lidar com os elementos negativos.)

Esta mulher usou as lembranças das experiências positivas que teve com alguém que ela amava para aliviar a dor causada por sua morte: *Perdi meu amigo do peito há oito meses. Ele era uma pessoa excepcional que me amava profundamente. Eu fico triste, e então me concentro em um dos momentos maravilhosos que passamos juntos. Revivo essa lembrança o mais intensamente possível e permito que as sensações alegres daquele tempo penetrem em mim. A tristeza torna-se então mais leve, e eu a suporto com um amor parecido com aquele que costumávamos partilhar.*

Talvez algo o esteja incomodando ultimamente, ou você esteja lidando com uma ansiedade ou uma culpa crônica, ou esteja tentando curar uma dor antiga como uma perda terrível quando era criança. Tente mentalmente dar um nome ao problema e depois pergunte: que experiências ajudariam a lidar com esse problema? Quando tiver algum tipo de resposta – e ela não precisa ser perfeita –, você pode buscar as oportunidades de ter essas experiências preventivas

Quadro 5: Como combinar algumas experiências preventivas com elementos negativos

Evitação de danos

Elemento negativo	Experiência positiva
Fraqueza	Força
Impotência, sentir-se como resultado	Eficácia, sentir-se como causa
Sobressalto	Proteção, segurança, calma
Ansiedade, medo, preocupação	Tranquilidade, relaxamento, percepção de força de vontade, de que você está se sentindo bem agora mesmo
Sentir-se contaminado	Limpeza, sensação de que o corpo e a mente *estão* saudáveis
Suscetibilidade, ativação rápida do mecanismo de luta ou de fuga do sistema nervoso simpático	Calma dos sentidos, ativação do mecanismo de repouso e digestão do sistema nervoso parassimpático
Imobilização, contenção	Atividade física, desabafo

Abordagem de recompensas

Elemento negativo	Experiência positiva
Decepção, tristeza, perda	Gratidão, alegria, beleza, prazer, ganho
Frustração	Realização, perceber que os objetivos são alcançados
Fracasso	Sucesso

continua

Elemento negativo	Experiência positiva
Hiperatividade	Satisfação, realização
Tédio, apatia	Sentir a rica plenitude do momento

Apego aos outros	
Elemento negativo	**Experiência positiva**
Desamparado, abandonado	Sentir-se amado
Ignorado, incompreendido	Sentir-se notado, recebendo empatia
Excluído, rejeitado	Pertencente, sentir-se querido
Inadequação, vergonha, falta de valor	Sentir-se reconhecido, apreciado, valorizado
Solidão	Amizade, ser gentil com os outros, cuidar de si próprio
Falsa aparência, "síndrome do impostor"	Sentir-se aceito, aceitar a si próprio, sinceridade
Ressentimento, raiva de alguém	Assertividade, apoio dos outros, autocompaixão

na vida diária e usá-las na quarta etapa do processo do **TEAA**. Além disso, consulte o capítulo 10 para se inteirar das práticas controladas que você pode usar para evocar e incorporar essas experiências fundamentais sozinho.

Ligar com insistência as experiências preventivas a elementos negativos tem sido profundamente útil para mim. Essa tem sido, para mim, a maneira principal de preencher de modo gradual o vazio em meu coração.

Comece com um elemento negativo

Na maioria das vezes em que executa a quarta etapa, você começa com um elemento positivo, na sequência que descrevi até agora. Mas você também pode usar um elemento negativo como ponto de partida.

Digamos que algo negativo foi reativado dentro de você. Em termos das três formas básicas de envolver a mente, você começa com a primeira: *tomar consciência* do que está ali. Você se afasta do elemento negativo para observá-lo. Após certo tempo, você se sentirá em condições de passar para a segunda etapa: *minimizar o elemento negativo*. Você pode relaxar um pouco, chorar ou tentar liberar alguns pensamentos nocivos. Em determinado momento, você se sentirá pronto para a terceira forma de envolver a mente: *reforçar o elemento positivo*. Você utiliza, então, as etapas do **TEAA**, concentrando-se particularmente nas experiências-chave que oferecerão um "antídoto" ao elemento negativo que deu início ao processo.

Eu utilizo com frequência essa sequência, geralmente para experiências moderadamente negativas. Digamos que eu não esteja conseguindo escrever um *e-mail*. A primeira coisa que eu faço é tomar consciência das minhas reações, tentando entender o que está me aborrecendo tanto. Pode ser que eu esteja me sentindo pressionado a fazer um monte de coisas em um curto espaço de tempo. Em seguida, eu começo me livrando dessa sensação de estresse respirando lentamente e olhando pela janela. À medida que o indicador interno de estresse passa do laranja para o amarelo – ou mesmo para o amarelo-claro –, eu começo a me abrir para alguns sentimentos bons, como aquele de realização por tudo o que consegui fazer hoje e a sensação geral de que tudo ficará bem mesmo que eu não consiga terminar imediatamente o *e-mail*. Em seguida, utilizando a quarta etapa da incorporação do que é bom, eu ajudo essas sensações boas a se conectar com as regiões fragilizadas da minha mente, penetrando nelas, tranquilizando-as e deixando-as menos assustadas. Desse modo, da próxima vez que a caixa de entrada do meu *e-mail* começar a lotar, eu não vou me sentir pressionado.

Quando estão estressadas, preocupadas, frustradas ou magoadas com algo, as pessoas frequentemente usam as duas primeiras formas de envolver a mente — tomar consciência e liberar —, mas pulam a terceira: abrir-se. Infelizmente, em termos do jardim da mente, elas perdem a oportunidade de cultivar flores — as forças interiores — no espaço deixado pelo mato arrancado. Além disso, como todo jardineiro sabe, se você não plantar flores no lugar do mato, ele volta. Portanto, quando as sensações ruins forem embora, ou pelo menos algumas deles, lembre-se de incorporar algumas sensações boas.

Associe elementos positivos a situações negativas

Uma variação da quarta etapa é estimular deliberadamente uma experiência muito positiva em cenários ou com pessoas que são difíceis para você. Com o passar do tempo, os elementos positivos que você incorporou com frequência vão começar a se ativar automaticamente como uma força interior nessas situações que antes eram desafiadoras. Vou dar um exemplo de como relaxar e acalmar o corpo em situações de tensão crescente.

Comece com as situações mais fáceis e vá subindo, numa escala de dificuldade de 1 a 10. Talvez você esteja na fila de uma lanchonete esperando para fazer o pedido e se sinta um pouco nervoso com a possibilidade de chegar atrasado ao trabalho; suponhamos que isso represente o número 1 na escala de desafios. Você então utiliza seus métodos de relaxamento enquanto está na fila (p. ex., respirando devagar, recordando momentos felizes) e, gradualmente, se sente mais à vontade. Em seguida, escolha um desafio um pouco mais difícil, de nível 2, 3 ou 4. Talvez você tenha uma reunião importante hoje e esteja muito agoniado porque não consegue decidir que camisa ou gravata usar. Acalme-se até se sentir mais sossegado.

FLORES EM VEZ DE ERVAS DANINHAS

Aumente, então, o desafio. O nível 6 pode ser discordar em voz alta de um colega de trabalho, enquanto o nível 8 pode ser discordar do seu chefe (obviamente, não faça nada que possa prejudicá-lo). Mantenha-se relaxado mesmo nessas situações. Você não precisa ser perfeito; caso seja um nível 6 – para não falar num 8 ou 10 –, ainda é natural se sentir um pouco nervoso ou "pilhado". Quando estiver pronto, você pode chegar ao nível 10 e dizer a alguém importante como realmente se sente acerca de algo extremamente sensível e significativo para você.

Você também pode aplicar esse método a situações difíceis e persistentes. Esta mulher aprendeu a relacionar sensações positivas à dor crônica: *Sofro de uma forte dor nas costas, que é agravada pelo medo que eu tenho dela. Para mudar isso, comecei a me concentrar nos momentos em que não tinha dor nas costas. Quando ia trabalhar e não sentia nada nas costas, passava longos minutos reconhecendo esse fato e me sentindo bem por isso. Imaginava uma espécie de calor – às vezes uma luz quente, como a luz do sol, ou às vezes um líquido quente, brilhante e espesso, meio parecido com chocolate derretido – que penetrava em cada célula do meu corpo, especialmente nas costas. Eu realmente sentia que essa bondade cálida estava aliviando as minhas costas, como quando se põe óleo numa dobradiça de porta que está rangendo. Toda vez que eu fazia isso eu passava uma espécie de vídeo mental no qual estava tudo bem com minhas costas. Por fim, acabei reunindo centenas desses vídeos agradáveis, nos quais eu realmente me sentira à vontade e me movimentando com facilidade. Cada vez mais eles se tornaram minha esperança, substituindo a terrível agonia contra a qual eu sempre me debatera. Foi como se o fato de ser mais flexível em minha mente me permitisse ser mais flexível em meu corpo.*

Ponha em prática a quarta etapa

A prática a seguir concentra-se em experiências-chave do sistema de abordagem de recompensas. Começaremos com uma experiência positiva que é um antídoto aos sentimentos negativos que as pessoas podem ter quando não alcançam um objetivo, como frustração, decepção, fracasso ou incompetência. Entre as experiências preventivas capazes de aliviar e substituir esses elementos negativos estão os sentimentos de sucesso, de realização, de satisfação e de ser elogiado ou valorizado.

Para realizar essa prática você precisa conhecer tanto o elemento negativo que está tentando minimizar e eliminar como seu possível antídoto. Essa clareza será útil por si só porque assim você saberá quais experiências positivas deve buscar ou criar para si próprio. Sugiro que escolha elementos negativos de pouca ou média intensidade. Observe se uma situação, uma ação ou um desejo intrinsecamente neutro (o elemento desencadeador) se conectou a elementos negativos da sua mente; por exemplo, fazer uma lista de tarefas, estabelecer metas ou comentar com os outros a respeito das suas expectativas e dos seus sonhos – que, se não forem coisas positivas, são neutras – que podem ter se conectado a experiências de decepção ou de fracasso. Se não conseguir identificar um elemento desencadeador neutro, tudo bem; passe para a quarta etapa assim mesmo. Se ficar absorvido com os elementos negativos, deixe-os de lado e retenha apenas os elementos positivos. Uma vez estando firme nos elementos positivos, se quiser, traga os elementos negativos de volta à consciência.

1. **Tenha**. Recorde, uma ou mais vezes, os momentos em que atingiu um objetivo. Pode ser uma grande conquista, um conjunto de tarefas realizadas ou uma espécie de filme acelerado da sua vida que registre rapidamente os inúmeros feitos alcançados. Podem ser coisas que você aprendeu, concluiu ou realizou de outra maneira, tanto pequenas como grandes.

Permita que o conhecimento desses fatos se transforme numa experiência de realização, de contribuição e de acréscimo de valor. Permita que esse conhecimento se transforme numa experiência de adequação, mais do que isso, numa experiência de sucesso.

FLORES EM VEZ DE ERVAS DANINHAS   *143*

2. **Enriqueça**. Exponha-se a essa experiência e deixe que ela persista. Permita que ela se torne mais intensa. Mergulhe nela. Ajude-a a ocupar um espaço maior em sua mente. Explore seus diferentes aspectos, descobrindo coisas novas e estimulantes nela. Pense como é importante para você a experiência de ser bem-sucedido.

3. **Absorva**. Pense e sinta que essa experiência está penetrando em você. Deixe que a sensação de sucesso penetre em você enquanto você penetra nela. À medida que se sente cada vez mais realizado e bem-sucedido, deixe que a ambição se dissolva, juntamente com qualquer sentimento interno de posse ou de busca exagerada por recompensas de qualquer tipo.

4. **Associe**. Quando estiver pronto, experimente a quarta etapa. No segundo plano da consciência, traga à mente o elemento negativo. Pode ser que você tenha apenas uma ideia de passagem, uma visão superficial, uma reação física a ele, ou o registro de uma lembrança negativa. Enquanto isso, além do elemento negativo, mantenha o elemento positivo numa posição de destaque na consciência. Retenha ambos ao mesmo tempo, como duas coisas que ocupam simultaneamente o palco: o elemento positivo à frente, debaixo dos holofotes; e o elemento negativo, opaco e nos bastidores.

Você também pode sentir que o elemento positivo está se conectando ao negativo, de alguma maneira entrando nele, impregnando-o, penetrando nele como um cálido bálsamo dourado que alivia as feridas internas, ou como uma poeira dourada que se espalha nos lugares difíceis, como a luz que se move nas sombras. Quem sabe imaginar belas joias, ou qualquer outra coisa de que você goste, preenchendo o próprio vazio do seu coração.

Você pode sentir que instâncias ou camadas mais jovens de si mesmo estão recebendo o que desejavam. Pode haver uma imagem ou uma sensação de algo protetor e bondoso segurando uma versão mais jovem de você e oferecendo algo a ela.

Se você ficar excessivamente seduzido pelo elemento negativo, intensifique o elemento positivo, fazendo com que ele ocupe um lugar mais destacado na consciência, bem na parte posterior da mente. Se o elemento negativo continuar poderoso demais, renuncie a ele e concentre-se novamente no elemento positivo. Depois de certo tempo, se quiser, traga o elemento negativo para o segundo plano da consciência para que ele seja impregnado novamente pelo elemento positivo mais poderoso.

Se for algo autêntico para você, veja se consegue ter a sensação de *receber* o elemento positivo – a sensação de que ele está penetrando em áreas internas vulneráveis, primordiais, machucadas, ávidas, carentes ou desejosas.

Em seguida, afaste por completo da mente o elemento negativo e retenha o positivo. Se isso lhe parecer difícil ou forçado, experimente dizer a si mesmo que está certo reter o elemento positivo, que você tem a permissão de fazer isso, que isso será bom para você e para os outros. E fique do seu lado, utilizando a determinação para se concentrar unicamente na experiência positiva.

Algumas vezes ao longo da próxima hora, durante doze segundos ou mais de cada vez, pense apenas em coisas neutras ou positivas, eventualmente incluindo uma sensação de realização ou êxito, enquanto também traz à mente elementos desencadeantes neutros (p. ex., pessoas, situações, ideias) do sentimento de fracasso.

É preciso ter certa coragem para enfrentar a quarta etapa. Portanto, seja especialmente bondoso consigo mesmo, reconhecendo que é preciso ter peito para se expor às coisas negativas. Com o passar do tempo, deixe-se penetrar pelo fato de que a *experiência* real da maioria, senão todos, dos elementos negativos é razoavelmente breve e não é esmagadora. Esse fato é, por si só, uma boa notícia.

COMO INCORPORAR

- Experiências desagradáveis fazem parte da vida, e às vezes são valiosas. Porém, devido ao viés negativo, essas experiências armazenam-se com facilidade na mente como um elemento negativo, trazendo consequências negativas para você e para os outros.

- Quando o elemento negativo é ativado, geralmente a partir de depósitos contidos na memória, ele não é recuperado do armazenamento *como uma unidade*, mas, em vez disso, é reconstruído por um processo dinâmico. Uma vez tornado consciente, ele começa a se associar com qualquer coisa que estiver presente na consciência. Em seguida, quando não estiver mais ativado, ele é reconsolidado de volta na memória, também por um processo dinâmico.

- O caráter dinâmico da reconstrução e da reconsolidação da memória oferece dois métodos adequados para transformar o elemento negativo. Em primeiro lugar, quando você está ciente da existência de um elemento manifestamente positivo ao lado de um negativo, o que é positivo pode aliviar, compensar e, às vezes, eventualmente se sobrepor ao negativo. Em segundo lugar, durante a "janela de reconsolidação", se você traz à mente um elemento desencadeador neutro associado ao elemento negativo enquanto tem apenas sentimentos neutros ou positivos, isso pode interromper o processo de reconsolidação e eliminar gradualmente a associação entre o elemento desencadeador neutro e o elemento negativo.

- Para pôr em prática a quarta etapa do **TEAA** – Associe o elemento positivo ao negativo – você precisa ser capaz de ter consciência tanto do positivo como do negativo, dando mais destaque ao positivo e não se deixando controlar pelo negativo.

- Uma vez identificadas as experiências positivas fundamentais, você pode usar a quarta etapa para tratar de antigos sofrimentos ou de outras questões. Busque oportunidades para ter essas experiências boas, e, quando elas forem reativadas, ajude-as a se conectar ao elemento negativo como um "antídoto".

- Você também pode utilizar a quarta etapa em situações que se iniciam com uma experiência negativa. Em primeiro lugar, tome consciência da experiência difícil, presenciando-a com autocompaixão. Em segundo lugar, quando achar que é o momento certo, experimente se livrar dela. Em terceiro lugar, lembre-se de uma experiência positiva adequada e associe-a ao elemento negativo original.

- Conecte experiências positivas a situações negativas, tanto aquelas em que você se encontra como as imaginárias. Com o passar do tempo, isso poderá ajudá-lo a se sentir mais à vontade e capaz nessas situações.

Capítulo 9

Hábitos saudáveis

Agora que exploramos as quatro etapas do processo de incorporação do que é bom (**TEAA**), vejamos como você pode utilizar esse método em diferentes situações e com relação a diferentes problemas.

Permita que as boas lições ganhem raízes

Diariamente a vida nos reserva inúmeras oportunidades de aprender algo importante e, como consequência disso, de nos modificarmos um pouco. Ultimamente minha esposa tem me dito que eu às vezes a deixo esperando, seja quando vamos sair juntos de carro, seja para ligar a TV num programa ao qual queremos assistir. Depois de ensaiar um "Ihh, deixa disso!" por ter sido pego e criticado, eu sei que, na verdade, não quero deixá-la esperando. Portanto, comecei a estimular dentro de mim um sentimento de respeito por ela acerca dessa questão, cedendo a esse sentimento para que ele me leve correndo para a sala na próxima vez que formos assistir a algum programa.

Do ponto de vista mais formal, você poderá fazer uma atividade estruturada como treinamento de recursos humanos, oração, meditação, escrever um diário, ioga, uma oficina séria ou psicoterapia.

Durante a atividade, quando algo importante o impressionar, reserve um espaço de tempo para incorporá-lo. Quando a atividade terminar, utilize alguns momentos para permitir que tudo o que foi particularmente benéfico se acomode dentro de você e se prenda a suas costelas mentais.

Você pode aplicar as etapas de incorporação do que é bom para aprender qualquer habilidade nova, de trocar a marcha do carro a permanecer calmo quando um adolescente fica fora de si. Quanto mais fortes forem as sensações e as emoções relacionadas à habilidade, e quanto mais você repassar mentalmente essa percepção, mais significativa será a marca deixada por ela na memória e mais rapidamente você irá apreendê-la.

Deseje o que é bom para você

Um segredo para uma boa vida é aprender a querer as coisas que fazem bem a você pelas quais, sinceramente, você *não* se sente especialmente atraído. Por exemplo, eu não quero fazer meia hora de esteira na função "subida", mas isso faz bem para mim. No trabalho, é natural que alguém não queira falar em público, mas o fato de fazê-lo pode impulsionar sua carreira. Pode ser que você sinta um pouco de vontade de fazer algo – como praticar piano diariamente –, mas não se dedica a isso.

Claro, você pode cerrar os dentes e exercitar sua força de vontade[1], mas isso exige um esforço deliberado e extenuante difícil de suportar. Além disso, há pessoas que têm uma alteração genética que produz receptores de dopamina menos eficazes[2], o que faz com que precisem de uma sensação maior de recompensa para não perder a motivação. Por outro lado, se você incorporar recompensas gratificantes relacionadas aos desejos[3] que pretende estimular, isso fará com que sua mente se incline naquela direção, como o burro da história da cenoura amarrada na ponta da vara. Usando o piano como exemplo, quando pensar em tocá-lo, evoque um sentimento de alegria, além de outras sensações agradáveis relacionadas a ele. Enquanto estiver tocando, mantenha sua atenção voltada para aquilo que é agradável ou divertido, e ajude essas experiências a penetrar em você. Logo depois de tocar, incorpore as sensações de satisfação, felicitação, prazer estético, merecimento e alegria. E, se puder, tenha consciência do desejo de tocar piano enquanto, simultaneamente, tem consciência das recompensas de tocá-lo; dessa forma, o desejo e as recompensas vão começar a se associar.

Esses métodos também são úteis caso você tenha sucumbido ao desejo problemático de usar drogas ou álcool, comer em excesso ou jogar, e esteja tentando trilhar o bom caminho. As poderosas recompensas do mau caminho fazem com que seja difícil avaliar as recompensas – muitas vezes mais simples, porém mais benéficas – do bom caminho; por exemplo, se você dá um monte de balas a uma criança pequena, ela vai deixar de sentir a doçura da maçã. Portanto, além de outros recursos (p. ex., compartilhar o problema com um amigo íntimo, fazer terapia, frequentar a AAA), utilize a incorporação do que é bom para intensificar as recompensas e, assim, a atração do bom caminho. Suponhamos que você esteja tentando beber com moderação ou parar de beber. Ao sair para jantar com os amigos, observe como você se sente bem com uma única taça de vinho. Perceba como é bom ter a mente lúcida. Sinta que você é uma pessoa de valor por ter se mantido fiel ao seu propósito; observe as reações positivas dos outros e faça-se respeitar. Ao acordar de manhã, alegre-se por ter parado no primeiro drinque. Dizem que sabedoria é escolher, entre duas alegrias, a superior. Com o passar do tempo, a interiorização frequente das ricas experiências proporcionadas pelas recompensas da alegria superior ajudará seu cérebro a, gradualmente, se voltar para ela e se afastar da inferior.

Se quiser, faça uma lista simples para se lembrar de incorporar o que é bom, como esta a seguir, "Interiorize sua felicidade". Preencha o cabeçalho das colunas com todos os tipos de experiência que você queira incorporar, como as que o ajudariam a querer o que é bom para você ou quaisquer outras que considere importantes. Por exemplo: força de vontade, relaxamento, entusiasmo, sentir-se apreciado e amor. Deixei os cabeçalhos em branco para que você possa fazer cópias da tabela e depois adaptá-las a suas próprias necessidades. Sinta-se à vontade para compartilhar ou utilizar essa tabela com outras pessoas (p. ex., participantes de um treinamento no trabalho, crianças).

Interiorize sua felicidade

- Preencha o cabeçalho das colunas com as experiências que você gostaria de incorporar. Você pode fazer uma cópia da tabela com os cabeçalhos em branco, imprimir algumas cópias e depois acrescentar os cabeçalhos que quiser.
- Indique, nas colunas abaixo, cada um dos dias em que você realizou a experiência. (Você pode acrescentar marcas se tiver realizado a experiência mais de uma vez no dia.)

Segunda-feira					
Terça-feira					
Quarta-feira					
Quinta-feira					
Sexta-feira					
Sábado					
Domingo					

Uma fatia da torta

Na vida, nós nos preocupamos com as condições, as situações e os acontecimentos – *circunstâncias* como ter dinheiro, chegar ao trabalho na hora ou receber um elogio. Na verdade, porém, o que essas circunstâncias têm de mais importante é o que elas nos ajudam a *experimentar*. Essa realidade nos proporciona opções extremamente úteis quando não temos as circunstâncias desejadas.

Digamos que, embora queira ter um par romântico – uma circunstância –, você não o tenha encontrado. Não estou tentando minimizar a importância desse tipo de relacionamento nem o sofrimento por não tê-lo. Mas pode haver outras maneiras de usufruir pelo menos *algumas* das experiências que você teria num relacionamento romântico como diversão, afeto, segurança, prazer físico e amizade. Se um par romântico faria com que você se sentisse amado, de que outra forma você poderia ter a mesma experiência? A experiência de ser amado por um amigo, pelos pais ou pelo filho possui muitos aspectos da experiência do amor romântico. Não é tudo o que você quer, mas é alguma coisa. É a possibilidade de se sentir amado de algumas maneiras. Se não puder ter a torta inteira, que pelo menos tenha uma fatia.

Infelizmente, muitas pessoas rejeitam as oportunidades de vivenciar parte da experiência que desejam porque aquilo não representa tudo o que elas querem. Elas temem que o fato de comer uma fatia da torta de alguma forma as impeça de, um dia, possuir a torta inteira. Mas isso simplesmente não é verdade. Por que incorporar uma demonstração de apreço de um colega do trabalho, o carinho dos amigos ou o amor dos pais impediria que alguém conseguisse um par romântico? Na verdade, incorporar as fatias que *estão* disponíveis geralmente leva as pessoas a ficar, no fim, com a torta inteira.

As pessoas também pensam que comer uma fatia significará ajudar a sair de uma situação difícil pessoas que no passado deveriam ter lhe dado uma torta inteira, mas não deram – e possivelmente não lhe deram nenhum pedacinho da torta. É verdade, aqueles pais, professores, irmãos, colegas de classe, amantes e companheiros de toda uma vida realmente deveriam ter entregue a torta inteira. Não pretendo, com essa metáfora da torta, menosprezar a perda, o sofrimento e mesmo os abusos que possam ter ocorrido. Se foi ruim, então foi ruim. Acima de tudo, de acordo com a minha experiência a maioria das pessoas minimizam as coisas ruins que lhes aconteceram na vida – especialmente quando eram jovens – e o quanto isso as fez sofrer. Contudo, recusar os pedaços de torta que *estão* disponíveis me lembra o ditado dos Alcoólicos Anônimos que dizia que ressentimento é como tomar veneno e ficar esperando pela morte dos outros. O que é mais importante: sentir-se magoado e crítico com relação ao passado ou sentir-se amado no presente? Além disso, você certamente pode ficar despreocupado a respeito do modo como os outros o magoam, enquanto também se permite ao menos algumas das experiências que fortaleceriam seu coração.

Preencha o vazio em seu coração

Nos meus tempos de criança, arranquei muito dente-de-leão e aprendi que, se você não chegasse até a extremidade da raiz, ele nascia de novo. Do mesmo modo, ajuda muito se suas principais experiências "preventivas" penetrarem em você e atingirem as instâncias mais antigas e profundas dos seus problemas. Algumas pessoas de sorte tiveram uma infância extremamente favorável; de acordo com minha experiência, porém, é bem maior o número daquelas que tiveram uma infância difícil. Em termos do sistema de evitação de danos, você possivelmente se sentia uma criança insegura, desprotegida, com medos e fobias; talvez tenha sido perseguido ou até mesmo atacado. De acordo com o sistema de abordagem de recompensas, você pode ter sofrido uma perda ou não ter tido os recursos necessários para se sair

HÁBITOS SAUDÁVEIS

bem na escola. Em termos do sistema de apego aos outros, pode ser que você tenha sido muito criticado por um irmão ou uma irmã mais velhos, tenha se sentido um estranho, tenha sido traído e humilhado pelo primeiro namorado ou namorada, ou tenha sido rejeitado por causa da aparência, etnia ou classe social.

Muitas pessoas sentem vergonha por "ainda carregar o passado". Elas perguntam: *Por que eu ainda não superei isso, o que há de errado comigo?* Mas a mente foi projetada para ser remodelada continuamente de forma duradoura. Se a vida pode nos tornar melhores, também pode nos tornar piores; na verdade, a tendência negativista do cérebro nos deixa especialmente passíveis de mudança por meio de experiências negativas. Como o cérebro também foi projetado para reter além da conta durante a infância, problemas que têm origem naquele período – como abuso, descuido, humilhação, assédio, discriminação, castigo cruel, segredos penosos, experiências assustadoras, exclusão, tensão familiar, injustiças, incapacidades e doenças – persistem ao longo do tempo. Até mesmo coisas relativamente razoáveis acabam pesando, como se sentir um pouco deslocado socialmente. Seu temperamento influencia o modo como os acontecimentos o atingem; portanto, o que pode ter sido desagradável, mas tolerável, para outra pessoa pode ter sido extremamente doloroso para você. Naturalmente, sofremos o impacto das coisas ruins que aconteceram quando éramos crianças e das coisas boas que não aconteceram. Sua história pessoal é importante e tem consequências. Ela pode deixar um vazio em seu coração.

Você não pode mudar o passado, mas *pode* usar experiências-chave hoje para preencher esse vazio. Pense num problema importante da infância. A qual dos três sistemas – de evitação, de abordagem e de apego – ele fundamentalmente pertence? Em seguida, procure na tabela "Como combinar algumas experiências preventivas com elementos negativos", da página 137, uma experiência-chave que o ajudaria com o problema. Também pode ser útil se perguntar: *O que teria sido mais importante quando eu era jovem? Bem lá no fundo, qual é o meu maior desejo?* As respostas vão indicar uma ou mais experiências preventivas essenciais. Em seguida, tente ter e incorporar essas experiências frequentemente.

Você não está tentando negar o passado nem resistir a sensações dolorosas no presente. Você está simplesmente *dando recursos* a si próprio para lidar com o que consegue lidar e tolerar o que não consegue. Com o decorrer do tempo, você pode gradualmente dar a si próprio um pouco – e talvez a maior parte – do que deveria ter recebido quando era pequeno. Foi isso que eu fiz por mim mesmo, na história que deu início a este livro, quando incorporei as experiências de me sentir incluído e valorizado para preencher meu próprio vazio no coração.

Afaste a depressão

Pessoas da minha família, bem como muitos de meus clientes, já sentiram o peso da depressão, algo extremamente comum. Entre as inúmeras abordagens psicológicas (psicoterapia e livros, p. ex.) do transtorno distímico (depressão crônica) e da depressão leve a moderada estão o estímulo do senso de iniciativa em lugar do aprisionamento e da impotência, das atividades agradáveis e gratificantes, da convivência saudável com os amigos, da autocompaixão e da substituição de pensamentos catastróficos ou críticos por pensamentos realistas e tranquilizadores. Consequentemente, a utilização das etapas do **TEAA** para intensificar o impacto dessas intervenções pode ser útil – e, de maneira mais geral, pode trazer mais coisas boas para sua vida e para o seu cérebro.

Normalmente, não se deve utilizar o método de incorporação do que é bom quando existe depressão grave[4], pois nesse caso é muito difícil, senão impossível, criar uma experiência positiva. Tentar fazer isso sozinho ou pedir aos outros que o façam – como a um cliente se você for terapeuta – só produzirá frustração ou algo pior. A possível exceção diz respeito a experiências de simples prazer físico, como comer algo doce ou aquecer-se quando se está com frio. Mesmo que a pessoa esteja profundamente deprimida, é provável que ela ainda tenha uma capacidade básica de ao menos usufruir experiências curtas de prazer. Aplicados ao prazer físico, os métodos de enriquecimento e absorção de experiências do capítulo 7 podem ajudar alguém profundamente deprimido a recuperar aos poucos a capacidade de se alegrar.

Superação do trauma

Seja ele um acidente de automóvel, um assalto, um estupro, uma ofensa ou um abuso infantil, todo trauma implica a incapacidade de impedir que algo terrível aconteça; naturalmente, a pessoa que sofre o trauma não tem culpa dessa incapacidade. Consequentemente, um dos aspectos do tratamento e da superação do trauma é estimular, dentro da pessoa, aptidões e resistências mais significativas. De maneira geral, seja trabalhando com um terapeuta ou sozinho, incorporar o que é bom pode ser útil. Por exemplo, um aspecto central do trauma é o aprisionamento, a imobilização e a impotência: a pessoa é incapaz de se libertar do horror. Portanto, incorporar experiências de iniciativa (capítulo 10, página 196), de conseguir realizar algo (ainda que apenas dentro da mente) pode ajudar. Como outra característica comum do trauma é o medo de se comunicar de maneira completa e firme, pode ser útil incorporar experiências de assertividade (capítulo 10, página 215). Mas tome cuidado: o simples fato de saber que a experiência positiva é um recurso deliberado para lidar com o trauma pode fazer com que a pessoa se lembre do trauma e, então, o reative.

O trauma é como um buraco negro que pode sugá-lo se você não tomar cuidado; e ser sugado – reviver o trauma – pode significar uma retraumatização. Uma vez que a quarta etapa da incorporação do que é bom traz à consciência elementos negativos, recomendo que essa etapa não seja aplicada por iniciativa própria junto com as principais experiências do próprio trauma, embora possa ser benéfico aplicá-la com a supervisão de um terapeuta especializado (muitas terapias de trauma associam elementos positivos e negativos). Mas você pode aplicar a quarta etapa sozinho nos casos de problemas situados nas margens, por assim dizer, do trauma. Por exemplo, alguém pode incorporar a autocompaixão (capítulo 10, página 212) associada ao sofrimento de ter sido abandonado por protetores que não cumpriram seu papel, como cuidadores que não perceberam os sinais de que a criança estava sendo molestada e não puseram fim ao abuso.

Para saber mais sobre tratamento e superação de trauma, consulte a obra de Judith Herman[5], Peter Levine[6], Pat Ogden[7] e Bessel van der Kolk[8].

Cuide dos relacionamentos

Seja em casa, no trabalho ou em outros contextos, o relacionamento é como uma tapeçaria: os compromissos e os aborrecimentos inevitáveis da vida diária esgarçam continuamente seus fios. Se ambas as pessoas não fizerem um registro das experiências boas que acontecem no relacionamento, seu tecido irá se desgastar e acabará se rompendo. Não quero dizer com isso que devemos ignorar os problemas concretos, mas que *também* devemos prestar atenção às qualidades do outro, ao que ele tem de positivo e ao ser humano ali presente. As coisas aparentemente mais insignificantes muitas vezes são as mais tocantes, como escreve esta mulher: *Toda manhã eu reservo alguns instantes para me sentir grata por meu marido existir. Lembro-me das coisas que aprecio nele, como seu jeito de decorar a salada com rodelinhas de pimenta e cenoura ralada. Apesar de não ser cozinheiro, ele adora me agradar. Sorrio e incorporo a sensação de ter um marido que me ama. Quando começo a pensar nas coisas que me incomodam — ele põe a roupa suja no chão ao lado do cesto e não dentro dele —, logo me lembro do que sinto quando ele procura me agradar. Esse simples hábito de valorizar meu marido mudou realmente minha vida e meu casamento.*

Valorizar os aspectos vantajosos de um relacionamento fortalece o coração, ajuda você a se sentir bem e relativiza as chatices e irritações. Além disso, o outro provavelmente irá tratá-lo melhor, já que se sentirá mais compreendido e valorizado.

Se você precisar mesmo consertar um relacionamento, é especialmente importante incorporar as experiências positivas que acontecem nele. Caso contrário, se você se fixar nos aspectos negativos e desconsiderar ou minimizar os aspectos positivos, irá se sentir mal, além de desanimar a outra pessoa e não estimulá-la a continuar se esforçando num sentido positivo. E, se quiser, pode pedir que ela tome mais consciência das experiências positivas com *você* e esteja mais disposta a admiti-las.

Como ajudar os outros

Às vezes pode ser útil ajudar os outros a incorporar o que é bom, especialmente se você for profissional da saúde, administrador, instrutor de recursos humanos, professor de ioga, preparador físico, professor dedicado, assessor executivo ou psicoterapeuta. Para isso, você pode ter acesso a inúmeros recursos gratuitos em www.rickhanson.net (para aplicar as etapas do **TEAA** com crianças, como genitor ou professor, consulte a seção das páginas 158-62).

Você pode aplicar a técnica de incorporar o que é bom com os outros utilizando uma ou mais das quatro formas possíveis de apresentar um método a alguém. Primeiramente, você pode fazê-lo de maneira implícita e sem alarde; por exemplo, redirecionando a atenção da pessoa para um elogio merecido ao método caso ela o afaste de si. Uma segunda opção é descrevê-lo, mas deixar sua utilização a critério dela. A terceira é conduzir explicitamente a pessoa pelas etapas da incorporação do que é bom (deixando de lado a última etapa, se for conveniente). A quarta é estimular a pessoa a executá-lo sozinha, fazendo um acompanhamento para ver o que acontece.

Conheço muitas pessoas que reagiram muito bem à incorporação do que é bom, tanto em nível geral como com relação a uma questão específica. Imagine que você é um administrador que deseja estimular a criatividade de um funcionário. Que forças internas favoreceriam a criatividade? É possível se sentir valorizado pelos outros em vez de se sentir ansioso pelo medo de cometer erros. Portanto, você pode pedir que a pessoa procure ocasiões em que ela realmente é valorizada e incorpore, então, essa experiência. Ou imagine que você é um terapeuta que atende alguém cujos pais eram emocionalmente distantes. Que sentimento interno seria extremamente importante para ela? Digamos que seja se sentir especial. Você pode sugerir que ela procure ocasiões recentes ou do passado em que foi tratada com carinho, elogiada ou desejada por alguém e incorpore, então, essas experiências.

O processo de incorporar o que é bom pode melhorar os resultados de programas formais como treinamento de atenção plena e psicoterapia, bem como as tentativas informais de ajudar os outros a ficar mais saudáveis e felizes. À medida que uma quantidade maior de experiências passadas se transforma em estruturas neurais permanentes, o "retorno do investimento" em estados mentais positivos se torna muito maior.

Como curar as crianças

Utilizei o método de incorporar o que é bom com jovens e também conversei com pais e professores que o utilizaram com seus próprios filhos e alunos. Assim como no caso dos adultos, existem quatro maneiras de propor as etapas do **TEAA** para uma criança, embora, naturalmente, adaptando-as à idade e à condição de cada uma.

HÁBITOS SAUDÁVEIS

159

Em primeiro lugar, você pode guiar a criança pelas etapas da incorporação do que é bom sem atrair explicitamente a atenção para elas. Então, você estimula uma experiência positiva ou, se ela já estiver ocorrendo, tenta mantê-la viva, incentivando-a, de vez em quando, a penetrar. Imagine que você está ajudando uma criança de 2 ou 3 anos ou em idade pré-escolar a desenvolver uma maior sensação interna de calma, de modo que ela se sinta melhor e fique menos agitada. Quando a criança se acalmar, murmure durante dez segundos ou mais frases como: "Você está se sentindo melhor, sim... é gostoso se sentir bem... Susie está se sentindo melhor... você está se sentindo muito bem lá dentro." Ou suponha que seu filho que está no 7º ano ache que ninguém gosta dele. Sabendo que ele gosta de almoçar com outras crianças, você pode induzi-lo a contar o que há de bom nesses momentos, sem bancar o terapeuta nem mergulhar nas suas ansiedades acerca dos problemas de relacionamento social, mas simplesmente como um ouvinte interessado. De uma forma adequada, dê nome às experiências ou reproduza para a criança o que ela está dizendo, para ajudá-la a se manter atenta aos sentimentos bons e não trocá-los rapidamente por outra coisa. Se achar conveniente, você pode mencionar que a sensação de ser querido pode penetrar em todos os espaços internos tomados pela dor (conduzindo a criança para a quarta etapa do **TEAA**). Você também pode adotar essa abordagem a respeito de atributos de caráter que queira estimular. Suponha que você esteja tentando ajudar uma criança mais velha a se tornar menos possessiva e emprestar seus brinquedos a um irmão mais novo; quando ele devolver um brinquedo intacto, você pode ajudar a sensação de alívio penetrar na criança, elogiando-a também por sua generosidade.

Em segundo lugar, você pode dizer o nome das quatro etapas, mas delegar à criança a decisão de utilizá-las ou não. Considero essa abordagem especialmente útil com adolescentes ou crianças que valorizam bastante sua independência. Como o processo de incorporação do que é bom é rápido e geralmente agradável, as crianças o apreciam. E é fácil de ensinar, basta dar exemplos e compartilhar suas experiências pessoais com elas. Você pode conversar com a criança a respeito das ocasiões propícias para incorporar o que é bom; por exemplo, quando outra criança é amável com ela ou quando ela realiza uma tarefa com êxito. Com crianças na faixa de 6 anos de idade ou mais, acho útil conversar um pouco sobre o fato de que o cérebro funciona como velcro para o que é ruim e como teflon para o que é bom; elas percebem imediatamente que isso é verdade, e não querem que coisas ruins fiquem grudadas no cérebro. Quando considero adequado, digo que o cérebro a está controlando e levando-a de um lado para o outro – situação de que nenhuma criança gosta –, mas que ela pode controlar se quiser.

Em terceiro lugar, você pode conduzir as crianças por meio das etapas de forma explícita. Do mesmo modo que ensinamos as crianças a ler, podemos lhes ensinar técnicas de inteligência emocional, entre elas a de incorporar o que é bom. Se valorizamos habilidades internas – que produzem um enorme benefício ao longo da vida –, então podemos pedir que as crianças as aprendam, do mesmo modo que pedimos que aprendam a tabuada de multiplicação. Por exemplo, na hora de pôr a criança para dormir, você pode repassar durante alguns minutos os acontecimentos do dia ou pensar em coisas boas para que ela possa reter uma experiência boa. Talvez seu filho tenha aprendido algo novo, tenha se saído bem no futebol, ou saiba que a avó o ama. Uma vez ativada a experiência positiva, sugira que a criança a enriqueça permitindo que ela se torne importante e duradoura e a absorva como se estivesse depositando uma joia na arca do tesouro do coração. Talvez você também deva sugerir que ela associe essa experiência boa com qualquer tristeza ou mágoa que exista dentro dela, de modo que as sensações boas substituam gradualmente as más, como flores que arrancassem ervas daninhas. Na sala de aula, comece o dia repassando rapidamente as três primeiras etapas do processo de incorporação do que é bom a fim de estimular as crianças a sentir um certo prazer quando aprendem coisas novas e depois incorporá-las; ou use alguns minutos no final da aula para perceber e incorporar um sentimento de realização.

Em quarto lugar, peça que as crianças utilizem as etapas do **TEAA** sozinhas, possivelmente em determinadas situações, como quando outras crianças são gentis com elas ou quando elas realizam bem uma tarefa. Em seguida, acompanhe os desdobramentos como achar melhor. Após o intervalo da aula ou no final do dia em casa, pergunte se ela incorporou o que é bom. Se a resposta for positiva, pergunte como ela se sentiu; se for negativa, verifique o motivo. É claro que, assim como os adultos, as crianças não gostam de ser interrogadas, e uma averiguação cuidadosa leva tempo.

Uma abordagem descontraída e pragmática geralmente funciona melhor. Como as crianças costumam completar as etapas do **TEAA** mais rapidamente que os adultos, cinco ou dez segundos de cada vez podem ser mais do que suficientes. Embora as pessoas mais jovens sintam as coisas de maneira mais intensa, muitas vezes não são capazes de exprimir suas experiências. Portanto, pedir que a criança as descreva pode deixá-la em apuros e impedi-la de incorporar o que é bom. Sugerir delicadamente palavras que traduzam o que a criança pode estar sentindo é uma ótima tática. Se você tem uma ideia de quais são as experiências fundamentais de que uma criança precisa – como sentir-se bem-sucedida ao fazer alguma coisa (qualquer coisa), superar a sensação de fracasso e de incapacidade na escola –, então busque ocasiões naturais em que ela possa incorporar essas experiências. Com relação a possíveis "experiências preventivas" que podem ajudar a criança, dê uma olhada no Quadro 5 no capítulo anterior.

Embora todas as crianças ganhem com a incorporação do que é bom, para algumas ela é particularmente vantajosa. Crianças ansiosas ou rígidas tendem a não tomar conhecimento das boas-novas da vida, além de precisarem desenvolver forças interiores como a sensação de segurança e de determinação. Crianças agitadas ou que foram diagnosticadas com transtorno de déficit de atenção/hiperatividade (**TDAH**) (p. ex., que se distraem muito facilmente, que são impulsivas ou que estão sempre buscando novos estímulos) tendem a mudar de foco tão depressa que mesmo as experiências boas não têm tempo de penetrar, além de precisarem desenvolver mais o autocontrole. Além disso, como muitas dessas crianças agitadas ou com **TDAH** apresentam uma alteração genética que produz menos receptores de dopamina eficazes[9], elas precisam passar por experiências de recompensa mais frequentes para se manter concentradas nas tarefas. Crianças que têm de lidar com problemas ou desafios como incapacidade de aprendizado ou uma morte na família beneficiam-se da incorporação de experiências-chave voltadas para suas necessidades, como sentir-se amadas pelos outros mesmo que um avô querido tenha falecido. Como a maioria dos adolescentes está interessada em si própria e (infelizmente) passa por experiências extremamente negativas, descobri que eles podem se sentir bastante motivados a incorporar o que é bom, especialmente quando relacionado a experiências-chave de se sentir atraente e querido.

Pergunte a si mesmo que experiências podem ter sido importantes para você quando era criança. Deixe que a consciência disso, além de sua intuição, o oriente para ajudar as crianças que estão presentes na sua vida a ter e a incorporar as experiências que terão efeito sobre elas.

Como lidar com os obstáculos

Quando você tenta incorporar o que é bom, às vezes se depara com um obstáculo, como, por exemplo, pensamentos que distraem sua atenção. É comum haver obstáculos. Eles não são ruins nem errados – mas, de fato, atrapalham. O melhor é explorá-los sabendo dos seus limites e descobrir o que você pode aprender sobre si mesmo. Um

HÁBITOS SAUDÁVEIS

aspecto valioso do método de incorporar o que é bom é que ele muitas vezes revela outras questões, como uma relutância oculta de se permitir sentir-se bem. Você pode, então, lidar com essas questões por meio das sugestões abaixo. Com a prática e com o passar do tempo, os obstáculos geralmente desaparecem.

Obstáculo a qualquer prática interna

- **Distratibilidade** – Concentre-se nos aspectos estimulantes das experiências positivas, o que manterá sua atenção envolvida com elas.

- **Falta de contato com o corpo e com os sentimentos** – Explore sensações simples de prazer – como o gosto de panqueca com xarope de bordo, a sensação da água quente na mão e o prazer de respirar – e acostume-se com elas.

- **Sintonia desconfortável com sua própria experiência** – Coloque-se num lugar seguro e lembre-se de que não precisa vigiar o que acontece fora de você. Procure objetos ou pessoas que o deixem à vontade e façam com que se sinta protegido. Pense na sensação de estar com alguém que se importa com você. Lembre-se de que você pode afastar sua atenção da experiência na hora que quiser. Pense num aspecto agradável da sua experiência, como uma vista bonita ou um som divertido; você perceberá, com frequência, que o fato de isso continuar na sua consciência não o incomoda, que nada de ruim está lhe acontecendo.

- **Excesso de análise e abandono da experiência**[10] – Traga a atenção novamente para o seu corpo e para os seus sentimentos. Por exemplo, acompanhe uma respiração do começo ao fim ou diga delicadamente a si mesmo o que está sentindo (p. ex., "pilhado"... irritado... acalmando... me sentindo melhor).

Obstáculos específicos à incorporação do que é bom

- **É difícil receber, inclusive uma experiência boa** – Inspire e sinta que não há problema em permitir que algo entre em você. Pegue um sentimento positivo simples como o alívio ou a alegria, Exponha-se a ele, deixe-o penetrar em sua mente e reconheça que você ainda continua bem.

- **Receio de perder as habilidades conquistadas no trabalho ou na vida caso deixe de se sentir "ansioso"** – Compreenda que desenvolver recursos internos como confiança e alegria só pode ajudá-lo a ser bem-sucedido. Tendo o bem--estar como fundamento, você ainda pode ser extremamente determinado e ambicioso. Além disso, incorporar o que é bom exercita sua mente para que ela perceba a situação como um *todo*, o que pode ajudá-lo a descobrir novas oportunidades.

- **Medo de que vai baixar a guarda caso se sinta melhor, e é aí que atacam a gente** – Lembre-se de que você pode continuar vigilante ao mesmo tempo que se sente bem. Concentre-se em desenvolver forças interiores como determinação, resiliência, confiança e a sensação de que se importam com você para que o fato de baixar a guarda não o preocupe tanto.

- **Crença de que procurar se sentir bem é um comportamento egoísta[11], fútil ou pecaminoso, ou é algo desleal e injusto com aqueles que sofrem, ou de que você não merece isso** – É digno buscar o bem-estar de *todas* as pessoas, e "todas as pessoas" inclui aquela que leva o seu nome. Você também é importante. Aumentar sua felicidade não vai aumentar o sofrimento dos outros, nem aumentar seu sofrimento vai torná-los mais felizes. Na verdade, ao desenvolver suas forças interiores – como paz, contentamento e amor –, você terá mais para oferecer aos outros. Incorporar elogios ou um sentimento de realização não fará de você uma pessoa presunçosa; quando a pessoa se sente mais satisfeita internamente, é menos provável que fique cheia de si ou arrogante.

- **Medo de que, se você se permitir sentir-se bem, vai querer mais e acabará decepcionado** – Reconheça que, se você se sente bem hoje, existe uma grande possibilidade de que também se sentirá bem amanhã e, portanto, não ficará decepcionado. Mesmo que fique decepcionado, saiba que isso será algo desagradável, mas não arrasador. Ponha em perspectiva os riscos de decepção: o que é mais importante, o custo de uma eventual decepção ou o benefício de se sentir bem e fortalecer suas forças interiores?
- **Como mulher, você foi ensinada a fazer os outros felizes, não você** – Suas necessidades e desejos têm a mesma importância que os deles. Além disso, se você quiser cuidar dos outros, tem de cuidar de si.
- **Como homem, você foi ensinado a ficar impassível e a não ligar para suas experiências** – Você precisa recarregar as baterias ou vai acabar esgotado. Além disso, desenvolver os "músculos" internos vai fortalecê-lo, não enfraquecê-lo.
- **As experiências positivas ativam as negativas** – Embora seja contraintuitivo, na verdade é algo comum. Por exemplo, sentir-se apreciado pode despertar sentimentos de não ser amado pela pessoa certa. Se algo assim lhe acontecer, saiba que nenhuma coisa negativa pode alterar a veracidade daquilo que é positivo. Portanto, concentre-se novamente na experiência positiva, particularmente em seus aspectos agradáveis (o que vai ajudá-lo a se manter atento a ela).
- **Existem compensações em não se sentir bem** – Temos de admitir que pode haver às vezes certa gratificação em ficar ultrajado, atormentado, magoado, ressentido, justamente indignado ou mesmo deprimido. No final das contas, po-

rém, o que é melhor para você: essas compensações... ou sentir-se bem de verdade?

- **Você foi punido por estar animado ou feliz** – Reconheça, de fato, que você convive hoje com pessoas diferentes daquelas de sua infância. Perceba quem acha ótimo que você se sinta bem. Você não teria gostado que alguém tivesse ficado do seu lado quando era inexperiente, cheio de vida e alegre? Pois bem, agora você pode ser essa pessoa para você mesmo.
- **Crença de que não existe nada de bom dentro de você** – As coisas boas que os outros veem em você não é uma ilusão da parte deles. É algo *real*, tão real como suas mãos. Agarre-se à consciência da realidade de seus gestos úteis, de suas boas intenções e de seus sentimentos generosos. Se no passado as pessoas o criticaram e humilharam, uma maneira de ser justo e bondoso consigo mesmo hoje é reconhecer que sua bondade é real. (Para saber mais sobre esse assunto, consulte a seção sobre reconhecer o que há de bom em si mesmo no capítulo 6, e a prática "Sentir-se uma pessoa boa", na página 214.)
- **Crença de que não adianta se sentir bem**[12] **já que algumas coisas ainda continuam ruins** – Entenda que as coisas ruins que existem não afastam as coisas boas; não é porque o *donut* tem um buraco que ele perde o valor. Além disso, uma maneira de lidar com as coisas ruins é cultivar as coisas boas. Adoro este provérbio: *Mais vale acender uma vela do que maldizer a escuridão.*

Encare os desafios de modo receptivo

A vida apresenta inúmeros desafios, de parentes irritantes a enfermidades graves. Um modo de refletir sobre eles é em termos das suas necessidades básicas de segurança, satisfação e ligação. Para lidar com um problema de modo receptivo em vez de reativo, experimente recorrer às forças interiores e às experiências afins que podem cuidar melhor da necessidade básica que está sendo posta em questão.

Suponha que você esteja lidando com uma pessoa que está sendo agressiva ou ameaçadora, ainda que de forma sutil; seria alguém que estimularia o sistema de evitação de danos do seu cérebro, alguém em cuja presença você não se sente totalmente seguro. Uma abordagem reativa a essa pessoa incluiria sentimentos de ansiedade (da inquietação a um pavor absoluto), de raiva (da irritação à indignação) ou de torpor; e implicaria atitudes como brigar (p. ex., discutir), afastar-se (p. ex., retrair-se) ou ficar indiferente (p. ex., imobilizar-se). Por mais que seja compreensível e comum "passar para o vermelho", isso também tem custos para você e para os outros.

Imagine, como alternativa, uma abordagem receptiva a essa pessoa. Você pode começar ficando do seu próprio lado, sentindo compaixão por si mesmo e ganhando tempo para entender o que está acontecendo e para elaborar um plano para lidar com a situação. Em seguida, você pode recorrer a forças interiores e experiências afins do sistema de evitação de danos. Lembre-se das salvaguardas e dos recursos presentes em sua vida e evoque experiências passadas em que se sentiu forte e decidido. Verifique novamente suas hipóteses e opiniões, certificando-se de que não está subestimando nem superestimando a ameaça; qualquer que seja a ameaça, ponha-a em perspectiva. Respire e faça outras coisas relaxantes para se sentir menos tenso, mais tranquilo, mais calmo e mais controlado. Desenvolva seus recursos, como o apoio de outras pessoas; tente perceber com que aliados você pode contar. Quando resolver agir, tome os cuidados necessários[13], mas não se assuste nem se intimide. Seja uma pessoa ponderada, séria e sóbria, em vez de alguém impulsivo, excessivamente autocrítico e que desanima com facilidade. Imagine os resultados prováveis de "passar para o verde". Embora essa abordagem não garanta um bom resultado, ela normalmente representa a melhor estratégia que você pode ter.

Você também pode adotar uma abordagem semelhante em situações que desafiem sua necessidade de satisfação ou ligação. Dê uma olhada no quadro "Como combinar algumas experiências preventivas com elementos negativos" no capítulo anterior (página 137) e descubra que experiências e forças interiores fundamentais podem ajudá-lo a se manter receptivo diante de qualquer situação difícil em sua vida hoje. Ao estimular essas experiências e forças e recorrer a elas, você terá a possibilidade de incorporá-las muitas vezes, instalando-as cada vez mais fundo no seu cérebro.

Além de recorrer às experiências-chave adequadas às situações difíceis no calor da hora, você também pode se *imaginar* reagindo de modo receptivo no futuro. Isso é conhecido como *treinamento mental*[14], e ficou provado que ele melhora o desempenho em diversas tarefas. Experimente fazer o exercício abaixo, adaptando-o da maneira que quiser. Ele contém forças interiores que atendem a suas três necessidades básicas, e você pode se concentrar naquelas que forem mais úteis para um desafio específico; o próximo capítulo apresenta orientações práticas que exploram detalhadamente muitas dessas forças interiores. Passemos a ele:

Volte-se para dentro de si, respire algumas vezes e concentre-se. Escolha um desafio e observe-o como se o estivesse sobrevoando. Pense em algumas das reações que ele despertou em você e em como você gostaria de abordá-lo no futuro.

Para começar, evoque um sentimento de estar do seu próprio lado, de se importar com você, de sentir compaixão por tudo o que seja difícil ou doloroso para você. Encontre um sentimento de força e de determinação. Deixe-se penetrar pela sensação de que você está basicamente bem neste exato momento.

Contemplando o desafio, pense nas formas de proteção e apoio de que você dispõe. Respire lentamente e relaxe um pouco. Imagine que está lidando com o desafio ao mesmo tempo que mantém o controle de si, permanecendo razoavelmente calmo

HÁBITOS SAUDÁVEIS

mesmo que precise estar firme, sem se envolver com os outros, sem entrar em conflito com ninguém ou com nada. Respirando e relaxando um pouco mais. Percebendo se você pode encontrar um sentimento de paz relacionado ao desafio.

Evoque um sentimento de gratidão e alegria pelo conjunto da sua vida. Pense nas inúmeras coisas que continuam indo bem apesar do desafio. Sinta-se inspirado pela plenitude desse momento. Concentre-se no que está dentro do seu raio de influência a respeito desse desafio. Comece a planejar aquilo que for possível realizar. Observe algumas das inúmeras formas que a vida lhe oferece de se sentir realizado e bem-sucedido. Imagine como poderia abordar esse desafio de uma posição em que já se sentisse contente e satisfeito.

Enquanto enfrenta esse desafio, imagine-se ancorado no sentimento de que os outros se importam com você. Sinta-se estimulado por eles e receba deles compaixão, simpatia e apoio. Procure colher o sentimento de amor que emana deles até você, penetrando-o e enchendo seu coração. Imagine que você também emana ternura, amizade e amor. Veja se consegue se sentir arrebatado e transportado pela generosidade, de modo a lidar com as dificuldades de uma posição de compaixão por si e pelos outros. Deseje que tudo corra bem para você e para os outros, sem deixar de defender firmemente suas posições. Imagine como poderia lidar com o desafio se tivesse um forte sentimento interno de ser amado e de amar.

Enquanto lida com o desafio, imagine que uma sensação de paz, contentamento e amor está tomando conta de você. Encerre toda e qualquer experiência negativa num grande espaço tranquilo da consciência. Imagine alguns dos efeitos favoráveis de permanecer profundamente sereno, satisfeito e tranquilo com relação a esse desafio. Deixe que a percepção desses efeitos positivos e a gratidão por eles o motivem a dar uma abordagem receptiva a esse desafio nos dias que se seguem.

COMO INCORPORAR

- Tanto em ambientes formais como informais, ao aprender uma boa lição utilize as etapas do **TEAA** para ajudá-la a realmente penetrar em você. A incorporação do que é bom pode melhorar significativamente os benefícios da formação em recursos humanos, da psicoterapia, do treinamento consciente, das aulas particulares ou dos aspectos psicológicos dos tratamentos de saúde.
- Incorpore experiências gratificantes associadas aos comportamentos que você quer estimular em si mesmo. Com relação aos desejos problemáticos como as adições, você pode se ajudar de forma significativa se escolher uma alegria maior no lugar de uma menor.
- Quando procurar por experiências importantes, use a imaginação e não seja rigoroso demais consigo próprio. Mesmo que não consiga ficar com a torta inteira, incorpore o máximo que puder.
- É normal ser influenciado pelo passado em decorrência de acontecimentos penosos ou do não atendimento de importantes "necessidades" psicológicas. Você pode utilizar experiências importantes para preencher esse vazio no seu coração.
- Caso esteja tratando de um estado depressivo ou de um trauma, é possível intensificar os benefícios das intervenções clássicas incorporando o que é bom.
- Nos relacionamentos, apreciar e interiorizar o que eles verdadeiramente têm de bom geralmente faz com que cada um dos parceiros se sinta melhor, além de fortalecer o vínculo entre eles.
- Tanto de maneira formal como informal, você pode usar as etapas do **TEAA** para ajudar os outros, inclusive as crianças.
- É comum surgirem obstáculos relacionados à incorporação do que é bom. Eles representam uma oportunidade de

HÁBITOS SAUDÁVEIS

171

aprender mais sobre si mesmo. Você também pode lidar com eles de maneira eficaz.

- Ao se deparar com um desafio, as experiências com forças essenciais vão ajudá-lo a enfrentá-lo de maneira receptiva. À medida que vivencia essas forças com frequência, você será capaz de permanecer na zona verde apesar dos desafios cada vez maiores.

Capítulo 10

21 joias

Este capítulo é uma compilação de práticas para cultivar forças essenciais dentro de si. Penso nelas como as vinte e uma joias da arca do tesouro do coração. Entre elas estão os sentimentos de proteção, de relaxamento, de prazer, de entusiasmo, de autocompaixão e de ser uma boa pessoa – além, é claro, das marcas registradas do cérebro receptivo: paz, contentamento e amor. Foram essas forças interiores essenciais que transformaram minha própria vida e as vidas de outras pessoas. Busque oportunidades de vivenciar essas forças no dia a dia, além de utilizar os exercícios guiados abaixo para incorporá--las ao cérebro sempre que precisar.

Como usar este capítulo

As forças essenciais estão organizadas em termos das três necessidades básicas do ser humano – segurança, satisfação e ligação –, com sete forças para cada uma. Cada prática começa com uma introdução, guiando-o em seguida através das quatro etapas de incorporação do que é bom (**TEAA**). Como você já conhece as etapas, farei sugestões breves e diretas. Uma vez que as práticas são independentes, é inevitável que algumas sugestões se repitam. Sinta-se à vontade para adaptá-las às suas próprias necessidades. Você pode considerar, por exemplo, que minha maneira de falar sobre a absorção de determinada força também pode ser aplicada à absorção de outra.

Lembre-se de que nessas práticas a quarta etapa é opcional. Caso pretenda incluir essa etapa, verifique se consegue identificar um desencadeante neutro que ficou associado ao elemento negativo antes de dar início à prática guiada. Muitas vezes, porém, não existe nenhum desencadeante neutro evidente. Caso não consiga pensar em nenhum, tudo bem; isso não impede de passar pelas outras partes da quarta etapa.

Um único problema ou necessidade

Se estiver às voltas com uma situação, relacionamento ou estado mental específico — como uma tarefa exaustiva, porém necessária, no trabalho, um adolescente de personalidade forte ou um estado depressivo —, descubra a força que lhe forneceria a ajuda exata de que necessita e simplesmente concentre-se nela durante certo tempo. Por exemplo, a força da proteção (página 178) ajudaria com a sensação de esgotamento, a da assertividade compassiva (página 217) com um relacionamento difícil e a da gratidão e da alegria (página 192) com a tristeza. Com relação a forças que combinam bem com desafios específicos, consulte o quadro "Como combinar algumas experiências preventivas com elementos negativos" no capítulo 8 (página 137).

Concentre-se numa necessidade básica

Ou quem sabe você gostaria de desenvolver todas as sete forças relacionadas a uma de suas necessidades básicas. Caso a ansiedade ou a raiva o preocupe, incorpore as forças da seção intitulada "Segurança" na página 177. Problemas de decepção, frustração, perda, ambição ou adição são tratados recorrendo mais às forças da seção "Satisfação" que vem em seguida. E para solidão, mágoa, vergonha, inveja, baixa autoestima ou má vontade vá para a última seção, "Ligação". Se desejar, concentre-se numa nova força a cada dia e veja como se sente no final da semana. Ou você pode simplesmente ter em mente todas as sete forças e recorrer àquela que lhe seja mais útil em determinada situação. Você também pode usar a lista de controle "Interiorize sua felicidade" do capítulo anterior para localizar as forças que desenvolveu em cada dia.

As dez mais

Todas as forças relacionadas neste capítulo são valiosas. Mas, se eu tivesse de escolher apenas dez, seriam estas: proteção, sentir-se bem neste exato momento e paz (no que diz respeito à segurança); entusiasmo, sentir a plenitude do momento e contentamento (no que diz respeito à satisfação); sentir-se apreciado, sentir-se como uma pessoa boa e amor (no que diz respeito à ligação); e uma sensação integrada da paz, do contentamento e do amor se fundindo (veja a prática no final do capítulo 7). E você tem toda a liberdade de criar sua própria lista das dez mais.

Você pode experimentar uma força diferente por dia, durante dez dias, ou pode se concentrar em duas ou três forças por dia. Se quiser fazer um mergulho profundo durante três dias, você pode exercitar as três forças relacionadas à segurança no primeiro dia, as três relacionadas à satisfação no segundo dia e as três relacionadas à ligação no terceiro dia; além disso, na manhã e na noite de cada um desses dias faça o exercício "Um minuto para as coisas boas" do boxe da página 176.

21 dias de coisas boas

Se você quer mesmo ir atrás desse objetivo, que tal dedicar apenas três semanas para impulsionar de verdade sua mente, seu cérebro e sua vida? Escolha uma nova força por dia e sinta-a crescer dentro de você.

Você pode explorar as vinte e uma forças na sequência apresentada aqui. Ou pode se ocupar delas em ciclos de três dias, alternando entre as necessidades (segurança, satisfação e ligação), tratando de cada uma delas em cada um dos três dias consecutivos. De brincadeira, você pode adotar uma abordagem aleatória e escolher cada dia uma força ao acaso, eliminando-as gradativamente até que só reste uma. Se quiser, você pode substituir uma ou mais das forças abaixo por outra diferente, como curiosidade ou generosidade.

Para enriquecer o processo, você pode criar um diário, participar dele com um amigo ou com a família, ou inseri-lo em sua terapia, em seu processo de abstinência ou em sua prática espiritual. Pense nisso como se fosse uma espécie de retiro, ou, se isso parecer espartano demais, umas férias em um *spa* luxuoso no qual você está mergulhando em deliciosas experiências curativas em vez de uma lama sulfurosa. No final das três semanas, reconheça seus esforços sinceros e comemore os resultados.

Ao reservar vinte e um dias seguidos para desfrutar e aprofundar essas forças, pode ter certeza de que suas necessidades básicas de segurança, satisfação e ligação estarão recebendo mais atenção, e você permanecerá, com uma estabilidade crescente, no cenário verde e receptivo do seu cérebro. Enquanto isso, você será um bom amigo de si mesmo, ganhando força e fazendo da interiorização da felicidade um hábito.

UM MINUTO PARA AS COISAS BOAS

Se essas opções parecerem muito complicadas, tudo bem. Use apenas um minuto para fazer o que eu frequentemente faço quando acordo, logo antes de dormir, no início da meditação ou antes de enfrentar uma situação desafiadora:

Durante o espaço de algumas respirações, tome consciência do que está acontecendo, em linhas gerais, na sua mente e no seu corpo, sem tentar modificar isso. Descubra uma intimidade consigo mesmo.

Comece a relaxar, deixando sua respiração mais suave e lenta. Afaste qualquer preocupação. Livre-se das tensões. Entre em contato com um sentimento de força e identifique protetores como os amigos próximos. Perceba que você está se sentindo bem nesse exato momento. Entregue-se a uma paz crescente.

Traga à mente uma ou mais coisas pelas quais você é grato ou com as quais se alegra. Pense em algo que o deixa feliz. Sinta que a plenitude já está presente nesse momento. Entregue-se a um contentamento crescente.

Lembre-se de uma ou mais pessoas (ou um animal de estimação) que se preocupam com você. Permita se sentir apreciado, querido ou amado. Tome consciência da sua própria ternura e afeto pelos outros. Entregue-se a um amor crescente.

Então sinta que a paz, o contentamento e o amor se entrelaçam em sua mente, três aspectos de uma única experiência completa de tranquilidade e retorno ao lar. Entregue-se à mente receptiva. Se desejar, imagine-se passando o dia no modo receptivo.

Termine respirando mais uma ou duas vezes enquanto sente que a paz, o contentamento e o amor estão penetrando em você.

Segurança

Quando você se sente seguro, seu sistema de evitação de danos entra no modo verde, que é o modo receptivo. Ao incorporar regularmente *a proteção, a força, o relaxamento, o refúgio, a percepção clara das ameaças e dos recursos, a sensação de bem-estar neste exato momento e a paz*, você poderá desenvolver tanto sua capacidade de *estar* seguro como a *sensação* de segurança. (Experiências fundamentais do sistema de apego[1] também podem ajudá-lo a se sentir seguro; vamos explorá-los na seção "Ligação".) Isso vai ajudá-lo a ter uma vida cada vez mais tranquila, com uma necessidade cada vez menor de lutar contra experiências desagradáveis ou de afastá-las.

O sistema de evitação está enraizado[2] em antigos circuitos localizados na base do cérebro e no subcórtex que são rápidos (adequados para a sobrevivência) mas rígidos (inadequados para a qualidade de vida ou para curar antigos sofrimentos). Infelizmente, esses circuitos aprendem devagar, uma vez que a base do cérebro e o subcórtex têm menos neuroplasticidade que o córtex. Na verdade, como essas regiões mais antigas do cérebro precisam de *muita* tranquilidade para ficar em paz, use o máximo de ocasiões possíveis para incorporar as experiências essenciais apresentadas a seguir.

Além dos benefícios gerais que elas oferecem, as práticas desta seção fortalecem sua *tolerância à angústia*, que é a capacidade de se manter aberto, centrado e baseado no modo receptivo enquanto passa por experiências incômodas. A tolerância à angústia funciona como um para-choque, ajudando-o a lidar com os percalços desagradáveis da vida sem assumir uma postura de aversão e, consequentemente, reativa com relação a eles. Embora continuem a magoá-lo, você não fica transtornado com eles nem piora as coisas reagindo de forma exagerada. É por isso que inúmeros estudos demonstraram que a tolerância à angústia é uma fonte fundamental de resiliência[3], alegria e realização.

Proteção

A proteção reduz o sentimento de alerta da pessoa. Quando você se sente protegido, não precisa ficar tão inseguro, vigilante ou ansioso. É como observar uma tempestade de dentro de um casamata: embora haja ameaças e problemas do lado de fora, eles não vão entrar para lhe causar dano.

T *Fique atento a qualquer sensação de proteção que já esteja presente no primeiro ou no segundo plano da consciência. Pode ser a percepção de que paredes sólidas o rodeiam, de que as portas estão fechadas e trancadas, de que existem outras pessoas próximas de você.*

Você pode criar uma sensação de proteção pensando nos recursos que existem dentro de você e em sua vida que podem blindá-lo, como capacidades, virtudes, credenciais, amigos e familiares. Também pode imaginar protetores para si próprio, como pessoas que se preocupam com você, e até mesmo um grupo de protetores. Ou quem sabe imaginar um campo de força intransponível que o protege de todo mal.

E *Abra-se à sensação de proteção. Explore as características dessa experiência, deixe que ela preencha seu corpo e sua mente e se torne mais intensa. Retenha-a, ajudando-a a durar. Conforme for se sentindo protegido, exponha-se à sensação de alívio ou de calma existente dentro de você. Você pode contribuir para a experiência tornando-a concreta; por exemplo, reveja fotos de pessoas que você sabe que se preocupam com você, passe os dedos na fechadura da porta ou encoste-se numa parede enquanto sente sua solidez.*

A *Sinta que essa experiência de proteção está penetrando em você – e deseje que isso aconteça – enquanto você penetra nela.*

Reconheça que ela está se tornando parte de você, um recurso que você pode levar aonde quer que vá. Enquanto a proteção penetra em você, sinta que diminui a necessidade de resistir ou de se precaver contra qualquer coisa interna ou externa a você. Os sentimentos de alerta ou de ameaça estão se dissolvendo. Com a proteção se espalhando sobre você, é possível afastar da mente a postura defensiva, os cuidados e a ansiedade.

A *Tome consciência tanto do sentimento de proteção como das sensações de medo ou de vulnerabilidade. Deixe que a experiência positiva de proteção ocupe um lugar de destaque na consciência e, se for capturado pelo elemento negativo, afaste-o. Perceba que a sensação de proteção o está acalmando e penetrando em espaços internos até então ocupados pelo medo ou pela vulnerabilidade. Talvez exista a imagem de um protetor que se preocupa com você e é capaz de defender suas instâncias frágeis ou imaturas do perigo. A sensação de proteção está penetrando em suas instâncias amedrontadas, acalmando-as e ajudando-as a se sentir melhor. Quando quiser, afaste da mente qualquer elemento negativo e fique apenas com esse sentimento de proteção. Algumas vezes ao longo da hora seguinte, durante doze segundos ou mais de cada vez, pense apenas em elementos neutros ou positivos – como o sentimento de proteção –, enquanto também traz à mente um elemento desencadeador neutro (p. ex., pessoas, situações, ideias) da sensação de ansiedade ou vulnerabilidade.*

Força

O medo nasce da percepção de que existe uma disparidade entre as forças internas e os desafios externos. À medida que cresce sua percepção de que dispõe de uma força autêntica, a disparidade encolhe, chegando mesmo a sumir. Força não significa ficar cheio de si ou agressivo. Determinação, tenacidade, vergar mas não quebrar e integridade são tipos de força. Suportar tempos difíceis e sobreviver a tempos extremos também.

T *Fique atento a qualquer sensação de força que já esteja presente no primeiro ou no segundo plano da consciência, como a vitalidade do corpo, as batidas firmes do coração ou a preocupação constante com os outros. A própria consciência é forte e capaz de reter cada pedacinho da sua experiência.*

Crie também uma sensação de força. Busque, em acontecimentos recentes ou do passado, as ocasiões em que você foi forte. Talvez tenha recorrido ao corpo para se manter de pé durante um longo dia de trabalho ou para continuar correndo durante um exercício físico. Talvez tenha se defendido ou tenha saído em defesa de outra pessoa. Pode ser que tenha conseguido realizar algo, mesmo que quisesse abandonar a tarefa. Deixe que as impressões *que você tem desses momentos se transformem numa* sensação perceptível *de força.*

E *Abra-se à sensação de força. Explore as características dessa experiência, deixe que ela tome conta do corpo e da mente e se torne mais intensa. Conserve-a e ajude-a a continuar existindo, construa um altar para ela em sua mente. Caso se distraia, retome a experiência. Fique mais calmo e confiante à medida que se sente mais forte. Esteja certo de que pode lidar com o que a vida lhe apresenta. Descubra coisas novas sobre a experiência da força. Perceba como é sentir-se forte sem sentir raiva. Lembre-se do tempo em que você era uma pessoa decidida, séria ou assertiva sem por isso ficar agressivo ou irritado. Você pode encarnar a força de diversas maneiras: por exemplo, contraia diferentes músculos para sentir-lhes o vigor, endireite-se ou assuma determinada expressão facial e olhe no espelho para ver como ficou. Tenha consciência do valor da força para você pessoalmente, por que ela importa; reconheça sua relevância para você.*

A *Sinta que essa experiência de força está penetrando em você – e deseje que isso aconteça – enquanto você penetra nela. Sinta a força entrando em você como um combustível, como uma energia revigorante. Deixe-se transformar um pouco e ficar mais forte. Reconheça que a força está penetrando em você, tornando-se um recurso interior que você pode levar aonde quer que vá – potente e portátil ao mesmo tempo. À medida que a força vai penetrando, você se sente livre de todo conflito interno ou externo. Não é preciso resistir a ninguém ou a nada.*

A *Tome consciência tanto do sentimento de força como da sensação de fraqueza. Deixe que a experiência positiva de força ocupe um lugar de destaque na consciência e, se for capturado por elementos negativos, afaste-os. A força está defendendo e impregnando espaços internos que se sentiam humilhados ou oprimidos, possivelmente quando você era criança. Agora você se sente forte, como uma árvore frondosa cujas raízes estão profundamente fincadas no solo; os ventos da vida e as outras pessoas se movem rapidamente ao seu redor, mas você continua de pé depois que eles passam. Quando quiser, afaste da mente qualquer elemento negativo e fique apenas com esse sentimento de força. Algumas vezes ao longo da hora seguinte, durante doze segundos ou mais de cada vez, pense apenas em elementos neutros ou positivos – como o sentimento de força –, enquanto também traz à mente um elemento desencadeador neutro da sensação de fraqueza ou humilhação.*

Relaxamento

Ao relaxar, seu sistema nervoso parassimpático fica mais ativo, o que acalma o mecanismo de luta ou fuga do sistema nervoso simpático. O corpo fica livre das tensões, o ritmo de batidas do coração e a respira-

182 O CÉREBRO E A FELICIDADE

ção diminuem de intensidade e a digestão fica mais fácil – o que reduz os sinais internos de perigo, ajudando-o a relaxar ainda mais.

T *Fique atento a qualquer sensação de proteção que já esteja presente em sua consciência. Por exemplo, na sua respiração ou em partes do seu corpo que estão imóveis pode haver uma certa calma e um certo relaxamento. Você também pode criar uma sensação de relaxamento. Respire várias vezes, de modo que a expiração leve o dobro do tempo da inspiração. Relaxe pontos importantes como os músculos maxilares, a língua, a boca e os olhos. Respire pelo diafragma, localizado logo abaixo da cavidade das costelas. Imagine-se num lugar relaxante, como uma praia, aquecendo-se ao sol. Você também pode relaxar o corpo aos poucos, começando pelos pés e chegando até a cabeça.*

E *Exponha-se ao relaxamento e veja como se sente. Deixe que ele tome conta do corpo e da mente e se torne mais intenso. Retenha-o e ajude-o a durar. Liberte-se cada vez mais enquanto relaxa. Entregue-se a uma deliciosa sensação de calma. Registre os diversos aspectos dessa experiência, mantendo-os vivos para você. Sinta uma tranquilidade crescente. Incorpore o relaxamento deitando-se no chão e balançando suavemente para a frente e para trás ou deixando o rosto completamente relaxado. Pense de que maneira ficar mais relaxado em casa ou no trabalho pode ajudá-lo.*

A *Sinta o relaxamento penetrando em você, tornando-se parte de você. À medida que ficar mais relaxado, você perceberá que as tensões e as resistências irão se dissolvendo.*

A *Tome consciência tanto do relaxamento como da tensão. Deixe que o relaxamento ocupe um lugar de destaque na consciência e, se for tomado por elementos negativos, afaste-os. O relaxamento está penetrando em espaços interiores que estavam* *tensos ou contraídos e acalmando-os. Quando quiser, afaste da mente qualquer elemento negativo e fique apenas com essa sensação de relaxamento. Algumas vezes ao longo da próxima hora, pense apenas em elementos neutros ou positivos – como a sensação de relaxamento –, enquanto também traz à mente um elemento desencadeador neutro da sensação de tensão.*

Refúgio

Refúgio é tudo aquilo que lhe dá uma sensação de santuário, renovação, sustentação ou sacralidade. Você pode descansar e se reabastecer num refúgio, mesmo quando o sofrimento ou as dificuldades passam como um redemoinho ao seu redor.

T *Fique atento a qualquer sentimento de refúgio que já esteja presente em sua consciência. Você pode estar na sua cama, na banheira ou abraçando sua companheira. Ou de pé, debaixo das árvores e das estrelas. Ou em paz, meditando ou orando. Você também pode criar uma sensação de refúgio imaginando que está num lugar de que gosta, como a cabana à beira do lago em que sua família ficava todo verão. Entre outros refúgios possíveis encontram-se os professores, as doutrinas e as comunidades de pensamento. Você também pode encontrar refúgio simplesmente no trabalho intenso, na combatividade e na persistência. Ou em sua capacidade de descobrir a verdade, de distinguir entre o* donut *e o buraco, ou entre pessoas que o tratam bem e pessoas que não o tratam bem. Você pode se refugiar na razão, na técnica de imaginar coisas. Ou na espiritualidade e na religião, ou em qualquer coisa que a experiência lhe diga que é Deus.*

E *Explore as qualidades de refúgios específicos, como um lugar ou uma pessoa. Em seguida, exponha-se a um sentimento ge-*

ral de refúgio. Como é se sentir em um abrigo seguro? Que você está ancorado em coisas que são dignas de confiança e estimulantes? Deixe que essa experiência tome conta de você, tornando-se mais intensa. Conserve-o e ajude-o a continuar existindo. Você pode concretizar ou encenar o sentimento de refúgio indo a santuários pessoais, de uma cadeira confortável e familiar da sala de estar a uma igreja ou um templo; ou pode pôr no seu quarto algo que tenha um significado pessoal para que você considere sagrado.

A *Sinta que a experiência de refúgio está se tornando parte de você. Explore a sensação de refúgio como sendo algo do qual você vem e não algo para o qual você vai. Conforme se sentir cada vez mais acomodado no refúgio, deixe de lutar contra tudo.*

A *Tenha consciência tanto da experiência de refúgio como de qualquer sensação de pressão ou de esgotamento. Concentre-se no refúgio enquanto esses desafios ficam para trás, e você continua protegido e cuidado. Deixe-se invadir pela percepção de que as dificuldades e os sofrimentos podem chegar e partir sem que você seja destruído. Perceba, quem sabe, que sensações de refúgio estão se conectando a sensações antigas de estar sendo atacado ou de insegurança. Quando quiser, afaste da mente qualquer elemento negativo e fique apenas com a sensação de refúgio. Algumas vezes ao longo da próxima hora, pense apenas em elementos neutros ou positivos – como a sensação de refúgio –, enquanto também traz à mente um elemento desencadeador neutro da sensação de pressão ou de esgotamento.*

Perceba claramente as ameaças e os recursos

Devido à "paranoia do tigre de papel" (capítulo 2), o cérebro tende a superestimar as ameaças que chegam até você e a subestimar seus recursos para lidar com elas. Quando perceber essas distorções, você conseguirá incorporar perspectivas novas, mais acuradas, mais tranquilizadoras e mais úteis.

T *Quando perceber que uma preocupação foi exagerada ou que você não se deu conta dos recursos disponíveis, registre isso. Fique atento às situações em que os outros possam estar alimentando seus temores, quem sabe para tirar proveito disso. Pense também, de maneira deliberada, sobre suas crenças nos perigos do mundo e nas próprias fraquezas, e procure sinais que demonstrem que elas não têm fundamento. Você pode conversar sobre essas crenças e sobre as evidências favoráveis e contrárias a elas com outras pessoas ou simplesmente avaliá-las sozinho. Por exemplo, você pode relacionar três ou mais motivos que mostram que não é real a crença de que você é medroso ou não confia em si mesmo.*

E *Exponha-se a uma visão mais realista das ameaças existentes em sua vida e dos recursos de que dispõe para lidar com elas. Permita que essa visão, essa perspectiva, se espalhe pela mente e retorne a ela com frequência. Abra-se às sensações afins de sossego, confiança e calma. Você pode concretizar essa experiência declarando em voz alta ou escrevendo seu ponto de vista realista a respeito de ameaças e recursos.*

A *Sinta que essa visão realista está se tornando parte de você. Deixe tomar forma a convicção de que ela é verdadeira. De agora em diante, perceba como é assumir essa perspectiva e o que você acharia disso. À medida que enxerga claramente as ameaças e os recursos, sem distorção, as sensações de mal-estar e de ansiedade se desfazem, pois você está convencido de que pode lidar com as coisas. Não precisa ter medo.*

A *Tenha consciência da sua visão realista* bem como *de todas as crenças incorretas que superestimem ameaças ou subestimem* *recursos. Continue renovando sua convicção na visão realista e sua percepção de que as crenças incorretas são falsas. Imagine que existe dentro de você uma pessoa convincente e inteligente que representa a visão realista, e que ela esteja discutindo com outra pessoa (talvez exagerada e estúpida) que representa as crenças incorretas — e certifique-se de que a visão realista prevaleça. Quando quiser, afaste da mente qualquer elemento negativo e fique apenas com a visão realista. Algumas vezes ao longo da próxima hora, pense apenas em elementos neutros ou positivos — como a sensação de convicção da visão realista —, enquanto também traz à mente um elemento desencadeador neutro das crenças incorretas.*

Sinta-se bem neste exato momento

A maioria dos estímulos que chegam ao cérebro vem de dentro do corpo e não do ambiente externo. Isso porque seu cérebro precisa saber, a todo momento, como se encontram seus órgãos internos para ter certeza de que você está bem. Como grande parte dessas informações passa pelo hipotálamo, caso haja o menor sinal de que algo está errado, ele soa um alarme[4] que desencadeia o cenário reativo vermelho do cérebro. Mesmo pequenas alterações na respiração[5], no batimento cardíaco, na digestão ou na expressão facial podem provocar grandes mudanças nos pensamentos e nas sensações.

Essa ligação estreita entre a mente e o corpo propicia a você um modo eficaz de se entregar a uma sensação crescente de calma e tranquilidade, já que, durante a maior parte do tempo, seu corpo está bem. As mensagens que ele transmite para o cérebro geralmente são iguais aos avisos tranquilizadores de um guarda-noturno: "Está tudo bem, está tudo bem." Pode ser que você não tenha estado bem no passado, e pode ser que não venha a estar bem no futuro, mas está basicamente agora neste exato momento.

Infelizmente, essa notícia boa muitas vezes é difícil de "escutar" – devido à tendência negativista, que produz um murmúrio contínuo de ansiedade em segundo plano para nos manter sempre um pouco nervosos e vigilantes, a fim de podermos sobreviver. Na maioria das vezes, essas mensagens de medo representam alarmes falsos. Quando você tira partido dos sinais que seu corpo envia ao cérebro dizendo que "está tudo bem", concentrando-se deliberadamente no fato de que você realmente está bem, praticamente cada momento da sua vida apresenta-se como uma oportunidade extraordinária de se livrar do medo e da raiva e de entrar num estado de paz. E, ao longo do tempo, essa e outras práticas afins – como a incorporação do relaxamento – podem acalmar o murmúrio da ansiedade gratuita.

T *Ligue-se nos sinais que seu corpo emite dizendo que está tudo bem. Perceba que você dispõe de ar à vontade e está respirando sem dificuldade. Sinta a pulsação na altura do pescoço e perceba que seu coração está batendo normalmente. Sinta o corpo em sua totalidade e reconheça sua vitalidade essencial – mesmo que também existam dores, sofrimentos e doenças. Concentre-se nas regiões do corpo que estão bem, mesmo que existam outras que não estejam bem. Examine cuidadosamente o ambiente imediato e perceba que, neste momento, você não está sendo atacado nem está prestes a morrer. Repare que a própria consciência está bem, sem jamais ser magoada por aquilo que ela contém; perceba que você pode presenciar a aflição sem ser destruído por ela. Registre repetidas vezes que está tudo bem com você neste momento.*

E *Abra-se para a sensação de que você está bem neste exato momento. Continue renovando essa sensação, momento após momento, apesar de qualquer ansiedade. Abra-se também às sensações afins de tranquilidade, alívio, calma e relaxamento. Permita que sua mente se sinta muito bem, otimamente bem, agora.*

Repare na percepção contínua do corpo em segundo plano, e que ele continua existindo com uma persistência digna de confiança. Perceba como é se sentir muito bem. Você pode concretizar essa experiência desabafando com uma frase do tipo "Ufa, finalmente o perigo passou". Faça pequenos gestos para se sentir mais à vontade, como se enrolar num xale se estiver com frio, e deixe que a sensação boa resultante o invada como uma onda.

A *Perceba que sentir-se bem é algo que está se tornando parte de você. Como sua essência está basicamente bem, não há necessidade de repelir nada, não há motivo de sentir medo. As atribulações da vida, as resistências e os desejos intensos, tudo desaparece.*

A *Tome consciência da experiência de estar bem juntamente com qualquer contrariedade ou ansiedade. Ajude a sensação de estar essencialmente bem a penetrar a contrariedade ou a ansiedade, suavizando-a, aliviando-a e pondo-a em perspectiva. Esteja certo de que continuará bem mesmo que tenha tido de lidar com coisas difíceis. Quando quiser, afaste da mente qualquer elemento negativo e fique apenas com o sentimento de estar bem neste exato momento. Algumas vezes ao longo da próxima hora, pense apenas em elementos neutros ou positivos — como a sensação de estar bem neste exato momento —, enquanto também traz à mente um elemento desencadeador neutro da sensação de contrariedade ou de ansiedade.*

Paz

Paz é uma sensação completa de serenidade e bem-estar, sem a necessidade de lutar contra nada. Você pode estar ciente dos perigos e desafios, mas a ideia de fugir ou lutar não está presente em sua mente, nem o medo, nem a raiva. Como se sente em paz internamente, você é pacífico com os outros.

21 JOIAS

T *Fique atento a qualquer sentimento de paz que já esteja presente no corpo ou na mente. A própria consciência é pacífica, como também o são o ritmo da respiração, a aparência casual dos olhares e a estabilidade tranquilizante de uma cadeira ou de uma poltrona. Crie também paz de espírito trazendo à mente qualquer coisa que o ajude a ficar calmo, tranquilo ou sossegado. Pode ser a imagem de um bebê dormindo, o som das ondas numa praia ensolarada, a lembrança sentida de uma época em que você estava completamente em paz ou o sentimento da vastidão calma do universo. Outra maneira de estimular o sentimento de paz é recorrer a uma ou mais das experiências anteriores, como relaxamento ou sentir-se bem neste exato momento.*

E *Tendo encontrado o sentimento de paz, exponha-se a ele, entregue-se a ele e deixe que ele tome conta do seu coração. Ajude-o a ser tão forte e duradouro quanto possível. Explore as nuanças de sensações afins como calma, tranquilidade, bem-estar e serenidade. Fique integralmente em paz. Se quiser, medite sobre a paz; deixe que ela seja seu objeto de atenção e de interesse. Incorpore-a em seu modo de andar, de olhar para os outros, de estender as mãos para os objetos e de falar.*

A *Sinta que a paz está penetrando em você enquanto você penetra nela, que ela está se tornando parte de você. Perceba-se respirando pacificamente, respirando a paz, sendo a paz[6]. Não existe motivo para qualquer tipo de resistência com relação a nada, nem dentro nem fora de você.*

A *Fique atento à paz no primeiro plano da consciência,* bem como *a qualquer tipo de preocupação no segundo plano da consciência. Sinta que a paz está se irradiando para fora por meio de ondas, conectando-se com todas as situações de instabilidade,* *aliviando-as e acalmando-as. A paz está penetrando em todas as regiões que outrora se sentiam amedrontadas e com raiva. Quando quiser, afaste da mente qualquer elemento negativo e fique apenas com o sentimento de paz. Algumas vezes ao longo da próxima hora, pense apenas em elementos neutros ou positivos – como a sensação de paz –, enquanto também traz à mente um elemento desencadeador neutro da sensação de desconforto.*

Satisfação

Quando você está satisfeito, seu sistema de abordagem de recompensas entra no modo receptivo. Você pode desenvolver sua capacidade de *ficar* satisfeito como a percepção de *se sentir* satisfeito incorporando regularmente *prazer, gratidão e alegria, sentimento positivo, realização e iniciativa, entusiasmo, a plenitude do momento e contentamento.* Se fizer isso regularmente, tanto na vida diária como nas práticas guiadas a seguir, você se sentirá cada vez mais agradecido, realizado e bem-sucedido, em vez de se sentir decepcionado, triste, frustrado ou obcecado. Você já se sentirá saciado, e não terá motivo de ir atrás de experiências agradáveis nem de se agarrar a elas.

Prazer

Apreciar o sabor de um pão de passas tostado ou o humor de um cartum pode não parecer muita coisa, mas prazeres simples como esses aliviam os distúrbios emocionais[7], melhoram o humor e enriquecem a vida. Eles também trazem benefícios à saúde ao liberar endorfinas e opiáceos naturais[8] que o livram de situações estressantes e exaustivas e o conduzem a situações receptivas mais favoráveis. Como brinde, alguns prazeres – como a dança, o sexo, a vitória do seu time numa "pelada" ou rir com os amigos – trazem consigo sensações estimulantes de vitalidade ou paixão[9] que, no longo prazo, fazem bem à saúde. As oportunidades de prazer estão por toda parte, especialmente se você incluir coisas como o brilho de arco-íris que sai dos grãozinhos de areia na calçada, o barulho da água enchendo a banheira, a sensação de proximidade ao conversar com um amigo ou o alívio que dá saber que o fogão está funcionando quando você precisa preparar o jantar.

Embora a mente tente se agarrar às coisas agradáveis, isso realmente é algo estressante, pois as experiências são intrinsecamente passageiras e insatisfatórias. Com esta prática, você fica com o melhor dos dois mundos: desfruta os prazeres sem se agarrar a eles, o que, na verdade, aumenta o prazer. Além disso, você aprende a deixar que as experiências fluam através da mente sem que esboce a menor reação de agarrá-las.

T *Fique atento a qualquer prazer que já esteja presente. Esquadrinhe os sentidos do olhar, da audição, do paladar, do tato e do olfato em busca de prazeres existentes no primeiro ou no segundo planos da consciência. Verifique se existe em sua mente algo engraçado, interessante ou esteticamente agradável. Além disso, crie prazer dando atenção ao corpo, buscando a beleza, sendo irreverente, criando algo com as mãos, tirando belas fotos ou fazendo sua atividade favorita. Gaste um ou dois minutos por dia buscando coisas que lhe deem prazer. Explore seus prazeres favoritos em profundidade, diminuindo o ritmo e concentrando-se realmente na experiência.*

E *Exponha-se a um prazer e ajude-o a durar. Mantenha-se ligado nele e afaste qualquer pensamento de que você não tem permissão de senti-lo. Saboreie-o, assim como faz quando deixa que um pedacinho de chocolate se derreta lentamente em sua boca. Sinta o prazer em toda sua plenitude e deixe que ele flua através de você sem tentar retê-lo. Incorpore essa experiência movendo-se na direção ou para dentro das fontes do prazer, ou* *emitindo murmúrios de prazer. Reflita brevemente sobre o valor do prazer para você, sobre como ele é importante em sua vida.*

A *Sinta e visualize o prazer penetrando em você ao mesmo tempo que você penetra ele. Como a água infiltrando-se no solo, o prazer está se tornando parte de você, um recurso que você pode levar consigo aonde quer que vá. Sinta como o prazer está se instalando em você sem tentar se prender a ele. Permita-se sentir que neste momento você tem o suficiente e não precisa desejar mais.*

A *Conscientize-se do prazer e da dor, e deixe a experiência positiva de prazer num lugar de destaque da consciência. Perceba que essas sensações de prazer estão aliviando e penetrando todos os sofrimentos internos. Quando quiser, afaste da mente qualquer elemento negativo e fique apenas com o sentimento de prazer. Algumas vezes ao longo da próxima hora, durante cerca de doze segundos ou mais de cada vez, pense apenas em elementos neutros ou positivos – como a sensação de prazer –, enquanto também traz à mente um elemento desencadeador neutro (p. ex., pessoas, situações, ideias) da sensação de sofrimento.*

Gratidão e alegria

Gratidão é sentir-se agradecido por algo que você recebeu. Alegria é uma sensação mais geral de contentamento, de ser recompensado, de estar encantado ou contente com relação a algo, sem que isso seja necessariamente uma dádiva. Como na maior parte do tempo essas duas sensações agradáveis aparecem misturadas, vamos explorá-las juntas aqui. Gratidão, alegria e sentimentos afins[10] como consideração parecem tanto com aquilo que se diz em família e se escreve em cartões de felicitações que é fácil rejeitá-las; na verdade, porém, há pesquisas que revelam que cultivá-las traz benefícios duradouros e importantes como melhora de humor, aumento da satisfação com a vida e desenvolvimento de resiliência.

T *Fique atento a sentimentos de gratidão ou de alegria que já estejam presentes na mente. Pode ser a sensação, em segundo plano, de estar contente com o lugar onde mora ou satisfeito porque seu filho está de bom humor hoje. Ao longo do dia, dê uma atenção especial a qualquer sentimento de gratidão ou de alegria que surja naturalmente. Crie também uma experiência de gratidão ou de alegria procurando coisas pelas quais possa se sentir agradecido ou alegre. Elas podem ser aparentemente insignificantes ou simples. Por exemplo, algo de bom que tenha acontecido recentemente, o fato de que não lhe falta comida ou de que você tem um amigo que gosta de você. Você pode se sentir agradecido por ter um animal de estimação, pelo desabrochar das flores, pela sorte, por poder contar com a ajuda dos outros ou pela dádiva que é a própria vida. Reflita de forma semelhante acerca do seu passado e do seu futuro. Descubra na vida dos outros coisas pelas quais possa se sentir agradecido ou alegre. Ajude a percepção desses fatos se transformar em experiências de gratidão e de alegria.*

E *Abra-se à gratidão e à alegria. Explore suas características e mantenha-as vivas. Delicadamente, ajude-as a se tornar o mais ricas e intensas possível, preenchendo todo o seu corpo. Exponha-se a sentimentos afins como júbilo, tranquilidade ou realização. Incorpore a gratidão e a alegria sorrindo, balançando-se para cima e para baixo com prazer, descontraindo o rosto ou abrindo os braços para o mundo.*

A *Deixe que a alegria e a gratidão penetrem em você. Enquanto entrega a mente à gratidão e à alegria, permita-se sen-*

tir-se contente, sentir que esse momento já lhe oferece mais do que o necessário e que você não precisa ir atrás de mais nada nem precisa se apegar a mais nada.

A *Conscientize-se da gratidão, da alegria e dos sentimentos de decepção ou de perda. Mantenha a gratidão e a alegria em lugar de destaque e, caso se sinta tomado por algo negativo, afaste-o da consciência. Sinta a gratidão e a alegria se conectando à decepção e à perda. Imagine que algumas das inúmeras coisas pelas quais você se sente agradecido ou com as quais se alegra estão tomando conta de você e preenchendo gradualmente qualquer vazio interior. Pode ser que a gratidão e a alegria estejam alcançando regiões que outrora se sentiam infelizes. Quando quiser, afaste da mente qualquer elemento negativo e fique apenas com o sentimento de gratidão e de alegria. Algumas vezes ao longo da próxima hora, durante doze segundos ou mais, pense apenas em elementos neutros ou positivos — como a sensação de gratidão e de alegria —, enquanto também traz à mente um elemento desencadeador neutro da sensação de decepção ou de perda.*

Sentimento positivo

Todo sentimento positivo representa uma oportunidade de gozar a vida e de se sentir satisfeito aqui e agora. Os sentimentos positivos também apresentam vários benefícios para a saúde física como o estímulo do sistema imunológico, a proteção do sistema cardiovascular e o aumento da expectativa de vida.

É maravilhoso que existam tantos sentimentos bons que você pode explorar e usufruir; é como se estivesse diante das inúmeras atrações de um enorme parque de diversões. Dentro do sistema de abordagem encontramos, por exemplo, interesse, vivacidade, inspiração, sucesso, abundância, bom humor, alegria, despreocupação, êxtase, satisfação, leveza, admiração, regozijo e a sensação de ser afortunado ou abençoado. Existem outros sentimentos positivos nos sistemas de evitação e de apego, como a calma e o amor. Como existe uma quantidade tão grande de sentimentos positivos, na prática a seguir usarei apenas a expressão "sentimento bom" – você pode substituí-la por qualquer termo que quiser – e farei sugestões simples e adaptáveis.

T *Repare quando houver qualquer sentimento bom no primeiro ou no segundo plano da consciência, ou crie um empregando os métodos do capítulo 6. Por exemplo, pense em algo da sua vida presente ou passada que o deixa feliz.*

E *Exponha-se ao sentimento bom. Deixe que ele o preencha e se torne mais intenso. Retenha-o, faça com que ele dure, crie espaço na mente para ele. Descubra formas de personificá-lo, permitindo que uma expressão adequada tome conta do rosto ou mudando a postura ou a linguagem corporal para que ela reflita o sentimento. Tome consciência de como esse sentimento bom pode ser importante para você.*

A *Deixe que o sentimento bom penetre em você, como o calor de uma xícara de chá quente se espalhando por suas mãos. Deixe que o sentimento bom estimule uma sensação de satisfação e de realização, para que não haja motivo de querer agarrar mais nada.*

A *Tome consciência do sentimento bom e de um sentimento ruim afim. Por exemplo, você pode tomar consciência da alegria e da melancolia, da autoconfiança e da desconfiança de si próprio, da alegria e da tristeza ou da abundância e da escassez. Concentre-se no sentimento bom, deixando o sentimento ruim nas margens da consciência. Imagine ou perceba que o sentimento bom está se conectando com o sentimento ruim, possivelmente*

*penetrando nele como um bálsamo reconfortante, gradativa-
mente diminuindo-o e substituindo-o. Quando quiser, afaste da
mente o sentimento ruim e experimente apenas o sentimento bom.
Algumas vezes ao longo da próxima hora pense apenas em elementos neutros ou positivos – como um sentimento bom –, enquanto também traz à mente um elemento desencadeador neutro de um sentimento ruim.*

Realização e iniciativa

Realização é o sentimento de alcançar um objetivo; iniciativa é a
sensação de ser capaz de fazer com que algo aconteça. Como essas
experiências geralmente ocorrem juntas, exploraremos ambas aqui.

Você realiza inúmeras coisas todos os dias; a maioria delas relativamente insignificantes e fáceis de desconsiderar, como levar as
crianças à escola, completar um turno no trabalho, ir ao supermercado ou retornar uma ligação. Você também realiza coisas sendo
comedido – como quando permite que os outros se manifestem – e
resistente (p. ex., superando uma crise de dor nas costas). Cada uma
dessas realizações é uma oportunidade de se sentir recompensado e
bem-sucedido em vez de frustrado e fracassado.

Iniciativa – ser capaz de fazer com que as coisas aconteçam – é o
contrário de impotência. Você deve saber como é se sentir encurrala-
do, imobilizado, derrotado ou desesperado. Essa sensação de inutilidade, de que não existe nada que você possa fazer, pode se transformar facilmente numa *impotência adquirida* difícil de modificar,
além de representar um sério risco de depressão. Para evitar essa postura, ou para ajudar a desfazê-la, incorpore frequentemente experiências de iniciativa, em que você se sente o martelo em vez do prego.

T *Observe o momento em que você já está se sentindo bem por
ter alcançado um objetivo. Preste atenção também ao momento*

em que faz escolhas ou dá início a uma ação, especialmente as insignificantes como decidir sua opinião sobre algo, mudar para uma posição mais confortável ou estender a mão para pegar o saleiro.

Crie também um sentimento de realização ou de iniciativa prestando uma atenção especial às coisas que você consegue fazer ao longo do dia. Reflita sobre uma conquista importante, incluindo as inúmeras pequenas conquistas que levaram a ela. Faça um balanço da sua vida, lembre-se das coisas pelas quais você passou e conseguiu superar, de aprender a andar à conclusão do curso colegial. Tenha em conta o valor que você agregou às situações ou às outras pessoas. Lembre-se das formas como você influenciou os outros ou assumiu um papel de liderança. Tenha consciência das escolhas que você fez. Permita que a percepção desses fatos se transforme numa experiência de realização ou de iniciativa.

E Quando descobrir uma experiência de realização ou de iniciativa, exponha-se a ela e deixe que ela o preencha. Ajude-a a durar e a se tornar mais intensa. Ajude a se convencer de que você fez coisas acontecerem, de que você é competente e eficaz e continuará a sê-lo. Verifique se existem sentimentos afins como dignidade, autoridade, orgulho, autorrespeito ou liberdade. Observe qualquer resistência ao sentimento de sucesso ou de merecimento e concentre-se, em vez disso, em criar espaço na mente para os sentimentos bons. Repasse mentalmente e saboreie antigas conquistas ou recompensas. Explore o sentimento de que você foi bem-sucedido e de que pode tomar um fôlego e contemplar o caminho percorrido.

A Sinta que o sentimento de realização ou de iniciativa está penetrando em você, um recurso que você levará dentro de si aonde quer que vá. Imagine como seria já se sentir realizado e poderoso e veja se consegue se sentir assim. Deixe penetrar em você *a convicção de que pode construir sobre os alicerces do que você já realizou. Deixe que o bem-estar se espalhe pelo corpo e pela mente e liberte-se de qualquer pressão ou ambição.*

A *Esteja atento ao sentimento de realização ou de iniciativa no primeiro plano da consciência e também a algum sentimento de frustração ou de fracasso no segundo plano – talvez apenas a ideia de frustração ou de fracasso identificada de passagem, o sentimento de como seu corpo percebe isso, ou a lembrança de ter sido contrariado ou de ter ficado aquém das expectativas. Imagine ou perceba que o sentimento de realização ou de iniciativa, além dos sentimentos afins de sucesso e de merecimento, está se conectando com a frustração ou o fracasso, impregnando- -os como uma boa notícia que toca e satisfaz um desejo interior. Você pode imaginar que as instâncias ou camadas imaturas do seu eu estão acolhendo a veracidade de muitas das coisas que você realizou ou fez com que se tornassem realidade. Talvez exista a imagem de uma pessoa protetora defendendo-o quando você era criança, assegurando que você irá alcançar seus objeti- vos, realizar as coisas e ser alguém importante. Em seguida, afaste da mente qualquer elemento negativo e fique alguns se- gundos ou mais unicamente com a experiência positiva. Algu- mas vezes ao longo da próxima hora pense apenas em elementos neutros ou positivos – como um sentimento de realização ou de iniciativa –, enquanto também traz à mente um elemento de- sencadeador neutro do sentimento de frustração ou de fracasso.*

Entusiasmo

Penso que a combinação ideal na vida é quando perseguimos nossos sonhos e cuidamos dos outros com todo o coração, mas sem ficar- mos obcecados nem estressados com os resultados. Desse modo, sua vida ganha sentido e paixão, mas sem que você perca o equilíbrio nem seja vítima da pressão, da tensão ou do esgotamento. Essa combinação ideal é extremamente valiosa; portanto, incorpore-a sempre que a vivenciar. Na prática a seguir, farei referência a seus diversos aspectos empregando o termo genérico "entusiasmo".

T *Observe quando você já estiver entusiasmado e estimulado por um objetivo sem se estressar com ele. Pode ser que esteja pensando em visitar um amigo ou passar alguns momentos agradáveis com os filhos no café da manhã; ou que se sinta motivado a terminar o exercício físico, ansioso para saber o que está na origem da preocupação da sua companheira, ferozmente comprometido a proteger o filho de um valentão, profundamente envolvido com a realização de um projeto no trabalho, querendo se dedicar à música ou a ter um revigorante espírito de equipe com os outros. Você também pode gerar entusiasmo recordando sua percepção em atividades passadas. Ao longo do dia, busque oportunidades que possibilitem e estimulem mais uma percepção de energia e paixão em atividades rotineiras e aparentemente enfadonhas. Perceba qualquer inibição interna que o impeça de ser alguém brilhante, vibrante, interessante, espalhafatoso ou intenso – possivelmente o medo de parecer "exagerado" para os outros – e veja se consegue tirar essas inibições da mente e, em lugar disso, acender seu entusiasmo.*

E *Abra-se para o entusiasmo, explore suas características e mantenha-o vivo. Ajude-o a se tornar intenso e sinta-o em seu corpo. Desfrute-o. Descubra como se importar com um objetivo sem ficar obcecado por (ou incomodado com) ele. Explore a sensação de que você pode trabalhar bastante em prol de algo e, ao mesmo tempo, se sentir em paz por ter feito o máximo que podia, qualquer que seja o resultado. Incorpore seu entusiasmo demonstrando-o aos outros, deixando que seu rosto se ilumine ou movimentando-se e falando mais rapidamente.*

A *Visualize e sinta que o entusiasmo está penetrando em você, que você está se tornando naturalmente uma pessoa mais entusiasmada. Registre realmente a sensação da combinação ideal, aquela união entre sentir-se estimulado por um objetivo sem se estressar com os resultados. Incorpore o sentimento de estar entusiasticamente envolvido com o presente sem estar preso a um resultado futuro. Deixe-se transformar em alguém contente e ativo.*

A *Fique atento ao entusiasmo e à insatisfação (ou aos sentimentos afins de apatia, depressão, tédio ou torpor). (Em outra ocasião, você pode ficar atento ao entusiasmo e à ambição, ou aos sentimentos afins de pressão, preocupação em alcançar um objetivo ou coação.) Mantenha o entusiasmo como um sentimento mais forte. Sinta que ele está dando vida à insatisfação, quem sabe conectando-a a elementos estimulantes seus que pareciam entorpecidos ou suprimidos. Sinta o entusiasmo se espalhando dentro de você, transformando-se cada vez mais em seu modo de existir. Quando quiser, afaste da mente qualquer insatisfação e sinta somente o entusiasmo. Algumas vezes ao longo da próxima hora pense apenas em elementos neutros ou positivos – como um sentimento de entusiasmo –, enquanto também traz à mente um elemento desencadeador neutro do sentimento de insatisfação.*

Sinta a plenitude do momento

Seu cérebro é inundado constantemente por estímulos que vêm do corpo e do ambiente, além do interior do próprio cérebro. Uma fração minúscula desse enorme volume atinge a consciência, mas a quantidade de estímulos é tamanha que a atenção só consegue se concentrar numa pequena parte; o restante, portanto, é em grande medida ignorado por nós. Esse processo natural oferece uma grande oportunidade, disponível sempre que você quiser, de ampliar sua atenção de modo a abranger todo o conteúdo da consciência. Quando você se expõe a todos os sons, olhares, gostos, toques, odores, pensamentos, sensações e desejos que existem em sua mente em determinado momento, ocorre uma sensação de plenitude e suficiência quase avassaladora. Com tanta coisa à mão, quem poderia querer mais?

Para mim, essa prática é como olhar dentro de um copo de água com gás. A consciência é igual à superfície da água, e as bolhinhas que se movem rapidamente são os vários conteúdos da experiência que surgem na consciência. Se você pudesse observar essas bolhas em câmera lenta, veria que algumas tomam forma, enquanto outras desaparecem, mais ou menos do mesmo modo que os sons e as sensações se sobrepõem uns aos outros em sua mente. Em seguida, mudando a perspectiva e olhando para a beirada do copo transparente, você veria bolhas subindo e atingindo a superfície, como combinações de sinapses que levam décimos de segundo para formar a base neural de um som ou de uma sensação que adquire consciência. A experiência da vida acontece inteiramente na superfície da água, na superfície desse momento de consciência, e nós podemos apenas imaginar a atividade neural que lhe serve de suporte. Não obstante, a incrível riqueza dessas bolhas nesse exato momento é emocionante e profundamente gratificante por si mesma.

No início, é bom fazer essa prática num lugar tranquilo, quem sabe com os olhos fechados, para evitar ser bombardeado pelos estímulos. Depois você pode exercitá-la em sua vida diária.

T *Relaxe e aumente a consciência do corpo. Explore as inúmeras sensações proporcionadas pela respiração, sentindo-a no estômago e nos quadris, no peito, no lábio superior e no nariz, na garganta, nos ombros e no pescoço. Repare como as sensações desaparecem à medida que outras sensações surgem na mente.*

Aceite o fato de que as sensações continuam mudando. Você pode se sentir à vontade ao tirar da mente suas experiências porque elas não param de se renovar. Em seguida, em vez de sua atenção ficar pulando de uma sensação para outra, veja se você consegue perceber simultaneamente todas as sensações provocadas pela respiração, como se estivesse ampliando o foco de atenção para abranger o estágio de consciência como um todo. A ampliação do foco fica mais fácil se você estiver relaxado e calmo, e se deixar que as sensações cheguem até você, em vez de ir ao encontro delas. No início é normal sentir o corpo inteiro respirando durante um segundo ou dois apenas, antes que a atenção se concentre novamente numa ou noutra sensação; com a prática, porém, você conseguirá sustentar a percepção do todo durante períodos mais longos.

Quando quiser, amplie ainda mais sua atenção para abranger cada vez mais o fluxo de consciência: sons, visões (sombreados ou texturas, caso esteja de olhos fechados), sabores, odores e toques, bem como pensamentos e sensações, imagens e desejos. Não é preciso registrar todas essas pequenas bolhas de experiência que crepitam na consciência, nem rotulá-las, compreendê-las ou relacioná-las entre si. Permita simplesmente que cada pedacinho de experiência venha e se vá – como se sua consciência fosse uma rede através da qual o rio do tempo flui, e o conteúdo desse momento de experiência representasse o que está circulando nesse instante através da rede.

E *Fique cada vez mais consciente da chegada dessa corrente, das inúmeras pequenas coisas que a cada momento se depositam na consciência, preenchendo-o e se oferecendo a você. Entregue-se à sensação de estar praticamente dominado por tudo o que aparece na consciência. Sinta a plenitude e a suficiência em sua mente. Veja se consegue experimentar uma sensação de tamanha saciedade que seria impossível querer mais. Fique atento a qualquer sensação de satisfação ou contentamento. Exponha-se* *a essa experiência de plenitude, deixe que ela tome conta de sua mente. Continue se entregando a ela, ajudando-a a durar.*

A *Deixe a sensação de plenitude penetrar em você. Imagine que ao abordar a vida você já esteja saciado e ajude essa experiência a se tornar parte de você. Quando você foi alimentado pela sensação de plenitude, não precisa se prender a nada nem agarrar mais nada.*

A *Fique atento à plenitude e a qualquer sensação de falta ou de carência. Continue prolongando a sensação de plenitude, dando a ela um destaque maior do que à sensação de falta ou de carência. Perceba ou sinta que a plenitude está se conectando com a falta ou com a carência, como ondas que inundam espaços internos vazios ou áridos, confortando-os e preenchendo-os. Toda sensação de insuficiência, de necessidade ou de exigência desaparece, sendo substituída pela plenitude. Quando quiser, afaste da mente toda sensação de falta ou de carência e fique apenas com a sensação de plenitude. Algumas vezes ao longo da próxima hora pense apenas em elementos neutros ou positivos – como um sentimento de plenitude –, enquanto também traz à mente um elemento desencadeador neutro do sentimento de falta ou de carência.*

Contentamento

Contentamento é uma sensação completa de bem-estar combinada com a ausência total do desejo de que o momento seja, sob qualquer ponto de vista, diferente do que é. As experiências agradáveis passam através da consciência sem que haja necessidade de se apegar a elas. Você se sente intimamente realizado, sem ambição, ganância ou possessividade. Por se sentir saciado internamente, você é generoso com os outros.

T *Fique atento a qualquer sensação de contentamento que já esteja presente no primeiro ou no segundo plano da consciência. Muitas ocasiões corriqueiras – escovar os dentes, tomar o ônibus, segurar o filho, ler um livro, olhar para fora da janela – já proporcionam uma sensação de bem-estar, sem que não se deseje mais nada. Crie contentamento pensando em acontecimentos do passado ou do presente que o deixaram feliz ou realizado. Ou evoque de imediato a sensação de que seu corpo dispõe de ar e de comida suficientes e de que sua mente está repleta de prazeres; você não precisa de mais nada. Você também pode criar uma sensação de contentamento recorrendo a uma ou mais das experiências fundamentais desta seção "Satisfação", como a alegria e a gratidão, ou a plenitude do momento.*

E *Assim que encontrar o contentamento, exponha-se a ele, entregue-se a ele e deixe que ele tome conta de você. Ajude a sensação de contentamento a se tornar tão forte e duradoura quanto possível. Seja contente por inteiro. Se quiser, reflita sobre o contentamento; deixe que seja seu objeto de atenção e de interesse. Perceba como é respirar, sentar, caminhar, olhar, pegar, falar ou agir com contentamento.*

A *Visualize e sinta que o contentamento está se tornando parte de você. Imagine viver em contentamento e deixe essa sensação penetrá-lo. À medida que você se transforma em contentamento, o contentamento se transforma em você. Não existe motivo para ficar obcecado com relação a qualquer coisa interna ou externa a você.*

A *Fique atento ao contentamento no primeiro plano da consciência,* assim como *ao descontentamento (ou sentimentos afins como decepção, frustração ou perda) no segundo plano. Deixe que ele se conecte aos seus espaços internos – inclusive os relacionados ao seu passado – que estão ansiosos ou confusos e sustente-os.*

Quando quiser, afaste da mente qualquer elemento negativo e permaneça apenas com o contentamento. Algumas vezes ao longo da próxima hora pense apenas em elementos neutros ou positivos – como a sensação de contentamento –, enquanto também traz à mente um elemento desencadeador neutro do sentimento de descontentamento.

Ligação

Quando você vivencia a ligação, seu sistema de apego aos outros entra em estado verde, no modo receptivo. Você pode desenvolver tanto a capacidade de *estar* ligado como a percepção de *se sentir* ligado incorporando regularmente a percepção de *se sentir cuidado e valorizado, de compaixão e bondade, autocompaixão, assertividade compassiva, de se sentir uma pessoa boa* e *de amor.*

Esse tipo de experiência de apego traz benefícios extras para os sistemas de evitação e de abordagem. Em primeiro lugar, ele o ajuda a se sentir seguro[11]. Como nossos ancestrais evoluíram em condições perigosas, o fato de estarem física e emocionalmente próximos dos outros membros do grupo os manteve vivos; nas planícies de Serengeti, o desterro era uma sentença de morte. Hoje, a sensação de estar sendo cuidado envia a reconfortante e calmante oxitocina de encontro à campainha de alarme do cérebro[12], a amígdala; ela também reforça os receptores de cortisol do hipocampo[13], de modo que essa região do cérebro passa a reconhecer mais prontamente que existe cortisol em abundância, sinalizando mais depressa ao hipotálamo para que pare de pedir mais hormônios do estresse. Em segundo lugar, é gratificante se sentir ligado. Por exemplo, o relacionamento social[14], as brincadeiras[15] e o contato amoroso[16], tudo isso libera opiáceos benéficos no cérebro. O amor é um remédio universal.

Em certo sentido, a mente pode ser dividida em três partes: o núcleo do *self*, o provedor interno e o crítico interno. (Essa noção foi adaptada da análise transacional e de trabalhos mais recentes sobre o trauma.) O provedor interno é atencioso, protetor, condutor e animador, enquanto o crítico interno é julgador, depreciador, desconfiado, além de gostar de procurar defeitos e de humilhar. Embora uma presença discreta do crítico interno ajude, ao longo da infância e da idade adulta muitos de nós ganhamos um crítico interno veemente e severo e um provedor interno relativamente discreto e frágil. O núcleo do *self* pode se sentir acossado com os gritos de um crítico interno arrogante, enquanto no canto o provedor interno, impotente, murmura delicadamente. Todos nós precisamos de um provedor interno forte que controle o crítico interno e também nos dê apoio para enfrentar as exigências da vida. Sempre que incorporar as importantes experiências que apresento a seguir, você estará aperfeiçoando seu provedor interno.

Sentir-se apreciado

Para mim, *sentir-se apreciado* é sentir-se incluído, percebido, querido ou amado. Mesmo que a forma de atenção seja problemática, tente perceber a intenção sincera que existe no coração do outro com relação a você. Embora minha mãe me amasse muito, ela muitas vezes demonstrava esse amor dizendo que eu podia fazer melhor algumas coisas, o que me deixava bastante irritado. Percebi, finalmente, que podia olhar além da sua personalidade aparente, para o amor que estava por trás dela, como se estivesse observando uma fogueira ardente através de um biombo de trepadeiras, folhas e espinhos. Fiz isso porque era bom para *mim*, mas essa atitude também alimentou o clima de harmonia entre nós.

T *Observe se você já se sente incluído, percebido, querido ou amado. Pode haver uma percepção de fundo de fazer parte de um casal, de uma família ou de uma equipe de trabalho. Ou crie a* *sensação de que se importam com você. Lembre-se da época em que pertencia a um grupo, se sentia compreendido ou era amado. Traga à mente um ou mais seres que se importam com você. Você pode pensar numa pessoa, num grupo de pessoas, num animal de estimação ou num ser ou força superior. O relacionamento não precisa ser perfeito, mas em pelo menos uma fatia da torta do relacionamento você sabe que estão se importando com você. Se a tristeza ou outros sentimentos relacionados à falta de atenção surgirem, deixe que permaneçam um pouco e depois tente voltar sua atenção para as situações em que você realmente recebia atenção.*

E *Exponha-se à sensação de ser apreciado. Deixe que isso preencha a mente e o coração e se torne o mais intenso possível. Retenha essa sensação, ajude-a a durar, construa um altar para ela em sua mente. Explore os diferentes aspectos dessa experiência, como a diferença entre sentir-se incluído e sentir-se amado. Como é sentir que você é importante para alguém ou é estimado? Você pode concretizar essa experiência pondo a mão no coração ou no rosto e imaginar que um ser amoroso o está tocando suavemente. Reflita por alguns momentos como é importante ou relevante que os outros o apreciem.*

A *Sinta e visualize que a sensação de que o apreciam está penetrando em você. Observe se existe qualquer dificuldade de admitir algum aspecto específico dessa sensação – como sentir-se querido ou amado – e então tente se expor mais a ele. À medida que você se sente, lá no fundo, mais apreciado, veja se consegue se livrar de todo excesso de dependência em seus relacionamentos.*

A *Tome consciência da sensação de que o apreciam e da sensação de que não o apreciam. Mantenha a experiência positiva mais viva na consciência. Perceba que a sensação de ser aprecia-*

do está alcançando espaços internos que se sentiam excluídos, invisíveis, não queridos ou não amados e os está confortando ou preenchendo. Sentir-se apreciado não altera os fatos nem tudo o que aconteceu, mas pode diminuir a dor do passado. Antigas mágoas, inclusive as que têm origem na infância, estão sendo gradualmente substituídas pela percepção de que os outros o apreciam. Quando quiser, liberte-se de todo elemento negativo e fique apenas com a sensação de que o apreciam. Algumas vezes ao longo da próxima hora, durante doze segundos ou mais, pense apenas em elementos neutros ou positivos – como a sensação de ser apreciado –, enquanto também traz à mente um elemento desencadeador neutro (p. ex., pessoas, situações, ideias) do sentimento de não ser apreciado.

Sentir-se valorizado

Como animais sociais, todos nós temos uma profunda necessidade de nos sentirmos valorizados – e não rejeitados, marginalizados, humilhados, desrespeitados, desprezados e desdenhados. Quando criança, você tinha a necessidade de se sentir estimado pelos pais, elogiado pelos professores e querido pelos colegas. Para o adulto faz bem ser capaz de atrair possíveis parceiros, que sua companheira o tenha em alta conta, ter o respeito de colegas e superiores e que sua família reconheça seu valor. Quando essas necessidades normais não são satisfeitas, é natural que a pessoa desenvolva uma sensação de insuficiência misturada com mágoa e raiva, além de, nos relacionamentos, aumentarem as tendências extremas da dependência exagerada ou do distanciamento. Por outro lado, quando suas necessidades são satisfeitas por meio de experiências em que você se sente valorizado, você desenvolve um saudável senso de merecimento, o qual, paradoxalmente, favorece a humildade e a generosidade de coração.

T *Observe quando já existir, em sua mente, um senso de merecimento ou de reconhecimento e observe também quando os outros estimulam essas sensações em você por meio do elogio e do
respeito. Crie experiências em que você é valorizado lembrando-se da ocasião em que foi elogiado ou apreciado; uma ocasião
em que sabia que era estimado, possivelmente após ter feito alguma contribuição ou um gesto de generosidade; uma ocasião
em que foi querido, procurado ou escolhido. Pense que, apesar
de valorizar os outros, você nem sempre demonstra isso; do mesmo modo, os outros o valorizam, mas também nem sempre o
demonstram. Consequentemente, introduza um fator de corre-
ção que lhe permita saber intuitivamente mais do respeito que
os outros têm de fato por você. Amplie a noção de ser valorizado
para incluir a percepção de que as pessoas pensam qualquer
uma destas coisas sobre você:* você foi importante; você me
ajudou; estou contente por tê-lo em minha vida; você sabe
fazer isso bem; você é interessante e talentoso; sua presença
torna a equipe melhor; você contribui; você é especial; eu o
respeito. *Procure maneiras simples que os outros utilizam para
demonstrar apreço por você.*

E *Quando se sentir valorizado, abra-se a essa sensação. Explore os diferentes aspectos dessa experiência. Ajude-a a durar e a
se tornar mais intensa. Você pode imaginar uma turma ani-
mada de amigos e familiares torcendo por você, batendo palmas
para você e elogiando-o. Imagine que você está conversando consigo de forma atenciosa, como falaria com um amigo que estivesse se sentindo indesejado, inferiorizado ou fracassado; imagine-se dizendo firmemente a si mesmo como você é importante
para os outros e que atributos particularmente admiráveis você
tem. Incorpore um senso de merecimento sentando-se como se se
respeitasse, ou atravessando a sala com dignidade, como alguém
que agrega valor.*

A *Perceba o senso de merecimento penetrando em você, espalhando-se pela mente como uma neblina dourada. Deixe que a sensação de ter* valor *cresça dentro de você. Imagine como seria estar no trabalho, em casa, ou num relacionamento importante com a sensação de que é uma pessoa de valor; permita-se tomar posse dessa percepção de vida e permita que ela tome posse de você. À medida que o senso de merecimento penetra cada vez mais fundo em você, desaparece qualquer necessidade de impressionar os outros ou de se pôr à prova.*

A *Tome consciência do sentimento de valorização,* bem como *de qualquer sentimento de imperfeição (ou de sentimentos afins de insignificância, inutilidade ou vergonha). Continue se concentrando em se sentir valorizado, querido, respeitável. Perceba que o sentimento de valorização, apreciação, respeito e mesmo alta estima está se conectando com os sentimentos de imperfeição, aliviando qualquer antigo sofrimento, tranquilizando-o profundamente e substituindo aos poucos a imperfeição por sentimentos de merecimento. Deixe que o sentimento de valorização alcance espaços internos que se sentiam desvalorizados, rejeitados, desprezados e indesejados. Em seguida, afaste da mente qualquer elemento negativo e concentre-se apenas em sentimentos de merecimento. Algumas vezes ao longo da próxima hora, durante doze segundos ou mais, pense apenas em elementos neutros ou positivos – como o senso de merecimento –, enquanto também traz à mente um elemento desencadeador neutro (p. ex., pessoas, situações, ideias) do sentimento de imperfeição.*

Compaixão e bondade

Compaixão é o desejo de que um ser vivo não sofra, e geralmente ela está associada a sentimentos de solidariedade. Bondade é o desejo de que a criatura seja feliz, e geralmente vem junto com sentimentos de carinho. Como no dia a dia ambas frequentemente se misturam – por meio dos sentimentos afins da ajuda, da amizade e do apoio –, vamos considerá-las aqui em conjunto. Embora a compaixão possa parecer levemente triste[17] – o que é algo perfeitamente apropriado e admirável –, seu desenvolvimento por meio de uma prática como a apresentada logo a seguir também pode ativar centros de recompensa no cérebro, oferecendo-lhe uma percepção mais completa de sua delicadeza e beleza.

T *Observe quando você já abrigar o sentimento de compaixão ou de bondade. Crie também essa experiência recordando-se de uma pessoa, de um grupo de pessoas ou de um animal de estimação de quem você goste muito. Você pode lhes desejar coisas boas, por exemplo, dizendo a si mesmo "Espero que esteja em paz".*

E *Abra-se à compaixão e à bondade. Deixe que esses sentimentos preencham sua mente e seu coração, tornando-se mais intensos. Entregue-se a eles e ajude-os a durar. Sinta o peito, perto do coração, e imagine que a ternura está se espalhando ali. Lembre-se de um amigo e envie-lhe compaixão e bondade, por exemplo, dizendo baixinho frases do tipo "Espero que esteja seguro, com saúde, feliz e que tenha uma vida tranquila". Experimente fazer isso com outros tipos de pessoa, entre elas as que você realmente aprecia, as que lhe são indiferentes – como os estranhos que encontra na rua –, e quem sabe até mesmo as que o trataram mal. Você pode estender a ternura e os desejos sinceros às pessoas que jamais virá a conhecer, deixando que a compaixão e a bondade se irradiem até envolver o mundo inteiro. Perceba como sente quando envia desejos sinceros a todos os seres vivos, incluindo animais e plantas. Incorpore a compaixão ou a bondade sussurrando palavras de conforto, como faria diante de um amigo que estivesse sofrendo, ou, se julgar conveniente, estendendo os braços como se estivesse embalando ou abraçando alguém.*

A *Deixe que a compaixão e a bondade penetrem em você, como o calor do sol penetrando na pele. Arranje um lugar dentro de você para esses sentimentos. Transforme-se, ficando uma pessoa mais bondosa e mais compassiva, e, à medida que isso acontece, permita que a raiva ou a má vontade com os outros desapareça.*

A *Tome consciência da compaixão e da bondade, bem como de qualquer indiferença ou má vontade com os outros (além de sentimentos afins como ciúme, inveja, raiva, ressentimento ou vingança). Continue reavivando sua ternura, sentindo que ela está se conectando a toda indiferença ou má vontade e penetrando nela. Deixe que a compaixão e a bondade entrem em contato com qualquer raiva que exista dentro de você. Sinta como é compreender claramente alguém e ao mesmo tempo abrigar um sentimento de compaixão e de bondade com relação à pessoa. Descubra como é saber que alguém o maltratou e querer que a justiça seja feita, ao mesmo tempo que deseja que a pessoa não sofra e, em vez disso, seja realmente feliz. Sinta a compaixão e a bondade penetrando nos espaços internos mesquinhos e indiferentes com relação aos outros, libertando-os, preenchendo-os e estimulando-os. Em seguida, livre-se de qualquer elemento negativo e sinta apenas compaixão e bondade. Algumas vezes ao longo da próxima hora, pense apenas em elementos neutros ou positivos – como o sentimento de compaixão e de bondade –, enquanto também traz à mente um elemento desencadeador neutro do sentimento de indiferença ou de má vontade.*

Autocompaixão

Trata-se simplesmente de dirigir a compaixão a si próprio[18]. Ela vem acompanhada frequentemente de sentimentos afins, como a percepção de que muitas outras pessoas enfrentam dificuldades e sofrimentos iguais aos seus. Pesquisas revelam que a autocompaixão[19] reduz o estresse e a autocrítica e aumenta a resiliência e a autoestima. Autocompaixão não é ter pena de si mesmo nem se comprazer com a própria impotência; o pior que pode acontecer é torná-lo mais seguro. No entanto, muita gente que acha fácil sentir compaixão pelos outros pode achar difícil sentir compaixão por si próprio. Antes de se abrir à autocompaixão, pode ser útil fazer um aquecimento prévio com a prática de sentir que gostam de você que se encontra no início desta seção, "Ligação".

T *Observe quando você já abrigar sentimentos de ternura, amparo ou compaixão com relação a si próprio. Crie também um sentimento de autocompaixão estendendo deliberadamente a ternura e os desejos sinceros a si próprio. Identifique algumas das condições em que você esteja magoado, sobrecarregado ou estressado, inclusive por motivos triviais. Como se sentiria com relação a um amigo que estivesse passando pela mesma experiência? Provavelmente teria uma atitude compreensiva e atenciosa e desejaria que o amigo não sofresse, por mais sutil que seu comportamento fosse. Você é capaz de se sentir assim com relação a si próprio?*

E *Abra-se à autocompaixão e deixe que ela tome conta de você. Ajude-a a durar e a se tornar mais intensa. Observe se existe qualquer resistência à autocompaixão e tente criar espaço para ela em seu coração. Mentalmente ou em voz alta, diga frases compassivas a si mesmo, como: "Gostaria de me sentir melhor. Espero que este sofrimento passe." Você pode ser específico e dizer a si mesmo algo do tipo: "Espero encontrar um emprego logo", "Vou ser amado novamente", ou "Espero que a quimioterapia dê resultado." Continue recorrendo à autocompaixão, não deixe que as dificuldades ou o sofrimento assumam o controle da sua vida. Concretize essa experiência pondo a mão no coração ou* *no rosto, ou batendo suavemente no seu braço, como faria no braço de um amigo necessitado.*

A *Sinta a autocompaixão penetrando-o, tornando-se parte de você, um recurso interior que você leva aonde quer que vá. Perceba internamente uma ternura crescente para com você mesmo e uma doçura, um afeto e uma energia agindo em seu próprio benefício. À medida que a autocompaixão se espalha dentro de você, veja se é capaz de perceber uma tranquilidade e uma paz crescentes em seus relacionamentos.*

A *Tenha consciência da autocompaixão* juntamente *com a autocrítica (ou outra tensão ou dor como uma dor de cabeça, uma mágoa ou uma perda). Imagine ou sinta que a autocompaixão está se conectando com a autocrítica, pondo suavemente em perspectiva tudo o que aconteceu, atenuando qualquer voz interior severa. Deixe que a percepção de que muitas outras pessoas também têm defeitos iguais aos seus alivie qualquer sentimento de vergonha. Imagine que instâncias suas que remetem ao passado estão recebendo compaixão, estão sendo objeto de uma carinhosa e simpática atenção. Em seguida, livre-se de qualquer elemento negativo e simplesmente sinta autocompaixão. Algumas vezes ao longo da próxima hora, pense apenas em elementos neutros ou positivos – como a autocompaixão –, enquanto também traz à mente um elemento desencadeador neutro do sentimento de autocrítica.*

Sentir-se uma pessoa boa

Todo o mundo possui atributos louváveis como paciência, determinação, integridade, clemência, honestidade, bondade e amor (consulte a página 97 no capítulo 6). Identificar esses atributos em si mesmo significa simplesmente ver a realidade tal como ela é; é como identificar alimentos de qualidade no armário ou a bondade nos outros. Mesmo que você, assim como eu, tenha feito coisas merecedoras de arrependimento, elas não eliminam seus atributos louváveis; você continua sendo uma pessoa fundamentalmente boa. Infelizmente, muitas pessoas têm dificuldade de sentir isso. Porém, se incorporar com regularidade o sentimento de que é uma pessoa boa, você se sentirá mais tranquilo internamente com relação a isso e mais confiante quando lidar com os outros.

T *Observe se está presente qualquer sensação subjacente de que você é uma pessoa boa, como a percepção, em segundo plano, de ser alguém basicamente honesto. Ou crie essa experiência. Escolha um traço desejável de personalidade que você sabe que possui — pode ser a persistência, o desejo de justiça ou um coração generoso — e pense em outros exemplos disso. Fique atento aos obstáculos que impedem o reconhecimento de que esse atributo positivo é real, como a lembrança de exceções a ele; livre-se deles e, em seguida, retome as situações em que esse atributo positivo representa, de fato, um retrato fiel de você. Perceba qualquer sentimento ou sensação relacionado com o atributo positivo. Pense de que forma esse elemento seu beneficia os outros. Permita-se ficar contente por possuir esse atributo.*

Repita esse procedimento com alguns outros atributos positivos que você possui. Em seguida, no decorrer do dia, observe alguns de seus desejos sinceros com relação aos outros e seus atributos positivos em ação. Deixe que a identificação das boas intenções e das ações específicas se transforme numa percepção mais generalizada da bondade que existe em você, além de o deixar cada vez mais convencido de que é uma pessoa boa.

E *Abra-se para uma percepção da bondade que existe em você, da sua verdadeira e natural amabilidade, decência, integridade, responsabilidade e perseverança, além de outros atributos lou-*

váveis. Você aprecia esses atributos? Retenha a experiência da sua bondade. Proteja-a, construa um altar para ela em sua mente. Tenha a certeza de que não precisa ser especial para ser uma pessoa boa. Acalme-se, quem sabe ficando aliviado ou alegre por se sentir uma pessoa boa. Deixe a sensação de bondade invadi-lo. Concretize essa experiência permitindo que a bondade se estampe em seu rosto. Sente, levante, caminhe e converse sentindo-se como uma pessoa boa. Anote sempre as coisas boas que fizer para os outros.

A *Sinta a bondade se espalhando internamente como o calor ou como a luz, tornando-se parte de você. Perceba a convicção crescente em sua mente de que você é uma pessoa boa. Imagine-se em situações ou relacionamentos desafiadores enquanto experimenta uma sensação profunda de sua bondade, e então permita que esse modo de ser penetre em você. Quando sente e reconhece o bem que existe em você, não precisa agir com raiva ou vergonha, nem se apegar ao consolo vindo dos outros.*

A *Tome consciência* tanto *da sua bondade* como *de qualquer vergonha (ou sentimentos afins de ser corrompido moralmente, portador de síndrome pós-traumática, antipático, defeituoso, de estar condenado ou de ser uma má pessoa). Continue demonstrando uma compreensão clara da sua bondade, incluindo facetas dela como generosidade, decência e boas intenções. Saiba que tudo o que existe de bom em você pode ser ocultado, mas nunca perdido. Sinta que o que há de bom em você está entrando em contato com a vergonha e com os sentimentos relacionados a ela, trazendo luz e calor para dentro deles como o sol nascente entrando em contato com as sombras mais escuras. Sinta a bondade dentro de você, enquanto toma consciência das instâncias internas que pareçam desprezíveis ou incômodas. Quando quiser, afaste da mente o elemento negativo e simplesmente con-*

fie nos sentimentos de bondade, como o desejo de que os outros tenham sucesso. Algumas vezes ao longo da próxima hora, pense apenas em elementos neutros ou positivos – como o sentimento de ser uma pessoa boa –, enquanto também traz à mente um elemento desencadeador neutro da vergonha ou de sentimentos afins.

Assertividade compassiva

É natural haver necessidades e desejos em nossos relacionamentos. Se não os defendermos, é menos provável que eles sejam satisfeitos. Porém, se pressionarmos para alcançá-los sem levar em conta o outro, também é menos provável que eles sejam satisfeitos, especialmente com o passar do tempo. Assertividade compassiva é quando a afeição e a determinação se juntam, os dois pilares de um relacionamento saudável. Você passa então a agir com integridade e a desejar o melhor ao outro, sem deixar de dar atenção a si mesmo. Você preserva seus limites, diz o que tem de dizer e, se preciso, diz novamente. É capaz de se comunicar com dignidade e seriedade sem se envolver em discussões inúteis. É afetuoso, embora não abra mão dos seus direitos nem se deixe explorar. Toda vez que você exibe a *combinação* de compaixão e assertividade, aumenta sua capacidade de ser direto, transparente e espontâneo com os outros. E, à medida que se sente mais seguro, mais independente e autônomo, você se sente ainda mais à vontade numa situação de profunda intimidade.

T *Perceba as situações em que já se sente assertivo. Ao longo do dia, fique atento às ocasiões em que você é claro, firme, persuasivo ou completamente explícito. Perceba sua reação, especialmente se for favorável. Note que os outros geralmente recebem bem sua assertividade. Perceba, em particular, quando a boa vontade e o poder estiverem presentes em seu coração, sua reação a isso, e quais as consequências para os seus relacionamentos. Crie* *também a combinação de compaixão e assertividade. Lembre-se de uma ocasião em que tenha se sentido carinhoso e determinado. Ou se imagine agindo assim num relacionamento e como se sentiria. Você pode pensar em alguém de quem gosta e que respeita que seja afetuoso sem por isso perder, por um instante, sua individualidade; e então imaginar como seria se você se parecesse um pouco mais com essa pessoa.*

E *Retenha a sensação de carinho e de assertividade. Deixe que ela ocupe seus braços, seu peito e seu rosto. Respire profundamente. Ajude essa sensação a criar raízes dentro de você. Em sua própria mente, lute pelo seu direito de se defender. Saiba que você tem direitos que lhe são próprios, e que se os outros ficam satisfeitos ou não isso depende principalmente deles, não de você. Lembre ou imagine a sensação de ser ao mesmo tempo afetuoso com alguém e de se sentir à vontade para se expressar de maneira completamente explícita. Concretize essa experiência permitindo que a dignidade e a autoridade transpareçam em seu rosto e em sua voz, ao mesmo tempo que se mostra afetuoso e gentil.*

A *Deixe que a sensação de assertividade compassiva penetre em você. Deixe-se remodelar em torno desse novo modo de ser. À medida que se sentir mais descontraído e independente em seus relacionamentos, e também mais compassivo neles, permita-se sentir mais em paz com os outros, mais centrado e equilibrado. Afaste de si todo sentimento de privação ou de disputa.*

A *Tome consciência tanto da assertividade compassiva como de qualquer sensação de fragilidade nos relacionamentos (ou dos sentimentos afins de estar sendo esmagado, dominado, silenciado ou marginalizado). Mantenha a combinação de determinação e afeto no primeiro plano da consciência, conectando-se gradativamente com qualquer sentimento de fragilidade no segundo* *plano da consciência. Deixe que a determinação criadora alcance as estâncias internas que pareciam frágeis e derrotadas e entre em contato com elas, inclusive aquelas que remetem a um passado distante. Quando quiser, afaste da mente qualquer elemento negativo e simplesmente confie no sentimento de assertividade compassiva. Algumas vezes ao longo da próxima hora, pense apenas em elementos neutros ou positivos – como o sentimento de assertividade compassiva –, enquanto também traz à mente um elemento desencadeador neutro da sensação de fragilidade nos relacionamentos.*

Amor

O amor é um sentimento profundo, poderoso e muitas vezes intenso de afeto, generosidade, delicadeza e compromisso. Ele geralmente se aplica aos outros, embora seja possível sentir amor pela natureza, pelo conjunto da humanidade, por Deus (seja qual for a forma que você sinta ou imagine isso) e por si mesmo. Quer você se sinta uma pessoa amada ou uma pessoa amorosa, amor é amor, esteja ele entrando ou saindo de você. Quando você confia no amor, todos os complexos problemas do desejo e da dependência afetiva podem ficar mais fáceis de resolver e de desaparecer.

T *Descubra um sentimento de ligação com pessoas que gostem de você e lhe queiram bem que já esteja presente em sua consciência. Pode ser a sensação de que alguém o ama. Descubra também a ternura que já existe dentro de você, os bons sentimentos pelos outros no primeiro ou no segundo plano da consciência. Fique atento a qualquer sensação, já presente, de cuidado, proteção, amparo ou afeto. Talvez você já tenha alguém em mente, e, em meio ao conjunto de pensamentos e sentimentos relacionados a ela, o amor esteja presente.*

Crie também a sensação de ser amado lembrando-se de alguém que o ama ou o amou. Lembre quando esteve com essa pessoa ou imagine que está com ela. Enxergue seu rosto. Tenha consciência do amor por você que ela traz no coração. Permita-se viver a experiência de ser amado. Pense nas pessoas que o amaram ao longo dos anos ou ainda o amam e deixe que penetre cada vez mais em você a certeza de que é amado. (Se quiser, inclua animais de estimação ou seres espirituais.) Traga à mente uma faixa mais ampla de relacionamentos, compenetrando-se do fato de que uma grande quantidade de pessoas o acolheram, gostaram de você ou lhe foram gratas. De uma forma ainda mais ampla, explore a sensação de estar ligado à humanidade, à natureza e ao universo, reconhecendo seu próprio lugar, que faz parte de um todo maior, e tendo consciência disso.

Tente descobrir a percepção de já se sentir suficientemente amado. É normal querer ter mais amor e, ao mesmo tempo, se permitir sentir-se suficientemente *amado. Desse modo você não precisa ir em busca do amor nem tentar influenciar o que está acontecendo na mente dos outros para que eles pensem que você é demais ou queiram estar com você ou amá-lo. A sensação de estresse ou de preocupação com relação ao amor vai desaparecendo, junto com sofrimentos, perdas e saudades.*

Crie a sensação de ser amoroso lembrando-se de alguém que você ama. Pense em quem você ama, estima ou em alguém de quem gosta. Pense nas pessoas por quem sente compaixão. Pense nas pessoas cuja presença o deixa feliz. Estimule o próprio sentimento do amor. Sinta que o amor está fluindo de você.

E *Abra-se à sensação de se sentir amado, ajude-a a durar, a crescer e a se tornar mais plena em você. Abra-se à sensação de se sentir carinhoso, com a ternura, a generosidade e os desejos sinceros se irradiando de você. Deixe que as sensações de se sentir amado e de se sentir carinhoso se juntem num sentimento único de* *amor. Um amor que o purifica por dentro e por fora. Existindo simplesmente como amor. Se quiser, reflita sobre o amor; faça dele seu objeto de atenção e de interesse. Descubra como é respirar, sentar, caminhar, olhar, tocar, falar ou agir com amor.*

A *Sinta e saiba que o amor está se expandindo dentro de você. Deixe que sua mente dependa do amor e assuma sua forma. Imagine como seria viver de amor e deixe essa sensação penetrá-lo. À medida que você se transforma no amor e o amor se transforma em você, não existe motivo para haver um apego exagerado ou qualquer outro transtorno em seus relacionamentos.*

A *Sinta o amor no primeiro plano da consciência, bem como qualquer mágoa (ou sentimentos afins como raiva) no segundo plano. Deixe que o amor entre em contato com a mágoa e a alivie. Inspirando e expirando amor, sinta que ele alcança as regiões internas que não se sentiam devidamente amadas. Veja se consegue pensar que essas regiões estão recebendo amor e se acalmando. Quando quiser, afaste da mente qualquer elemento negativo e fique com o amor. Algumas vezes ao longo da próxima hora, pense apenas em elementos neutros ou positivos — como o sentimento de amor —, enquanto também traz à mente um elemento desencadeador neutro do sentimento de mágoa.*

Portanto, nos dias que virão, confie no amor. De maneira admirável, mais do que qualquer outro tipo de experiência, o amor é a chave de tudo o que existe em você: do estado de repouso do seu cérebro, da sua força interior, da sua paz e da sua própria boa índole. Quando você ama sem restrição, os efeitos desse amor acabam repercutindo nos outros conhecidos e desconhecidos, ajudando a que eles e você encontrem a chave da felicidade.

Posfácio

Como espero que você tenha descoberto, incorporar o que é bom pode ser algo muito eficaz. Além disso, essa prática traz consequências que extrapolam o indivíduo e têm alcance mundial.

Embora o modo reativo do cérebro tenha funcionado muito bem para garantir a sobrevivência da espécie durante a maior parte da história humana, hoje ele está exercendo pressão sobre todo o planeta. Durante mais de 99% dos últimos 60 milhões de anos, nossos ancestrais humanos e primatas viveram em pequenos grupos de caçadores e coletores nos quais para sobreviver era preciso se identificar com "nós"[1] e desconfiar "deles", muitas vezes atacando-os. Hoje essas tendências reativas alimentam conflitos entre grupos políticos, étnicos e religiosos e tensões e agressões entre povos. O fato de ter virado um clichê não o torna menos alarmante: nós armamos um cérebro da Idade da Pedra com armas nucleares. Enquanto isso, o temível, ganancioso e autocentrado cenário reativo do cérebro promove uma espécie de banquete pantagruélico com os recursos finitos da Terra que está causando desflorestamento, extinções em massa de espécies e aquecimento global.

As condições objetivas em que viviam nossos ancestrais primatas e humanos geralmente obrigavam seus cérebros a acender o alerta vermelho, passando para o cenário reativo. Eles não tinham como atender, de forma constante e confiável, a suas necessidades básicas de segurança, satisfação e ligação. Atualmente, porém, a espécie humana dispõe dos recursos e do conhecimento para proteger, alimentar e cuidar de cada pessoa. Basta querer. Como nunca houve essa possibilidade antes, está levando um certo tempo para que a nova realidade seja absorvida. O modo como administrarmos essa oportunidade sem precedente é que determinará o roteiro principal do próximo século, se não do próximo milênio.

Para aproveitar essa oportunidade, não basta simplesmente melhorar as condições externas como o acesso à água potável ou à educação, por mais importante que elas sejam. Já faz ao menos uma geração que é possível atender às necessidades básicas de cada indivíduo; no entanto, isso não foi feito, e ainda existe muita pobreza e injustiça no mundo. Mesmo em países desenvolvidos como os Estados Unidos ainda continua existindo muito medo, frustração e sofrimento no dia a dia. Dada a predisposição do cérebro de entrar no cenário vermelho, precisamos melhorar também as condições internas, dentro da mente, desenvolvendo forças interiores e a percepção profundamente arraigada que temos hoje de que as necessidades básicas já foram atendidas. Desse modo, não ficaremos tão vulneráveis às manipulações mercantilistas e políticas que agem apenas quando existe uma sensação implícita de penúria ou de inquietação.

Imagine um mundo em que uma massa crítica de cérebros humanos – 100 milhões? Um bilhão? Mais? – passe a maior parte do dia, ou quem sabe o dia inteiro, no modo receptivo. Chegaríamos finalmente a um estado crítico e haveria uma mudança qualitativa no curso da história humana. As pessoas continuariam a trancar a porta à noite, a correr atrás do lucro e a discordar umas das outras e competir entre si. Ainda precisariam ser guiadas por valores e virtudes. Mas as antiquadas labaredas internas do medo, da frustração e da angústia estariam soterradas ou extintas por falta de combustível. Lembre-se como você se sente quando está desfrutando uma

POSFÁCIO 225

sensação básica de paz, de contentamento e de amor. Lembre-se como é conviver com outras pessoas que também se encontram na mesma situação. Imagine como seriam sua família, seu local de trabalho e sua comunidade, também, se a maioria dos seus integrantes estivesse concentrada no modo receptivo – o cenário verde – do cérebro. Avance um pouco mais e imagine como as empresas tratariam seus funcionários, como os governos funcionariam e como as nações poderiam se relacionar entre si.

Essa não é uma visão utópica. O modo receptivo do cérebro é nossa base de operações. Pelo nosso bem e pelo bem dos filhos dos nossos filhos, espero que retornemos à base em breve.

Notas

Agradecimentos

1. Robert Emmons, *Thanks! How the Science of Gratitude Can Make You Happier* (Nova York: Houghton Mifflin Harcourt, 2007).

2. Frederic Luskin et al., "A Controlled Pilot Study of Stress Management Training of Elderly Patients with Congestive Heart Failure", *Preventive Cardiology* 5 (2002): 168-174.

3. Fred B. Bryant et al., "Understanding the Processes That Regulate Positive Emotional Experience: Unsolved Problems and Future Directions for Theory and Research on Savoring", *International Journal of Wellbeing* 1, nº 1 (2011): 107-126; Bryant et al., "Using the Past to Enhance the Present: Boosting Happiness Through Positive Reminiscence", *Journal of Happiness Studies* 6 (2005): 227-260; Bryant, "A Four-Factor Model of Perceived Control: Avoiding, Coping, Obtaining, and Savoring", *Journal of Personality* 57, nº 4 (1989): 773-797.

4. Nancy S. Fagley, "Appreciation Uniquely Predicts Life Satisfaction Above Demographics, the Big 5 Personality Factors, and Gratitude", *Personality and Individual Differences* 53 (2012): 59-63.

5. Fred Bryant e Joseph Veroff, *Savoring: a New Model of Positive Experience* (Mahwah, N.J.: Lawrence Erlbaum Associates, Inc., 2007).

6. Jordi Quoidbach et al., "Positive Emotion Regulation and Well-Being: Comparing the Impact of Eight Savoring and Dampening Strategies", *Personality and Individual Differences* 49, nº 5 (2010): 368-373.

228   O CÉREBRO E A FELICIDADE

7. Bryant et al., "Understanding the Processes that Regulate Positive Emotional Experience".

8. Brian Toomey e Bruce Ecker, "Competing Visions of the Implications of Neuroscience for Psychotherapy", *Journal of Constructivist Psychology* 22 (2009): 95-140: Ecker e Toomey, "Depotentiation of Symptom-Producing Implicit Memory in Coherence Therapy", *Journal of Constructivist Psychology* 21, nº 2 (2008): 87-150; Ecker e L. Hulley, *Depth Oriented Brief Therapy: How to Be Brief When You Were Trained to Be Deep, and Vice Versa* (São Francisco: Jossey-Bass, 1996).

9. Abraham Maslow, *The Farther Reaches of Human Nature* (Nova York: Penguin, 1993).

10. Roger Walsh, "Lifestyle and Menthal Health", *American Psychologist* 66 (2011): 579-592; Walsh, "The Meeting of Meditative Disciplines and Western Psychology", *American Psychologist* 61 (2006): 227-239.

11. Martin Seligman, *Flourish: a Visionary New Understanding of Happiness and Well-Being* (Nova York: Free Press, 2011): Seligman, *Learned Optimism: How to Change Your Mind and Your Life* (Nova York: Vintage, 2006).

12. Christopher Peterson et al., "Strengths of Character, Orientations to Happiness, and Life Satisfaction", *The Journal of Positive Psychology* 2, nº 3 (2007): 149-156.

13. Nansook Park, "Character Strengths: Research and Practice", *Journal of College & Character* 10, nº 4 (2009): 1-10.

14. Shauna Shapiro, "Mindfulness and Psychotherapy", *Journal of Clinical Psychology* 65 (2009): 1-6.

15. Barbara Fredrickson, *Positivity: Top-Notch Research Reveals the 3 to 1 Ratio That Will Change Your Life* (Nova York: Three Rivers Press, 2009).

16. Sonja Lyubomirsky, *The How of Happiness: a New Approach to Getting the Life You Want* (Nova York: Penguin Press, 2008).

17. Michele Tugade, *Positive emotions and Coping: Examining Dual-Process Models of Resilience*, em S. Folkman (org.), *Oxford Handbook of Stress, Health, and Coping* (Nova York: Oxford University Press, 2011), pp. 186-99.

18. Todd Kashdan, *Curious? Discover the Missing Ingredient to a Fulfilling Life* (Nova York: William Morrow, 2009).

19. Dacher Keltner, *Born to Be Good: the Science of a Meaningful Life* (Nova York: W. W. Norton & Company, Inc., 2009).

NOTAS   *229*

20. Robert Emmons, *Thanks!* (Nova York: Houghton Mifflin Harcourt, 2007).

21. Michael McCullough et al., "Is Gratitude a Moral Affect?", *Psychological Bulletin* 127, nº 2 (2001): 249-266.

22. William A. Cunningham e Tobias Brosch, "Motivational Salience: Amygdala Tuning from Traits, Needs, Values, and Goals", *Current Directions in Psychological Science* 21, nº 1 (2012): 54-59.

Capítulo 1: Cultive o que é bom

FORÇAS INTERIORES

1. Stephen M. Southwick e Dennis S. Charney, "The Science of Resilience: Implications for the Prevention and Treatment of Depression", *Science* 338 (2012): 79-82.

2. Adaptei o modelo de "estresse-diátese" que é usado no tratamento de saúde e na pesquisa sobre o estresse e suas consequências.

3. Michael A. Cohn et al., "Happiness Unpacked: Positive Emotions Increase Life Satisfaction by Building Resilience", *Emotion* 9 (2009): 361-368; Greg C. Feldman et al., "Responses to Positive Affect: a Self-Report Measure of Rumination and Dampening", *Cognitive Therapy and Research* 32, nº 4 (2008): 507-525; Tugade e Fredrikson, "Regulation of Positive Emotions: Emotion Regulation Strategies That Promote Resilience", *Journal of Happiness Studies* 8 (2007): 311-333.

4. Lyubomirsky et al., "Pursuing Happiness: the Architecture of Sustainable Change", *Review of General Psychology* 9, nº 2 (2005): 111-131.

5. Ed Diener e Micaela Y. Chan, "Happy People Live Longer: Subjective Well-Being Contributes to Health and Longevity", *Applied Psychophysiology* 3, nº 1 (2011): 1-43; Fredrikson et al., "Open Hearts Build Lives: Positive Emotions, Induced Through Loving-Kindness Meditation, Build Consequential Personal Resources", *Journal of Personality and Social Psychology* 95, nº 5 (2008): 1045-1062; Y. Chida e A. Steptoe, "Positive Psychological Well-Being and Mortality: a Quantitative Review of Prospective Observational Studies", *Psychosomatic Medicine* 70, nº 7 (2008): 741-756; S. Pressman e S. Cohen, "Does Positive Affect Influence Health?", *Psychological Bulletin* 131 (2005): 925-971.

6. Essa é uma estimativa razoável. Para contextualizar, consulte os ensaios: Tena Vukasovic et al., "Genetic Contribution to the Individual Differences in Subjective Well-Being: a Meta-Analysis", *Journal for General Social Issues* 21 (2012): 1-17; Southwick e Charney, "The Science of Resilience".

NO JARDIM

7. Existe uma quarta opção – transcender a mente –, na qual você se afasta inteiramente da estrutura mental e cerebral, conectando-se a algo divino, espiritual ou absoluto, se isso fizer sentido para você (para mim faz). Naturalmente, como por definição essa não é propriamente uma forma de *administrar* a mente, eu respeito essa possibilidade no livro, mas me mantenho dentro dos limites da estrutura do mundo real.

NEUROPLASTICIDADE DEPENDENTE DA EXPERIÊNCIA

8. Eric R. Kandel, *In Search of Memory: the Emergence of a New Science of Mind* (Nova York: W. W. Norton & Company, 2007); Joseph E. LeDoux, *Synaptic Self: How Our Brains Become Who We Are* (Nova York: Penguin Books, 2003).

9. Victoria Ho et al., "The Cell Biology of Synaptic Mechanisms for Plasticity in Neocortex", *Annual Review of Neuroscience* 32 (2009): 33-55; Gianluigi Mongillo et al., "Synaptic Theory of Working Memory", *Science* 319 (2008): 1543-1546.

10. Glen O. Gabbard, "A Neurobiologically Informed Perspective of Psychotherapy", *British Journal of Psychiatry* 177 (2000): 117-122; Kandel, *In Search of Memory*.

11. Kandel, "A New Intellectual Framework for Psychiatry", *American Journal of Psychiatry* 155 (1998): 457-469.

12. Eleanor Maguire et al., "Navigation-Related Structural Change in the Hippocampi of Taxi Drivers", *National Academy of Sciences* 87 (2000): 4398-4403.

13. Acima da base do cérebro, embora haja apenas um hipotálamo e uma glândula pituitária, a maioria dos componentes do cérebro aparece em pares, um do lado esquerdo e um do lado direito, inclusive o hipocampo e a ínsula. Infelizmente, como o acordo confuso dentro da neurociência fez com que passássemos a nos referir a esses componentes duplos no singular (o hipocampo, p. ex.), adotarei também essa convenção.

14. Eileen Luders et al., "The Underlying Anatomical Correlates of Long-Term Meditation: Larger Hippocampal and Frontal Volumes of Gray Matter", *NeuroImage* 45 (2009): 672-678; Sara Lazar et al., "Meditation Experience Is Associated with Increased Cortical Thickness", *Neuroreport* 16 (2005): 1893-1897.

15. Britta Holzel et al., "Investigation of Mindfulness Meditation Practitioners with Voxel-Based Morphometry", *Social Cognitive and Affective Neuroscience* 3 (2008): 55-61; Lazar et al., "Meditation Experience".

NOTAS

16. Luders et al., "Anatomical Correlates of Long-Term Meditation"; Holzel et al., "Investigation of Mindfulness Meditation".

17. Jeffery Dusek et al., "Genomic Counter-Stress Changes Induced by the Relaxation Response", *PLoS One* 3 (2008); e2576.

AS EXPERIÊNCIAS MAIS ADEQUADAS PARA VOCÊ

18. Southwick e Charney, "The Science of Resilience".

Capítulo 2: Velcro para as coisas ruins

UM CÉREBRO EM EVOLUÇÃO

1. As datas nessa seção são aproximadas.

2. Scott W. Emmons, "The Mood of a Worm", *Science* 338 (2012): 475-476.

3. Elizabeth Pennisi, "Nervous System May Have Evolved Twice", *Science* 339 (2013): 391.

4. Existe certa discordância entre os acadêmicos a respeito dessa datação, dependendo do modo como mamíferos e primatas são classificados.

5. Shannon McPherron et al., "Evidence for Stone-Tool Assisted Consumption of Animal Tissues Before 3.39 Million Years Ago at Dikika, Ethiopia", *Nature* 446 (2010): 857-860; Semaw et al., "2.5-Million-Year-Old Stone Tools from Gona, Ethiopia", *Nature* 385 (1997): 333-336.

6. Michael Balter, "New Light on Revolutions That Weren't", *Science* 336 (2012): 530-561.

7. Esse é um assunto vasto. Para uma amostra das pesquisas que servem de base a ele, ver Pierre-Yves Placais e Thomas Preat, "To Favor Survival Under Food Shortage, the Brain Disables Costly Memory", *Science* 339 (2013): 440-442; Linda Palmer e Gary Lynch, "A Kantian View of Space", *Science* 328 (2010): 1487-1488; Tobias Esch e George B. Stefano, "The Neurobiology of Stress Management", *"Neuroendocrinology Letters* 31, nº 1 (2010): 19-39.

8. Pontus Skoglund et al., "Origins and Genetic Legacy of Neolithic Farmers and Hunter-Gatherers in Europe", *Science* 336 (2012): 466-469.

9. Jung-Kyoo Choi e Samuel Bowles, "The Coevolution of Parochial Altruism and War", *Science* 318 (2007): 636-640.

AS COISAS RUINS SÃO MAIS FORTES QUE AS BOAS

10. O título dessa seção foi extraído do ensaio "Bad Is Stronger Than Good", de Roy Baumeister et al., *Review of General Psychology* 5 (2001): 323-370.

11. Eldad Yechiam e Guy Hochman, "Losses as Modulators of Attention: Review and Analysis of the Unique Effects of Losses Over Gains", *Psychological Bulletin* 139, nº 2 (2013): 497-518.

12. Baumeister et al., "Bad Is Stronger Than Good"; Paul Rozin e Edward Royzman, "Negativity Bias, Negativity Dominance, and Contagion", *Personality & Social Psychology Review* 5 (2001): 296-320.

13. Baumeister et al., "Bad Is Stronger Than Good"; Rozyn e Royzman, "Negativity Bias".

14. J. S. Morris et al., "A Differential Neural Response in the Human Amygdala to Fearful and Happy Facial Expressions", *Nature* 383 (1996): 812-815.

15. J. S. Morris et al., "Conscious and Unconscious Emotional Learning in the Human Amygdala", *Nature* 393 (1998): 467-470.

16. Daniel Kahnemann e Amos Tversky, "Prospect Theory: an Analysis of Decision Under Risk", *Econometrica* 47, nº 2 (1979): 163-292; Yechiam e Hochman, "Losses as Modulators of Attention".

17. John Gottman, *Why Marriages Succeed or Fail: and How You Can Make Yours Last* (Nova York: Simon & Schuster, 1995).

18. Fredrikson, *Positivity*.

19. Rozin e Royzman, "Negativity Bias".

20. Baumeister et al., "Bad Is Stronger Than Good".

21. Cunningham e Brosch, "Motivational Salience"; Israel Liberzon et al., "Extended Amygdala and Emotional Salience: A PET Activation Study of Positive and Negative Affect", *Neuropsychopharmacology* 28, nº 4 (2003): 726-733; Stephan B. Hamann et al., "Ecstasy and Agony: Activation of the Human Amygdala in Positive and Negative Emotion", *Psychological Science* 13, nº 2 (2002): 135-141; Hugh Garavan et al., "Amygdala Response to Both Positively and Negatively Valenced Stimuli", *Neuroreport* 12, nº 12 (2001): 2779-2783.

22. Cunningham et al., "Neural Correlates of Evaluation Associated with Promotion and Prevention Regulatory Focus", *Cognitive, Affective, and Behavioral Neuroscience* 5, nº 2 (2005): 202-211; Andrew J. Calder et al., "Neuropsychology of Fear and Loathing", *Nature* 2 (2001): 353-363.

NOTAS

23. Hugo D. Critchley, "Neural Mechanisms of Autonomic, Affective, and Cognitive Integration", *Journal of Comparative Neurology* 493 (2005): 154-166.

24. Guestavo Morrone Parfitt et al., "Moderate Stress Enhances Memory Persistence: Are Adrenergic Mechanisms Involved?", *Behavioral Neuroscience* 126, nº 5 (2012): 729-730.

25. E. D. Kirby et al., "Basolateral Amygdala Regulation of Adult Hippocampal Neurogenesis and Fear-Related Activation of Newborn Neurons", *Molecular Psychiatry* 17 (2012): 527-536.

CÍRCULOS VICIOSOS

26. Bruce McEwen e Peter Gianaros, "Stress- and Allostasis-Induced Brain Plasticity", *Annual Review of Medicine* 62 (2011): 431-435.

27. McEwen e Gianaros, "Stress- and Allostasis-Induced Brain Plasticity"; Poul Videbech e Barbara Ravnkilde, "Hippocampal Volume and Depression: a Meta-Analysis of MRI Studies", *American Journal of Psychiatry* 161, nº 11 (2004): 1957-1966; Stephanie Campbell et al., "Lower Hippocampal Volume in Patients Suffering from Depression: a Meta-Analysis", *American Journal of Psychiatry* 161, nº 4 (2001): 598-607.

28. McEwen e Gianaros, "Stress- and Allostasis-Induced Brain Plasticity".

PARANOIA DO TIGRE DE PAPEL

29. Tali Sharot, *The Optimism Bias: a Tour of the Irrationally Positive Brain* (Nova York: Vintage, 2011).

30. Deborah Kermer et al., "Loss Aversion Is an Affective Forecasting Error", *Psychological Science* 17, nº 8 (2006): 649-653; Baumeister et al., "Bad Is Stronger Than Good"; Rozin e Royzman, "Negativity Bias".

31. Nadine Gogolla et al., "Perineuronal Nets Protect Fear Memories from Erasure", *Science* 325 (2009): 1258-1261.

VELCRO E TEFLON

32. Daniel L. Schachter, *The Seven Sins of Memory: How the Mind Forgets and Remembers* (Nova York: Houghton Mifflin Harcourt Books, 2002).

33. As forças interiores, bem como os sentimentos de imperfeição etc., que não se baseiam no aprendizado e na memória – em outras palavras, que não são *adquiridos* – baseiam-se em características e tendências *inatas* determinadas geneticamente.

234   O CÉREBRO E A FELICIDADE

34. Para as fontes das afirmações feitas nesse parágrafo, ver Baumeister et al., "Bad Is Stronger Than Good"; Rozin e Royzman, "Negativity Bias".

35. Seligman, *Learned Optimism*.

36. Seligman, *Learned Optimism*.

ESFORÇOS DESPERDIÇADOS

37. Algumas terapias representam exceções dignas de nota. Entre elas a terapia de foco (Eugene T. Gendlin, *Focusing* [Nova York: Random House, 1982]), EMDR [sigla em inglês para Dessensibilização e Reprocessamento por Movimentos Oculares] (Deborah L. Korn e Andrew M. Leeds, "Preliminary Evidence of Efficacy for EMDR Resource Development and Installation in the Stabilization Phase of Treatment of Complex Posttraumatic Stress Disorder", *Journal of Clinical Psychology* 58, nº 12 [2002]: 1465-1487); terapia de coerência (Toomey e Ecker, "Competing Visions"; Ecker e Toomey, "Depotentiation of Symptom-Producing Implicit Memory in Coherence Therapy"); e o broad minded affective coping [tratamento emocional responsivo] (Nicholas Terrier, "Broad Minded Affective Coping [BMAC]: a 'Positive' CBT Approach to Facilitating Positive Emotions", *International Journal of Cognitive Therapy* 31, nº 1 [2010]: 65-78.)

Capítulo 3: Cérebro verde e cérebro vermelho

OS TRÊS SISTEMAS OPERACIONAIS

1. Paul D. MacLean, *The Triune Brain in Evolution: Role in Paleocerebral Functions* (Nova York: Springer, 1990).

2. Jaak Panksepp, *Affective Neuroscience: the Foundations of Human and Animal Emotions* (Nova York: Oxford University Press, 1998); Panksepp, "Affective Consciousness: Core Emotional Feelings in Animals and Humans", *Consciousness & Cognition* 14, nº 1 (2005): 30-80; Jeffrey Burgdorf e Panksepp, "The Neurobiology of Positive Emotions", *Neuroscience and Biobehavioral Reviews* 30 (2006): 173-187.

3. Stephen W. Porges, *The Polyvagal Theory: Neurophysiological Foundations of Emotions, Attachment, Communication, and Self-Regulation* (Nova York: W. W. Norton & Company, 2011).

4. Paul Gilbert, "Introducing Compassion-Focused Therapy", *Advances in Psychiatric Treatment* 14 (2009): 199-208.

NOTAS

5. E. Tory Higgins, "Beyond Pleasure and Pain", *American Psychologist* 52, nº 12 (1997): 1280-1300.

O MODO RECEPTIVO

6. Porges, *The Polyvagal Theory*.

7. Waguih William IsHak et al., "Oxytocin's Role in Enhancing Well-Being: a Literature Review", *Journal of Affective Disorders* 130, nº 1 (2011): 1-9; Inga D. Neumann, "Brain Oxytocin: a Key Regulator of Emotional and Social Behaviours in Both Females and Males", *Journal of Neuroendocrinology* 20 (2008): 858-865.

8. Pawel K. Olszewski et al., "Oxytocin as Feeding Inhibitor: Maintaining Homestasis in Consummatory Behavior", *Pharmacology Biochemistry and Behavior* 97 (2010): 47-54; Esch e Stefano, "The Neurobiology of Stress Management".

9. Hugo D. Critchley e Yoko Nagai, "How Emotions Are Shaped by Bodily States", *Emotion Review* 4, nº 2 (2012): 163-168.

10. Critchley, "Neural Mechanisms".

11. Critchley, "Neural Mechanisms".

12. Panksepp, *Affective Neuroscience*.

É BOM ESTAR EM CASA

13. Ilia Karatsoreos e Bruce McEwen, "Psychobiological Allostasis: Resistance, Resilience, and Vulnerability", *Trends in Cognitive Sciences* 15, nº 12 (2011): 576-584; Porges, *The Polyvagal Theory*; Esch e Stefano, "The Neurobiology of Stress Management"; Panksepp, "Affective Consciousness"; Panksepp, *Affective Neuroscience*.

14. Esch e Stefano, "The Neurobiology of Stress Management".

15. Craig M. Becker et al., "Salutogenesis 30 Years Later: Where Do We Go From Here?" *International Electronic Journal Health Education* 13 (2010): 25-32.

16. Critchley, "Neural Mechanisms".

17. Olszewski et al., "Oxytocin as Feeding Inhibitor"; Panksepp, *Affective Neuroscience*.

18. Permanecer no modo receptivo, sentindo profundamente que suas necessidades básicas foram atendidas não significa, por si só, que você é uma pes-

236 O CÉREBRO E A FELICIDADE

soa iluminada. Para alcançar esse estágio, creio que também é necessário ser extremamente criterioso, virtuoso, amoroso e, possivelmente, ter recebido a graça. Entretanto, ao deixar de alimentar as "chamas" neuropsicológicas do ódio, da ganância (para utilizar uma linguagem budista) e do sofrimento – nos sistemas de evitação, de abordagem e de apego –, você não só defende uma conduta que favorece o envolvimento profundo com a prática religiosa ou espiritual e com as mais elevadas esferas do potencial humano como também afasta os obstáculos do caminho.

19. Douglas P. Fry, "Life Without War", *Science* 336 (2012): 879-884.

VELCRO PARA AS COISAS BOAS

20. William W. Seeley et al., "Dissociable Intrinsic Connectivity Networks for Salience Processing and Executive Control", *Journal of Neuroscience* 27 (2007): 2356-2359.

21. Wil Cunningham e Tabitha Kirkland, "The Joyful, Yet Balanced Amygdala: Moderated Responses to Positive But Not Negative Stimuli in Trait Happiness", *Social Cognitive and Affective Neuroscience* (5 de abril de 2013, publicação eletrônica anterior à impressão).

22. Cunningham e Kirkland, "Joyful Amygdala".

23. Cunningham e Brosch, "Motivational Salience"; Cunningham e Kirkland, "Joyful Amygdala".

24. Cunningham et al., "Neural Correlates of Evaluation".

25. Daniel J. Siegel, *The Mindful Brain* (Nova York: W. W. Norton & Company, 2007).

26. Cunningham e Kirkland, "Joyful Amygdala".

27. Cunningham e Kirkland, "Joyful Amygdala".

28. Douglas Roberts-Wolfe et al., "Mindfulness Training Alters Emotional Memory Recall Compared to Active Controls: Support for an Emotional Information Processing Model of Mindfulness", *Frontiers in Human Neuroscience* 6 (2012): 1-13.

O MODO REATIVO

29. Estou me referindo aos modos receptivo e reativo do cérebro de maneira dicotômica, compatível com as distinções categóricas feitas por estudiosos com referência às ativações homeostática/alostática e simpática/parassim-

NOTAS

pática. Na complexa e confusa biologia dos animais de verdade – entre os quais nos incluímos –, essas distinções não são tão nítidas, no sentido de que a qualquer momento pode ocorrer uma mistura de processos homeostático-receptivos e alostático-reativos. Geralmente, porém, essas categorias utilizadas pelos estudiosos são precisas e úteis. No jargão da teoria dos sistemas, os modos receptivo e reativo são "atratores estranhos" globais.

30. Bruce McEwen e Peter Gianaros, "Central Role of the Brain in Stress and Adaptation: Links to Socioeconomic Status, Health, and Disease", *Annals of the New York Academy of Sciences* 1186 (2010): 190-222.

31. McEwen e Gianaros, "Central Role of the Brain in Stress and Adaptation"; Robert Sapolsky, *Why Zebras Don't Get Ulcers* (Nova York: Holt Paperbacks, 2004).

32. Esch e Stefano, "The Neurobiology of Stress Management".

33. McEwen e Gianaros, "Stress- and Allostasis-Induced Brain Plasticity".

34. McEwen e Gianaros, "Central Role of the Brain in Stress and Adaptation"; Critchley, "Neural Mechanisms".

35. Esch e Stefano, "The Neurobiology of Stress Management".

36. Esch e Stefano, "The Neurobiology of Stress Management".

37. Byung Kook Lim et al., "Anhedonia Requires MC4R-Mediated Synaptic Adaptations in Nucleus Accumbens", *Nature* 487 (2012): 183-189.

38. Embora a depressão muitas vezes seja uma reação à perda (uma falência, p. ex.), e uma de suas características mais comuns seja a falta de prazer em coisas que anteriormente eram prazerosas – ambas estando relacionadas ao sistema de abordagem de recompensas –, ela também surge após o trauma (sistema de evitação) e após a rejeição ou humilhação (sistema de apego). Portanto, penso que a depressão envolve potencialmente todos os três sistemas operacionais, às vezes um mais do que os outros.

39. McEwen e Gianaros, "Central Role of the Brain in Stress and Adaptation".

40. Esch e Stefano, "The Neurobiology of Stress Management"; Paul H. Black, "The Inflammatory Response Is an Integral Part of the Stress Response: Implications for Atherosclerosis, Insulin Resistance, Type II Diabetes, and Metabolic Syndrome X", *Brain, Behavior, & Immunity* 17 (2003): 350-364; Black, "Stress and the Inflammatory Response: a Review of Neurogenic Inflammation", *Brain, Behavior, & Immunity* 16 (2002): 622-653.

41. McEwen, "Stress Adaptation, and Disease: Alostasis and Allostatic Load", *Annals of the New York Academy of Sciences* 840 (1998): 33-44.

238 O CÉREBRO E A FELICIDADE

42. McEwen e Gianaros, "Central Role of the Brain in Stress and Adaptation".

43. Agnieszka Mika et al., "Chronic Stress Impairs Prefrontal Cortex-Dependent Response Inhibition and Spatial Working Memory", *Behavioral Neuroscience* 126, nº 5 (2012): 605-619; Ronald S. Duman e George K. Aghajanian, "Synaptic Dysfunction in Depression: Potential Therapeutic Targets", *Science* 338 (2012): 68-72; Daniel J. Christoffel et al., "Structural and Synaptic Plasticity in Stress-Related Disorders", *Reviews in Neurosciences* 22, nº 5 (2011): 535-549; McEwen, "Protective and Damaging Effects of Stress Mediators: Central Role of the Brain", *Dialogues in Clinical Neuroscience* 8, nº 4 (2006): 367-381.

44. M. P. Leussis e S. L. Andersen, "Is Adolescence a Sensitive Period for Depression? Behavioral and Neuroanatomical Findings from a Social Stress Model", *Synapse* 62, nº 1 (2007): 22-30; Q. Wang et al., "Alterations of Myelin Basic Protein and Ultrastructure in the Limbic System at the Early Stage of Trauma-Related Stress Disorder in Dogs", *Journal of Trauma* 56, nº 3 (2004): 604-610.

45. McEwen e Gianaros, "Central Role of the Brain in Stress and Adaptation"; Esch e Stefano, "The Neurobiology of Stress Management".

46. E. L. van Donkelaar, "Stress-Mediated Decreases in Brain-Derived Neurotropic Factor as Potential Confounding Factor of Acute Tryptophan Depletion-Induced Neurochemical Effects", *Journal of the European College of Neuropsychopharmacology* 11 (2009): 812-821.

47. Jennifer N. Gutsell e Michael Inzlicht, "Empathy Constrained: Prejudice Predicts Reduced Mental Simulation of Actions During Observation of Outgroups", *Journal of Experimental Social Psychology* 46 (2010): 841-845; Xiaojin Xu et al., "Do You Feel My Pain? Racial Group Membership Modulates Empathic Neural Responses", *Journal of Neuroscience* 9, nº 26 (2009): 8525-8529; Lasana T. Harris e Susan T. Fiske, "Social Groups That Elicit Disgust Are Differentially Processed in mPFC", *Social Cognitive and Affective Neuroscience* 2 (2007): 45-51.

48. Charles Efferson et al., "The Coevolution of Cultural Groups and Ingroup Favoritism", *Science* 321 (2008): 1844-1849.

49. Christopher Boehm, "Ancestral Hierarchy and Conflict", *Science* 336 (2012): 844-847.

DESENVOLVA UMA PREDISPOSIÇÃO RECEPTIVA

50. Fredrikson et al., "What Good Are Positive Emotions in Crisis? A Prospective Study of Resilience and Emotions Following the Terrorist Attacks on

NOTAS 239

the U.S. on 9/11/01", *Journal of Personality and Social Psychology* 84, nº 2 (2003): 365-376; Fredrikson e Robert Levenson, "Positive Emotions Speed Recovery from the Cardiovascular Sequelae of Negative Emotions", *Psychology Press* 12 (1998): 191-220.

Capítulo 4: CURE a si mesmo

TORNE-SE UM *EXPERT* EM INCORPORAR O QUE É BOM

1. Bryant et al., "Understanding the Processes that Regulate Positive Emotional Experience".

2. Fredrikson et al., "What Good Are Positive Emotions in Crisis?"; Fredrikson e Levenson, "Positive Emotions Speed Recovery".

TESOUROS DO COTIDIANO

3. É claro que você pode fazer essa prática com mais frequência.

4. Trata-se de um provérbio tibetano.

Capítulo 5: Fique atento

A MÚSICA DA EXPERIÊNCIA

1. Fidelma Hanrahan et al., "A Meta-Analysis of Cognitive Therapy for Worry in Generalized Anxiety Disorder", *Clinical Psychology Review* 33, nº 1 (2013): 120-132; Bunmi O. Olatunji et al., "Cognitive-Behavioral Therapy for Obsessive-Compulsive Disorder: a Meta-Analysis of Treatment Outcome and Moderators", *Journal of Psychiatric Research* 47, nº 1 (2013): 33-41; Rebecca Gould et al., "Cognitive Behavioral Therapy for Depression in Older People: a Meta-Analysis and Meta-Regression of Randomized Controlled Trails", *Journal of the American Geriatrics Society* 60, nº 10 (2012): 1817-1830; Stefan G. Hofmann et al., "The Efficacy of Cognitive Behavioral Therapy: a Review of Meta-Analyses", *Cognitive Therapy and Research* 36, nº 5 (2012): 427-440.

2. Esch e Stefano, "The Neurobiology of Stress Management".

3. Elizabeth Broadbent et al., "A Brief Relaxation Intervention Reduces Stress and Improves Surgical Wound Healing Response: a Randomished Trial", *Brain, Behavior & Immunity* 26, nº 2 (2012): 212-217; Herbert Benson, *The Relaxation Response* (Nova York: HarperTorch, 2000).

240 O CÉREBRO E A FELICIDADE

4. Benson, *The Relaxation Response*.

5. Brian Rees, "Overview of Outcome Data of Potential Mediation Training for Soldier Resilience", *Military Medicine* 176, nº 11 (2011): 1232-1242; Dusek et al., "Genomic Counter-Stress"; Mary Karapetian Alvord e Judy Johnson Grados, "Enhancing Resilience in Children: a Proactive Approach", *Professional Psychology: Research and Practice* 36, nº 3 (2005): 238-245.

6. Benson, *The Relaxation Response*.

GOSTAR E QUERER

7. Kent C. Berridge et al., "The Tempted Brain Eats: Pleasure and Desire Circuits in Obesity and Eating Disorders", *ScienceDirect* 1350 (2010): 43-64; Berridge, "Wanting and Liking: Observations from the Neuroscience and Psychology Laboratory", *Inquiry* 52, nº 4 (2009): 378-398; S. Pecina e Berridge, "Hedonic Hot Spot in Nucleus Accumbens Shell: Where Do Mu-Opioids Cause Increased Impact of Sweetness?", *Journal of Neuroscience* 25, nº 50 (2005): 11777-11786; Berridge, "Food Reward: Brain Substrates of Wanting and Liking", *Neuroscience Biobehavioral Review* 20, nº 1 (1996): 1-25.

Capítulo 6: Crie experiências positivas

ACONTECIMENTOS RECENTES

1. Tugade e Fredrickson, "Regulation of Positive Emotions".

O FUTURO

2. Ylva Ostby et al., "Mental Time Travel and Default-Mode Network Functional Connectivity in the Developing Brain", *Proceeding of the National Academy of Sciences* 109, nº 42 (2012): 16800-16804.

COMPARTILHE AS COISAS BOAS

3. Jean Decety e Philip L. Jackson, "The Functional Architecture of Human Empathy", *Behavioral and Cognitive Neuroscience Review* 3 (2004): 71-100.

4. Shelly L. Gable et al., "What Do You Do When Things Go Right? The Intrapersonal and Interpersonal Benefits of Sharing Positive Events", *Journal of Personality and Social Psychology* 87, nº 2 (2004): 228-245; Christopher A. Langston, "Capitalizing on and Coping with Daily-Life Events: Expressive Responses to Positive Events", *Journal of Personality and Social Psychology* 67 (1994): 1112-1125.

NOTAS

DESCUBRA O LADO BOM DAS COISAS RUINS

5. Susan Folkman e Judith Moskowitz, "Positive Affect and the Other Side of Coping", *American Psychologist* 55 (2000): 647-654.

PREOCUPE-SE COM OS OUTROS

6. Jorge Moll et al., "Human Fronto-Mesolimbic Networks Guide Decisions about Charitable Donation", *Proceedings of the National Academy of Sciences* 103 (2006): 15623-15628.

DESCUBRA O QUE HÁ DE BOM NA VIDA DOS OUTROS

7. Eric Alden Smith, "Communication and Collective Action: the Role of Language in Human Cooperation", *Evolution and Human Behavior* 31, nº 4 (2010): 231-245; Martin A. Nowak e Karl Sigmund, "Evolution of Indirect Reciprocity", *Nature* 437 (2005): 1291-1298; Ernst Fehr e Bettina Rockenbach, "Human Altruism: Economic, Neural, and Evolutionary Perspectives", *Current Opinion in Neurobiology* 14, nº 6 (2004): 784-790; Fehr, "Human Behaviour: Don't Lose Your Reputation", *Nature* 432 (2004): 449-450.

IMAGINE FATOS POSITIVOS

8. Schachter, "Adaptive Constructive Processes and the Future of Memory", *American Psychologist* 67, nº 8 (2012): 603-613.

9. Schachter, "Adaptive Constructive Processes".

Capítulo 7: Desenvolvimento do cérebro

ENRIQUEÇA UMA EXPERIÊNCIA

1. Agradeço a Sally Clough Armstrong pela metáfora.

2. Wulfram Gerstner et al., "Theory and Simulation in Neuroscience", *Science* 338 (2012): 60-65.

3. Panksepp, *Affective Neuroscience.*

4. Critchley e Nagai, "How Emotions Are Shaped by Bodily States".

5. Tom F. Price et al., "Embodying Approach Motivation: Body Posture Influences Startle Eyeblink and Event-Related Potential Responses to Appetitive Stimuli", *Biological Psychology* 90 (2012): 211-217.

242   O CÉREBRO E A FELICIDADE

6. Price at al., "The Emotive Neuroscience of Embodiment", *Motivation and Emotion* 36, nº 1 (2012): 27-37; Paula Niedenthal, "Embodying Emotion", *Science* 316 (2007): 1002-1005.

7. Critchley e Nagai, "How Emotions Are Shaped by Bodily States".

8. Seligman e Tracy A. Steen, "Positive Psychoterapy Progress: Empirical Validation of Interventions", *American Psychologist* 60, nº 5 (2005): 410-421.

9. Gerstner et al., "Theory and Simulation in Neuroscience".

10. Gretchen Vogel, "Can We Make Our Brains More Plastic?", *Science* 338 (2012): 36-39.

Capítulo 8: Flores em vez de ervas daninhas

COMO OS ELEMENTOS NEGATIVOS AGEM NO CÉREBRO

1. Schachter, "Adaptive Constructive Processes"; Karim Nader, "Memory Traces Unbound", *Trends in Neuroscience* 26, nº 2 (2003): 65-70; Nader et al., "The Labile Nature of Consolidation Theory", *Nature* 1, nº 3 (2000): 216-219.

2. Evan Thompson, *Mind in Life: Biology, Phenomenology, and the Sciences of Mind* (Cambridge, Mass.: Harvard University Press, 2007).

3. Nader et al., "The Labile Nature of Consolidation Theory".

4. Nader, "Memory Traces Unbound".

DOIS MÉTODOS PARA TRANSFORMAR
ELEMENTOS NEGATIVOS

5. Mark E. Bouton, "Context and Behavioral Processes in Extinction", *Learning & Memory* 11 (2004): 485-494.

6. Pizzorusso Tommaso, "Erasing Fear Memories", *Science* 325 (2009): 1214--1215.

7. Ecker e Toomey, "Depotentiation of Symptom-Producing".

8. Não se sabe a duração exata da janela de reconsolidação, mas parece, claramente, ser inferior a seis horas.

9. Yan-Xue Xue et al., "A Memory Retrieval-Extinction Procedure to Prevent Drug Craving and Relapse", *Science* 336 (2012): 241-245; Amy L. Milton e

NOTAS   *243*

Barry J. Everitt, "Wiping Drug Memories", *Science* 336 (2012): 167-168; Daniela Schiller et al., "Preventing the Return of Fear in Humans Using Reconsolidation Update Mechanisms", *Nature* 463 (2010): 49-53; Marie-H. Monfils et al., "Extinction-Reconsolidation Boundaries: Key to Persistent Attenuation of Fear Memories", *Science* 324 (2009): 951-955.

10. Thomas Agren et al., "Disruption of Reconsolidation Erases a Fear Memory Trace in the Human Amygdala", *Science* 337 (2012): 1550-1552.

POTENCIAL IMPRESSIONANTE

11. Toomey e Ecker, "Competing Visions"; Ecker e Toomey, "Depotentiation of Symptom-Producing".

Capítulo 9: Hábitos saudáveis

DESEJE O QUE É BOM PARA VOCÊ

1. Kelly McGonigal, *The Willpower Instinct: How Self-Control Works, Why It Matters, and What You Can Do to Get More* (Nova York: Avery, 2011).

2. Cornelia Kegel et al., "Differential Susceptibility in Early Literacy Instruction Through Computer Games: the Role of the Dopamine D4 Receptor Gene (DRD4)", *Mind, Brain, and Education* 5: 71-78.

3. Schachter, "Adaptive Constructive Processes"; G. Elliot Wimmer e Dapha Shohamy, "Preference by Association: How Memory Mechanisms in the Hippocampus Bias Decisions", *Science* 338 (2012): 270-273.

AFASTE A DEPRESSÃO

4. Igualmente, se você tiver transtorno bipolar, tome cuidado com os sentimentos positivos intensos e duradouros, pois eles podem precipitar um episódio de mania. Veja June Gruber, "Can Feeling Too Good Be Bad? Positive Emotion Persistence (PEP) in Bipolar Disorder", *Current Directions in Psychological Science* 20, nº 4 (2011): 217-221.

SUPERAÇÃO DO TRAUMA

5. Judith Herman, *Trauma and Recovery: the Aftermath of Violence – From Domestic Abuse to Political Terror* (Nova York: Basic Books, 1997).

6. Peter A. Levine, *In an Unspoken Voice: How the Body Releases Trauma and Restores Goodness* (Berkeley: North Atlantic Books, 2010).

244 O CÉREBRO E A FELICIDADE

7. Pat Ogden, *Trauma and the Body: a Sensorimotor Approach to Psychoterapy* (Nova York: W. W. Norton & Company, 2006).

8. Bessel A. van der Kolk, *Traumatic Stress: the Effects of Overwhelming Experience on Mind, Body, and Society* (Nova York: The Guilford Press, 2006).

COMO CURAR AS CRIANÇAS

9. Kegel et al., "Differential Susceptibility in Early Literacy".

COMO LIDAR COM OS OBSTÁCULOS

10. Bryant et al., "Understanding the Processes that Regulate Positive Emotional Experience".

11. Feldman et al., "Responses to Positive Affect"; Joanne V. Wood et al., "Savoring Versus Dampening: Self-Esteem Differences in Regulating Positive Affect", *Journal of Personality and Social Psychology* 85 (2003): 566-580.

12. Bryant e Veroff, *Savoring*.

ENCARE OS DESAFIOS DE MODO RECEPTIVO

13. Caso tenha havido violência ou ameaça de violência no relacionamento, tome cuidado e busque ajuda profissional antes de agir.

14. Schachter, "Adaptive Constructive Processes".

Capítulo 10: 21 joias

SEGURANÇA

1. Paul Gilbert, *The Compassionate Mind: a New Approach to Life's Challenges* (Oakland, Calif.: New Harbinger Publications, Inc., 2010).

2. Hamann et al., "Ecstasy and Agony; Sergio Paradiso, "Cerebral Blood Flow Changes Associated with Attribution of Emotional Valence to Pleasant, Unpleasant, and Neutral Visual Stimuli in a PET Study of Normal Subjects", *American Journal of Psychiatry* 156, nº 10 (1999): 1618-1629.

3. Teresa M. Leyro, "Distress Tolerance and Psychopathological Symptoms and Disorders: a Review of the Empirical Literature among Adults", *Psychological Bulletin* 136, nº 4 (2010): 576-600.

4. Critchley, "Neural Mechanisms".

NOTAS   *245*

5. Critchley e Nagai, "How Emotions Are Shaped by Bodily States"; Porges, *The Polyvagal Theory*.

6. Consulte o belo livro *Being Peace*, de Thich Nhat Hanh (Berkeley: Parallax Press, 2005).

SATISFAÇÃO

7. Panksepp, "Affective Consciousness".

8. Panksepp, "Affective Consciousness"; Panksepp, *Affective Neuroscience*.

9. Pressman e Cohen, "Does Positive Affect Influence Health?".

10. Fagley, "Appreciation Uniquely Predicts Life Satisfaction"; Michael G. Adler e Fagley, "Appreciation: Individual Differences in Finding Value and Meaning as a Unique Predictor of Subjective Well-Being", *Journal of Personality* 73 (2005): 79-114; Emmons, *Thanks!*; Emmons e McCullough, "Counting Blessings Versus Burdens: an Experimental Investigation of Gratitude and Subjective Well-Being in Daily Life", *Journal of Personality and Social Psychology* 84, nº 2 (2003): 377-389.

LIGAÇÃO

11. Gilbert, *The Compassionate Mind*.

12. Andreas Meyer-Lindenberg, "Impact of Prosocial Neuropeptides on Human Brain Function", *Progress in Brain Research* 170 (2008): 463-470; Daniele Viviani e Ron Stoop, "Opposite Effects of Oxytocin and Vasopressin on the Emotional Expression of the Fear Response", *Progress in Brain Research* 170 (2008): 207-218.

13. Markus Heinrichs et al., "Social Support and Oxytocin Interact to Suppress Cortisol and Subjective Responses to Psychosocial Stress", *Biological Psychiatry* 54 (2003): 1389-1398.

14. Decety e Margarita Svetlova, "Putting Together Phylogenetic and Ontogenetic Perspectives on Empathy", *Developmental Cognitive Neuroscience* 2, nº 1 (2011): 1-24.

15. E. B. Keverne et al., "Beta-Endorphin Concentrations in Cerebro-Spinal Fluid of Monkeys Are Influenced by Grooming Relationships", *Psychoneuroendocrinology* 14 (1989): 155-161.

16. Panksepp, "Affective Consciousness".

17. Olga M. Klimecki et al., "Functional Neural Plasticity and Associated Changes in Positive Affect after Compassion Training", *Cerebral Cortex* 6 (2012): doi: 10.1093/cercor/bhs142 PII: bhs142.

18. Kristin D. Neff, "Self-Compassion, Self-Esteem, and Well-Being", *Social and Personality Psychology Compass* 5, nº 1 (2011): 1-12; Neff, "Self-Compassion: an Alternative Conceptualization of a Healthy Attitude Toward Oneself", *Self and Identity* 2, nº 2 (2003): 85-101.

19. Neff, "Self-Compassion, Self-Esteem, and Well-Being"; Mark R. Leary et al., "Self-Compassion and Reactions to Unpleasant Self-Relevant Events: the Implications of Treating Oneself Kindly", *Journal of Personality* 92 (2007): 887-904; Christopher Germer, *The Mindful Path to Self-Compassion: Freeing Yourself from Destructive Thoughts and Emotions* (Nova York: The Guilford Press, 2009).

POSFÁCIO

1. Samuel Bowles, "Warriors, Levelers, and the Role of Conflict in Human Social Evolution", *Science* 336 (2012): 876-878; Bowles, "Did Warfare among Ancestral Hunter-Gatherers Affect the Evolution of Human Social Behaviors?" *Science* 324 (2009): 1293-1298; Choi e Bowles, "The Coevolution of Parochial Altruism and War".

Bibliografia

Adler, Michael G. e Nancy Fagley. "Appreciation: Individual Differences in Finding Value and Meaning as a Unique Predictor of Subjective Well-Being". *Journal of Personality* 73 (2005): 79-114.

Agren, Thomas, Jonas Engman, Andreas Frick, Johannes Björkstrand, Elna-Marie Larsson, Tomas Furmark e Mats Fredrikson. "Disruption of Reconsolidation Erases a Fear Memory Trace in the Human Amygdala". *Science* 337 (2012): 1550-1552.

Alvord, Mary Karapetian e Judy Johnson Grados. "Enhancing Resilience in Children: a Proactive Approach". *Professional Psychology: Research and Practice* 36, nº 3 (2005): 238-245.

Balter, Michael. "New Light on Revolutions That Weren't". *Science* 336 (2012): 530-561.

Baumeister, Roy, Ellen Bratlavsky, Catrin Finkenauer e Kathleen Vohs. "Bad Is Stronger Than Good". *Review of General Psychology* 5 (2001): 323-370.

Becker, Craig M., Mary Alice Glascoff e W. Michael Felts. "Salutogenesis 30 Years Later: Where Do We Go from Here?" *International Electronic Journal of Health Education* 13 (2010): 25-32.

Benson, Herbert. *The Relaxation Response*. Nova York: HarperTorch, 2000.

Berridge, Kent C. "Food Reward: Brain Substrates of Wanting and Liking". *Neuroscience Biobehavioral Review* 20, nº 1 (1996): 1-25.

_____. "Wanting and Liking: Observations from the Neuroscience and Psychology Laboratory". *Inquiry* 52, nº 4 (2009): 378-398.

Berridge, Kent C., Chao-Yi Ho, Jocelyn M. Richard e Alexandra G. DiFeliceantonio. "The Tempted Brain Eats: Pleasure and Desire Circuits in Obesity and Eating Disorders". *ScienceDirect* 1350 (2010): 43-64.

Black, Paul H. "The Inflammatory Response Is an Integral Part of the Stress Response: Implications for Atherosclerosis, Insulin Resistance, Type II Diabetes, and Metabolic Syndrome X". *Brain, Behavior, & Immunity* 17 (2003): 350-364.

_____. "Stress and the Inflammatory Response: a Review of Neurogenic Inflammation". *Brain, Behavior, & Immunity* 16 (2002): 622-653.

Boehm, Christopher. "Ancestral Hierarchy and Conflict". *Science* 336 (2012): 844-847.

Bouton, Mark E. "Context and Behavioral Processes in Extinction". *Learning & Memory* 11 (2004): 485-494.

Bowles, Samuel. "Did Warfare among Ancestral Hunter-Gatherers Affect the Evolution of Human Social Behaviors?" *Science* 324 (2009): 1293-1298.

_____. "Warriors, Levelers, and the Role of Conflict in Human Social Evolution". *Science* 336 (2012): 876-878.

Broadbent, Elizabeth, Arman Kahokehr, Roger J. Booth, Janine Thomas, John A. Windsor, Christina M. Buchanan, Benjamin R. L. Wheeler, Tarik Sammour e Andrew G. Hill. "A Brief Relaxation Intervention Reduces Stress and Improves Surgical Wound Healing Response: a Randomished Trial". *Brain, Behavior, & Immunity* 26, nº 2 (2012): 212-217.

Bryant, Fred B. "A Four-Factor Model of Perceived Control: Avoiding, Coping, Obtaining, and Savoring". *Journal of Personality* 57, nº 4 (1989): 773-797.

Bryant, Fred B., Erica D. Chadwick e Katharina Kluwe. "Understanding the Processes That Regulate Positive Emotional Experience: Unsolved Problems and Future Directions for Theory and Research on Savoring". *International Journal of Wellbeing* 1, nº 1 (2011): 107-126.

Bryant, Fred B., Colette M. Smart e Scott P. King. "Using the Pat to Enhance the Present: Boosting Happiness Through Positive Reminiscence". *Journal of Happiness Studies* 6 (2005): 227-260.

Bryant, Fred B. e Joseph Veroff. *Savoring: a New Model of Positive Experience.* Mahwah, Nova Jersey: Lawrence Erlbaum Associates, Inc., 2007.

Burgdorf, Jeffery e Jaak Panksepp. "The Neurobiology of Positive Emotions". *Neuroscience and Biobehavioral Reviews* 30 (2006): 173-187.

Calder, Andrew J., Andrew D. Lawrence e Andrew W. Young. "Neuropsychology of Fear and Loathing". *Nature* 2 (2001): 353-363.

Campbell, Stephanie, Michael Marriott, Claude Nahmias e Glenda M. MacQueen. "Lower Hippocampal Volume in Patients Suffering from Depression: a Meta-Analysis". *American Journal of Psychiatry* 161, nº 4 (2001): 598-607.

Chida, Yoichi e Andrew Steptoe. "Positive Psychological Well-Being and Mortality: a Quantitative Review of Prospective Observational Studies". *Psychosomatic Medicine* 70, nº 7 (2008): 741-756.

Choi, Jung-Kyoo e Bowles, Samuel. "The Coevolution of Parochial Altruism and War". *Science* 318 (2007): 636-640.

Christoffel, Daniel J., Sam A. Golden e Scott J. Russo. "Structural and Synaptic Plasticity in Stress-Related Disorders". *Reviews in Neurosciences* 22, nº 5 (2011): 535-549.

BIBLIOGRAFIA 249

Cohn, Michael A., Barabara L. Fredrikson, Stephanie L. Brown, Joseph A. Mikels e Anne M. Conway. "Happiness Unpacked: Positive Emotions Increase Life Satisfaction by Building Resilience". *Emotion* 9 (2009): 361-368.

Critchley, Hugo D. "Neural Mechanisms of Autonomic, Affective, and Cognitive Integration". *Journal of Comparative Neurology* 493 (2005): 154-166.

Critchley, Hugo D. e Yoko Nagai. "How Emotions Are Shaped by Bodily States". *Emotion Review* 4, nº 2 (2012): 163-168.

Cunningham, William A. e Tobias Brosch. "Motivational Salience: Amygdala Tuning from Traits, Needs, Values, and Goals". *Current Directions in Psychological Science* 21, nº 1 (2012): 54-59.

Cunningham, William A. e Tabitha Kirkland. "The Joyful, Yet Balanced Amygdala: Moderated Responses to Positive But Not Negative Stimuli in Trait Happiness". *Social Cognitive and Affective Neuroscience* (5 de abril de 2013: e-pub anterior à publicação).

Cunningham, William A., Carol L. Raye e Macia K. Johnson. "Neural Correlates of Evaluation Associated with Promotion and Prevention Regulatory Focus". *Cognitive, Affective, and Behavioral Neuroscience* 5, nº 2 (2005): 202-211.

Decety, Jean e Philip L. Jackson. "The Functional Architecture of Human Empathy". *Behavioral and Cognitive Neuroscience Reviews* 3 (2004): 71-100.

Decety, Jean e Margarita Svetlova. "Putting Together Phylogenetic and Ontogenetic Perspectives on Empathy". *Developmental Cognitive Neuroscience* 2, nº 1 (2011): 1-24.

Diener, Ed e Micaela Y. Chan. "Happy People Live Longer: Subjective Well-Being Contributes to Health and Longevity". *Applied Psychophysiology* 3, nº 1 (2011): 1-43.

Duman, Ronald S. e George K. Aghajanian. "Synaptic Dysfunction in Depression: Potential Therapeutic Targets". *Science* 338 (2012): 68-72.

Dusek, Jeffery A., Hasan H. Out., Ann L. Wohlhueter, Manoj Bhasin, Luiz F. Zerbini, Marie G. Joseph, Herbert Benson e Towia A. Libermann. "Genomic Counter-Stress Changes Induced by the Relaxation Response". *PLoS One* 3 (2008): e2576.

Ecker, Bruce e L. Hulley. *Depth Oriented Brief Therapy: How to Be Brief When You Were Trained to Be Deep, and Vice Versa*. São Francisco: Jossey-Bass, 1996.

Ecker, Bruce e Brian Toomey. "Depotentiation of Symptom-Producing Implicit Memory in Coherence Therapy". *Journal of Constructivist Psychology* 21, nº 2 (2008): 87-150.

Efferson, Charles, Rafael Lalive e Ernst Fehr. "The Coevolution of Cultural Groups and Ingroup Favoritism". *Science* 321 (2008): 1844-1849.

Emmons, Robert. *Thanks! How the Science of Gratitude Can Make You Happier*. Nova York: Houghton Mifflin Harcourt, 2007.

Emmons, Robert A. e Michael McCullough. "Counting Blessings Versus Burdens: an Experimental Investigation of Gratitude and Subjective Well-Being in Daily Life". *Journal of Personality and Social Psychology* 84, nº 2 (2003): 377-389.

Emmons, Scott. "The Mood of a Worm". *Science* 338 (2012): 475-476.

Esch, Tobias e George B. Stefano. "The Neurobiology of Stress Management". *Neuroendocrinology Letters* 31, nº 1 (2010): 19-39.

Fagley, Nancy. "Appreciation Uniquely Predicts Life Satisfaction Above Demographics, the Big 5 Personality Factors, and Gratitude". *Personality and Individual Differences* 53 (2012): 59-63.

Fehr, Ernst. "Human Behaviour: Don't Lose Your Reputation". *Nature* 432 (2004): 449-450.

Fehr, Ernst e Bettina Rockenbach. "Human Altruism: Economic, Neural, and Evolutionary Perspectives". *Current Opinion in Neurobiology* 14, nº 6 (2004): 784-790.

Feldman, Daniel. "Synaptic Mechanisms for Plasticity in Neocortex". *Annual Review of Neuroscience* 32 (2009): 33-55.

Feldman, Greg C., Jutta Joormann e Sheri L. Johnson. "Responses to Positive Affect: a Self-Report Measure of Rumination and Dampening". *Cognitive Therapy and Research* 32, nº 4 (2008): 507-525.

Folkman, Susan e Judith Moskowitz. "Positive Affect and the Other Side of Coping". *American Psychologist* 55 (2000): 647-654.

Fredrikson, Barbara L. *Positivity: Top-Notch Research Reveals the 3 to 1 Ratio That Will Change Your Life.* Nova York: Three Rivers Press, 2009.

Fredrikson, Barbara L., Michael A. Cohn, Kimberly A. Coffey, Jolynn Pek e Sandra M. Finkel. "Open Hearts Build Lives: Positive Emotions, Induced Through Loving-Kindness Meditation, Build Consequential Personal Resources". *Journal of Personality and Social Psychology* 95, nº 5 (2008): 1045-1062.

Fredrikson, Barbara e Robert Levenson. "Positive Emotions Speed Recovery from the Cardiovascular Sequelae of Negative Emotions". *Psychology Press* 12 (1998): 191-220.

Fredrikson, Barbara L., Michele M. Tugade, Christian E. Waugh e Gregory R. Larkin. "What Good Are Positive Emotions in Crisis? A Prospective Study of Resilience and Emotions Following the Terrorist Attacks on the U.S. on 9/11/01". *Journal of Personality and Social Psychology* 84, nº 2 (2003): 365-376.

Fry, Douglas P. "Life without War". *Science* 336 (2012): 879-884.

Gabbard, Glen O. "A Neurobiologically Informed Perspective on Psychotherapy". *British Journal of Psychiatry* 177 (2000): 117-122.

Gable, Shelly L., Harry T. Reis, Emily A. Impett e Evan R. Asher. "What Do You Do When Things Go Right? The Intrapersonal and Interpersonal Benefits of Sharing Positive Events". *Journal of Personality and Social Psychology* 87, nº 2 (2004): 228-245.

Garavan, Hugh, Cara J. Pendergrass, Thomas Ross, Elliot A. Stein e Robert Risinger. "Amygdala Response to Both Positively and Negatively Valenced Stimuli". *Neuroreport* 12, nº 12 (2001): 2779-2783.

BIBLIOGRAFIA 251

Gendlin, Eugene T. *Focusing*. Nova York: Random House, 1982.

Germer, Christopher. *The Mindful Path to Self-Compassion: Freeing Yourself from Destructive Thoughts and Emotions*. Nova York: The Guilford Press, 2009.

Gerstner, Wulfram, Henning Sprekeler e Gustavo Deco. "Theory and Simulation in Neuroscience". *Science* 338 (2012): 60-65.

Gilbert, Paul. *The Compassionate Mind: a New Approach to Life's Challenges*. Oakland, Calif.: New Harbinger Publications, Inc., 2010.

_____. "Introducing Compassion-Focused Therapy". *Advances In Psychiatric Treatment* 14 (2009): 199-208.

Gogolla, Nadine, P. Caroni, A. Lüthi e C. Herry. "Perineuronal Nets Protect Fear Memories from Erasure". *Science* 325 (2009): 1258-1261.

Gottman, John. *Why Marriages Succeed or Fail: and How You Can Make Yours Last*. Nova York: Simon & Schuster, 1995.

Gould, Rebecca L., Mark C. Couson e Robert J. Howard. "Cognitive Behavioral Therapy for Depression in Older People: a Meta-Analysis and Meta-Regression of Randomized Controlled Trails". *Journal of the American Geriatrics Society* 60, nº 10 (2012): 1817-1830.

Gruber, June. "Can Feeling Too Good Be Bad? Positive Emotion Persistence (PEP) in Bipolar Disorder". *Current Directions in Psychological Science* 20, nº 4 (2001): 217-221.

Gutsell, Jennifer N. e Michael Inzlicht. "Empathy Constrained: Prejudice Predicts Reduced Mental Simulation of Actions During Observation of Outgroups". *Journal of Experimental Social Psychology* 46 (2010): 841-845.

Hamann, Stephan B., Timothy D. Ely, John M. Hoffman e Clinton D. Kilts. "Ecstasy and Agony: Activation of the Human Amygdala in Positive and Negative Emotion". *Psychological Science* 13, nº 2 (2002): 135-141.

Hanh, Thich Nhat. *Being Peace*. Berkeley: Parallax Press, 2005.

Hanrahan, Fidelma, Andy P. Field, Fergal W. Jones e Graham C. L. Davey. "A Meta-Analysis of Cognitive Therapy for Worry in Generalized Anxiety Disorder". *Clinical Psychology Review* 33, nº 1 (2013): 120-132.

Harris, Lasana T. e Susan T. Fiske. "Social Groups That Elicit Disgust Are Differentially Processed in mPFC". *Social Cognitive and Affective Neuroscience* 2 (2007): 45-51.

Heinrichs, Markus, Thomas Baumgartner, Clemens Kirschbaum e Ulrike Ehlert. "Social Support and Oxytocin Interact to Suppress Cortisol and Subjective Responses to Psychosocial Stress". *Biological Psychiatry* 54 (2003): 1389-1398.

Herman, Judith. *Trauma and Recovery: the Aftermath of Violence – From Domestic Abuse to Political Terror*. Nova York: BasicBooks, 1997.

Higgins, E. Tory. "Beyond Pleasure and Pain". *American Psychologist* 52, nº 12 (1997): 1280-1300.

Ho, Victoria M., Ji-Anne Lee e Kelsey C. Martin. "The Cell Biology of Synaptic Plasticity". *Science* 334 (2011): 623-628.

Hofmann, Stefan G., Anu Asnaani, Imke J. J. Vonk, Alice T. Sawyer e Angela Fang. "The Efficacy of Cognitive Behavioral Therapy: a Review of Meta--Analyses". *Cognitive Therapy and Research* 36, nº 5 (2012): 427-440.

Holzel, Britta K., Ulrich Ott, Tim Gard, Hannes Hempel, Martin Weygandt, Katrin Morgen e Dieter Vaitl. "Investigation of Mindfulness Meditation Practitioners with Voxel-Based Morphometry". *Social Cognitive and Affective Neuroscience* 3 (2008): 55-61.

IsHak, Waguih William, Maria Kahloond e Hala Fakhrye. "Oxytocin's Role in Enhancing Well-Being: a Literature Review". *Journal of Affective Disorders* 130, nº 1 (2011): 1-9.

Kahneman, Daniel e Amos Tversky. "Prospect Theory: an Analysis of Decision Under Risk". *Econometrica* 47, nº 2 (1979): 163-292.

Kandel, Eric R. *In Search of Memory: the Emergence of a New Science of Mind.* Nova York: W. W. Norton & Company, 2007.

_____. "A New Intellectual Framework for Psychiatry". *American Journal of Psychiatry* 155 (1998): 457-469.

Karatsoreos, Inga N. e Bruce S. McEwen. "Psychobiological Allostasis: Resistance, Resilience, and Vulnerability". *Trends in Cognitive Sciences* 15, nº 12 (2011): 576-584.

Kashdan, Todd. *Curious? Discover the Missing Ingredient to a Fulfilling Life.* Nova York: William Morrow, 2009.

Kegel, Cornelia A. T., Adriana G. Bus e Marinus H. van Ijzendoorn. "Differential Susceptibility in Early Literacy Instruction Through Computer Games: the Role of the Dopamine D4 Receptor Gene (DRD4)". *Mind, Brain, and Education* 5: 71-78.

Keltner, Dacher. *Born to Be Good: the Science of a Meaningful Life.* Nova York: W. W. Norton & Company, Inc., 2009.

Kermer, Deborah A., Erin Driver-Linn, Timothy D. Wilson e Daniel T. Gilbert. "Loss Aversion Is an Affective Forecasting Error". *Psychological Science* 17, nº 8 (2006): 649-653.

Keverne, Eric B., Nicholas D. Martensz e Bernadette Tuite. "Beta-Endorphin Concentrations in Cerebrospinal Fluid of Monkeys Are Influenced by Grooming Relationships". *Psychoneuroendocrinology* 14 (1989): 155-161.

Kirby, E. D., A. R. Friedman, D. Covarrubias, C. Ying, W. G. Sun, K. A. Goosens, R. M. Sapolsky e D. Kaufer. "Basolateral Amygdala Regulation of Adult Hippocampal Neurogenesis and Fear-Related Activation of Newborn Neurons". *Molecular Psychiatry* 17 (2012): 527-536.

Klimecki, Olga M., Susanne Leiberg, Claus Lamm e Tania Singer. "Functional Neural Plasticity and Associated Changes in Positive Affect After Compassion Training". *Cerebral Cortex* 6 (2012), 10.1093/cercor/bhs142PII: bhs142.

Korn, Deborah L. e Andrew M. Leeds. "Preliminary Evidence of Efficacy for EMDR Resource Development and Installation in the Stabilization Phase of

Treatment of Complex Posttraumatic Stress Disorder". *Journal of Clinical Psychology* 58, nº 12 (2002): 1465-1487.

Langston, Christopher A. "Capitalizing on and Coping with Daily-Life Events: Expressive Responses to Positive Events". *Journal of Personality and Social Psychology* 67 (1994): 1112-1125.

Lazar, Sara W., Catherine E. Kerr, Rachel H. Wasserman, Jeremy R. Gray, Douglas N. Greve, Michael T. Treadway, Metta McGarvey, Brian T. Quinn, Jeffery A. Dusek, Herbert Benson, Scott L. Rauch, Christopher I. Moore e Bruce Fisch. "Meditation Experience Is Associated with Increased Cortical Thickness". *Neuroreport* 16 (2005): 1893-1897.

Leary, Mark R., Eleanor B. Tate, Claire E. Adams, Ashley Batts e Allen Jessica Hancock. "Self-Compassion and Reactions to Unpleasant Self-Relevant Events: the Implications of Treating Oneself Kindly". *Journal of Personality* 92 (2007): 887-904.

LeDoux, Joseph E. *Synaptic Self: How Our Brain Become Who We Are*. Nova York: Penguin Books, 2003.

Leussis, M. P. e S. L. Andersen. "Is Adolescence a Sensitive Period for Depression? Behavioral and Neuroanatomical Findings from a Social Stress Model". *Synapse* 62, nº 1 (2007): 22-30.

Levine, Peter A. *In an Unspoken Voice: How the Body Releases Trauma and Restores Goodness*. Berkeley: North Atlantic Books, 2010.

Leyro, Teresa M. "Distress Tolerance and Psychopathological Symptoms and Disorders: a Review of the Empirical Literature among Adults". *Psychological Bulletin* 136, nº 4 (2010): 576-600.

Liberzon, Israel K., Luan Phan, Laura R. Decker e Stephan F. Taylor. "Extended Amygdala and Emotional Salience: a PET Activation Study of Positive and Negative Affect". *Neuropsycopharmacology* 28, nº 4 (2003): 726-733.

Lim, Byung Kook, Kee Wui Huang, Brad A. Grueter, Patrick E. Rothwell e Robert C. Malenka. "Anhedonia Requires MC4R-Mediated Synaptic Adaptations in Nucleus Accumbens". *Nature* 487 (2012): 183-189.

Luders, Eileen, Arthur W. Toga, Natasha Lepore e Christian Gaser. "The Underlying Anatomical Correlates of Long-Term Meditation: Larger Hippocampal and Frontal Volumes of Gray Matter". *NeuroImage* 45 (2009): 672-678.

Luskin, Frederic, Megan Reitz, Kathryn Newell, Thomas Gregory Quinn e William Haskell. "A Controlled Pilot Study of Stress Management Training of Elderly Patients with Congestive Heart Failure". *Preventive Cardiology* 5 (2002): 168-174.

Lyubomirsky, Sonja. *The How of Happiness: a New Approach to Getting the Life You Want*. Nova York: Penguin Press, 2008.

Lyubomirsky, Sonja, Kennon M. Sheldon e David Schkade. "Pursuing Happiness: the Architecture of Sustainable Change". *Review of General Psychology* 9, nº 2 (2005): 111-131.

MacLean, Paul D. *The Triune Brain in Evolution: Role in Paleocerebral Functions.* Nova York: Springer, 1990.

Maguire, Eleanor, David Gadian, Ingrid Johnsrude, Catriona Good, John Ashburner, Richard Frackowiak e Christopher Frith. "Navigation-Related Structural Change in the Hippocampi of Taxi Drivers". *National Academy of Sciences* 87 (2000): 4398-4403.

Maslow, Abraham. *The Farther Reaches of Human Nature.* Nova York: Penguin, 1993.

McCullough, Michael, Shelley D. Kirkpatrick, Robert A. Emmons e David B. Larson. "Is Gratitude a Moral Affect?" *Psychological Bulletin* 127, nº 2 (2001): 249-266.

McEwen, Bruce S. "Protective and Damaging Effects of Stress Mediators: Central Role of the Brain". *Dialogues in Clinical Neuroscience* 8, nº 4 (2006): 367-381.

_____. "Stress, Adaptation, and Disease: Allostasis and Allostatic Load". *Annals of the New York Academy of Sciences* 840 (1998): 33-44.

McEwen, Bruce e Peter Gianaros. "Central Role of the Brain in Stress and Adaptation: Links to Socioeconomic Status, Health, and Disease". *Annals of the New York Academy of Sciences* 1186 (2010): 190-222.

_____. "Stress- and Allostasis-Induced Brain Plasticity". *Annual Review of Medicine* 62 (2011): 431-435.

McGonigal, Kelly. *The Willpower Instinct: How Self-Control Works, Why It Matters, and What You Can Do to Get More.* Nova York: Avery, 2011.

McPherron, Shannon P., Zeresenay Alemseged, Curtis W. Marean, Jonathan G. Wynn, Denné Reed, Denis Geraads, René Bobe e Hamdallah A. Béarat. "Evidence for Stone-Tool Assisted Consumption of Animal Tissues Before 3.39 Million Years Ago at Dikika, Ethiopia". *Nature* 446 (2010): 857-860.

Meyer-Lindenberg, Andreas. "Impact of Prosocial Neuropeptides on Human Brain Function". *Progress in Brain Research* 170 (2008): 463-470.

Mika, Agnieszka, G. J. Mazur, A. N. Hoffman, J. S. Talboom, H. A. Bimonte-
-Nelson, F. Sanabria e C. D. Conrad. "Chronic Stress Impairs Prefrontal Cortex-Dependent Responses Inhibition and Spatial Working Memory". *Behavioral Neuroscience* 126, nº 5 (2012): 605-619.

Milton, Amy L. e Barry J. Everitt. "Wiping Drug Memories". *Science* 336 (2012): 167-168.

Moll, Jorge, Frank Krueger, Roland Zahn, Matteo Pardini, Ricardo de Oliveira-
-Souza e Jordan Grafman. "Human Fronto-Mesolimbic Networks Guide Decisions about Charitable Donation". *Proceedings of the National Academy of Sciences* 103 (2006): 15623-15628.

Monfils, Marie-H., Kiriana K. Cowansage, Eric Klann e Joseph E. LeDoux. "Extinction-Reconsolidation Boundaries: Key to Persistent Attenuation of Fear Memories". *Science* 324 (2009): 951-955.

Mongillo, Gianluigi, Omri Barak e Misha Tsodyks. "Synaptic Theory of Working Memory". *Science* 319 (2008): 1543-1546.

BIBLIOGRAFIA

Morris, J. S., K. J. Friston, C. Buchel, C. D. Frith, A. W. Young, A. J. Calder e R. J. Dolan. "A Differential Neural Response in the Human Amygdala to Fearful and Happy Facial Expressions". *Nature* 383 (1996): 812-815.

Morris, J. S., A. Ohman e R. J. Dolan. "Conscious and Unconscious Emotional Learning in the Human Amygdala". *Nature* 393 (1998): 467-470.

Nader, Karim, "Memory Traces Unbound". *Trends in Neurosciences* 26, nº 2 (2003): 65-70

Nader, Karim, Glenn E. Schafe e Joseph E. LeDoux. "The Labile Nature of Consolidation Theory". *Nature* 1, nº 3 (2000): 216-219.

Neff, Kristin D. "Self-Compassion: an Alternative Conceptualization of a Healthy Attitude Toward Oneself". *Self and Identity* 2, nº 2 (2003): 85-101.

_____. "Self-Compassion, Self-Esteem, and Well-Being". *Social and Personality Psychology Compass* 5, nº 1 (2011): 1-12.

Neumann, Inga D. "Brain Oxytocin: a Key Regulator of Emotional and Social Behaviours in Both Females and Males". *Journal of Neuroendocrinology* 20 (2008): 858-865.

Niedenthal, Paula. "Embodying Emotion". *Science Magazine* 316 (2007): 1002--1005.

Nowak, Martin A. e Sigmund, Karl. "Evolution of Indirect Reciprocity". *Nature* 437 (2005): 1291-1298.

Ogden, Pat. *Trauma and the Body: a Sensorimotor Approach to Psychoterapy.* Nova York: W. W. Norton & Company, 2006.

Olatunji, Bunmi O., M. L. Davis, M. B. Powers e J. A. Smits. "Cognitive-Behavioral Therapy for Obsessive-Compulsive Disorder: a Meta-Analysis of Treatment Outcome and Moderators". *Journal of Psychiatric Research* 47, nº 1 (2012): 33-41.

Olszewski, Pawel K., Anica Klockars, Helgi B. Schiöth e Allen S. Levine. "Oxytocin as Feeding Inhibitor: Maintaining Homestasis in Consummatory Behavior". *Pharmacology Biochemistry and Behavior* 97 (2010): 47-54.

Ostby, Ylva, Kristine B. Walhovda, Christian K. Tamnes, Håkon Grydeland, Lars Tjelta Westlye e Anders M. Fjell. "Mental Time Travel and Default--Mode Network Functional Connectivity in the Developing Brain". *Proceedings of the National Academy of Science* 109, nº 42 (2012): 16800-16804.

Palmer, Linda e Gary Linch. "A Kantian View of Space". *Science* 328 (2010): 1487-1488.

Panksepp, Jaak. "Affective Consciousness: Core Emotional Feelings in Animals and Humans". *Consciousness & Cognition* 14, nº 1 (2005): 30-80.

_____. *Affective Neuroscience: the Foundations of Human and Animal Emotions.* Nova York: Oxford University Press, 1998.

Paradiso, Sergio. "Cerebral Blood Flow Changes Associated with Attribution of Emotional Valence to Pleasant, Unpleasant, and Neutral Visual Stimuli in a PET Study of Normal Subjects". *American Journal of Psychiatry* 156, nº 10 (1999): 1618-1629.

Parfitt, Gustavo Morrone, Ândrea Kraemer Barbosa, Renan Costa Campos, André Peres Koth e Daniela Martí Barros. "Moderate Stress Enhances Memory Persistence: Are Adrenergic Mechanisms Involved?" *Behavioral Neuroscience* 126, nº 50 (2012): 729-730.

Park, Nansook. "Character Strengths: Research and Practice". *Journal of College & Character* 10, nº 4 (2009): 1-10.

Pecina, S. e Kent C. Berridge. "Hedonic Hot Spot in Nucleus Accumbens Shell: Where Do Mu-Opiods Cause Increased Impact of Sweetness?" *Journal of Neuroscience* 25, nº 50 (2005): 11777-11786.

Pennisi, Elizabeth. "Nervous System May Have Evolved Twice". *Science* 339 (2013): 391.

Peterson, Christopher, Willibald Ruch, Ursula Beermann, Nansook Park e Martin Seligman. "Strengths of Character, Orientations to Happiness, and Life Satisfaction". *Journal of Positive Psychology* 2, nº 3 (2007): 149-156.

Placais, Pierre-Yves e Thomas Preat. "To Favor Survival under Food Shortage, the Brain Disables Costly Memory". *Science* 339 (2013): 440-442.

Porges, Stephen W. *The Polyvagal Theory: Neurophysiological Foundations of Emotions, Attachments, Communication, and Self-Regulation*. Nova York: W. W. Norton & Company, 2011.

Pressman, S. e S. Cohen. "Does Positive Affect Influence Health?" *Psychological Bulletin* 131 (2005): 925-971.

Price, Tom F., L. W. Dieckman e Eddie Harmon-Jones. "Embodying Approach Motivation: Body Posture Influences Startle Eyeblink and Event-Related Potential Responses to Apptitive Stimuli". *Biological Psychology* 90 (2012): 211-217.

Price, Tom F., Carly K. Peterson e Eddie Harmon-Jones. "The Emotive Neuroscience of Embodiment". *Motivation and Emotion* 36, nº 1 (2012): 27-37.

Quoidbach, Jordi, Elizabeth V. Berry, Michel Hansenne e Moïra Mikolajczak. "Positive Emotion Regulation and Well-Being: Comparing the Impact of Eight Savoring and Dampening Strategies". *Personality and Individual Differences* 49, nº 5 (2010): 368-373.

Rees, Brian. "Overview of Outcome Data of Potential Mediation Training for Soldier Resilience". *Military Medicine* 176, nº 11 (2011): 1232-1242.

Roberts-Wolfe, Douglas, Matthew D. Sacchet, Elizabeth Hastings, Harold Roth e Willoughby Britton. "Mindfulness Training Alters Emotional Memory Recall Compared to Active Controls: Support for an Emotional Information Processing Model of Mindfulness". *Frontiers in Human Neuroscience* 6 (2012): 1-13.

Rozin, Paul e Edward Royzman. "Negativity Bias, Negativity Dominance, and Contagion". *Personality & Social Psychology Review* 5 (2001): 296-320.

Sapolsky, Robert. *Why Zebras Don't Get Ulcers*. Nova York: Holt Paperbacks, 2004.

Schachter, Daniel L. "Adaptive Constructive Processes and the Future of Memory". *American Psychologist* 67, nº 8 (2012): 603-613.

BIBLIOGRAFIA

_____. *The Seven Sins of Memory: How the Mind Forgets and Remembers*. Nova York: Houghton Mifflin Harcourt Books, 2002.

Schiller, Daniela, Marie H. Monfils, Candace M. Raio, David C. Johnson, Joseph E. LeDoux e Elizabeth A. Phelps. "Preventing the Return of Fear in Humans Using Reconsolidation Update Mechanisms". *Nature* 463 (2010): 49-53.

Seeley, William W., Vinod Menon, Alan F. Schatzberg, Jennifer Keller, Gary H. Glover, Heather Kenna, Allan L. Reiss e Michael D. Greicius. "Dissociable Intrinsic Connectivity Networks for Salience Processing and Executive Control". *The Journal of Neuroscience* 27 (2007): 2356-2359.

Seligman, Martin. *Flourish: a Visionary New Understanding of Happiness and Well-Being*. Nova York: Free Press, 2011.

_____. *Learned Optimism: How to Change Your Mind and Your Life*. Nova York: Vintage, 2006.

Seligman, Martin e Tracy A. Steen. "Positive Psychotherapy Progress: Empirical Validation of Interventions". *American Psychologist* 60, nº 5 (2005): 410-421.

Semaw, Sileshi, P. Renne, J. W. K. Harris, C. S. Feibel, R. L. Bernor, N. Fesseha e K. Mowbray. "2.5-Million-Year-Old Stone Tools from Gona, Ethiopia". *Nature* 385 (1997): 333-336.

Shapiro, Shauna. "Mindfulness and Psychotherapy". *Journal of Clinical Psychology* 65 (2009): 1-6.

Sharot, Tali. *The Optimism Bias: a Tour of the Irrationally Positive Brain*. Nova York: Vintage, 2011.

Siegel, Daniel J. *The Mindful Brain*. Nova York: W. W. Norton & Company, 2007.

Skoglund, Pontus, Helena Malmström, Maanasa Raghavan, Jan Stora, Per Hall, Eske Willerslev, M. Thomas P. Gilbert, Anders Götherström e Mattias Jakobsson. "Origins and Genetic Legacy of Neolithic Farmers and Hunter-Gatherers in Europe". *Science* 336 (2012): 466-469.

Smith, Eric Alden. "Communication and Collective Action: the Role of Language in Human Cooperation". *Evolution and Human Behavior* 31, nº 4 (2010): 231-245.

Southwick, Steven M. e Dennis S. Charney. "The Science of Resilience: Implications for the Prevention and Treatment of Depression". *Science* 338 (2012): 79-82.

Terrier, Nicholas. "Broad Minded Affective Coping (BMAC): A 'Positive' CBT Approach to Facilitating Positive Emotions". *International Journal of Cognitive Therapy* 31, nº 1 (2010): 65-78.

Thompson, Evan. *Mind in Life: Biology, Phenomenology, and the Sciences of Mind*. Cambridge, Mass.: Harvard University Press, 2007.

Tommaso, Pizzorusso. "Erasing Fear Memories". *Science* 325 (2009): 1214-1215.

Toomey, Brian e Ecker, Bruce. "Competing Visions of the Implications of Neuroscience for Psychotherapy". *Journal of Constructivist Psychology* 22 (2009): 95-140.

Tugade, Michele. *Positive Emotions and Coping: Examining Dual-Process Models of Resilience*. Em S. Folkman (org.), *Oxford Handbook of Stress, Health, and Coping*. Nova York: Oxford University Press, 2011, pp. 186-99.

Tugade, Michele M. e Barbara L. Fredrikson. "Regulation of Positive Emotions: Emotion Regulation Strategies That Promote Resilience". *Journal of Happiness Studies* 8 (2007): 311-333.

Valente, Thomas W. "Network Interventions". *Science* 337 (2012): 49-53.

Van der Kolk, Bessel A. *Traumatic Stress: the Effects of Overwhelming Experience on Mind, Body, and Society*. Nova York: The Guilford Press, 2006.

Videbech, Poul e Barbara Ravnkilde. "Hippocampal Volume and Depression: a Meta-Analysis of MRI Studies". *American Journal of Psychiatry* 161, nº 11 (2004): 1957-1966.

Viviani, Daniele e Ron Stoop. "Opposite Effects of Oxytocin and Vasopressin on the Emotional Expression of the Fear Response". *Progress in Brain Research* 170 (2008): 207-218.

Vogel, Gretchen. "Can We Make Our Brains More Plastic?" *Science* 338 (2012): 36-39.

Vukasovic, Tena, Denis Bratko e Ana Butkovic. "Genetic Contribution to the Individual Differences in Subjective Well-Being: a Meta-Analysis". *Journal for General Social Issues* 21 (2012): 1-17.

Walsh, Roger. "Lifestyle and Mental Health". *American Psychologist* 66 (2011): 579-592.

_____. "The Meeting of Meditative Disciplines and Western Psychology". *American Psychologist* 61 (2006): 227-239.

Wang, Qingsong, Zhenggou Wang, Peifang Zhu e Jianxin Jiang. "Alterations of Myelin Basic Protein and Ultrastructure in the Limbic System at the Early Stage of Trauma-Related Stress Disorder in Dogs". *The Journal of Trauma* 56, nº 3 (2004): 604-610.

Wimmer, G. Elliot e Dapha Shohamy. "Preference by Association: How Memory Mechanisms in the Hippocampus Bias Decisions". *Science* 338 (2012): 270-273.

Wood, Joanne V., Sara A. Heimpel e John L. Michela. "Savoring Versus Dampening: Self-Esteem Differences in Regulating Positive Affect". *Journal of Personality and Social Psychology* 85 (2003): 566-580.

Xu, Xiaojin, Xiangyu Zuo, Xiaoying Wang e Shihui Han. "Do You Feel My Pain? Racial Group Membership Modulates Empathic Neural Responses". *Journal of Neuroscience* 9, nº 26 (2009): 8525-8529.

Yan-Xue Xue, Yi-Xiao Luo, Ping Wu, Hai-Shui Shi, Li-Fen Xue, Chen Chen, Wei-Li Zhu, Zeng-Bo Ding, Yan-ping Bao, Jie Shi, David G. Epstein, Yavin Shaham e Lin Lu. "A Memory Retrieval-Extinction Procedure to Prevent Drug Craving and Relapse". *Science* 336 (2012): 241-245.

Yechiam, Eldad e Hochman, Guy. "Losses as Modulators of Attention: Review and Analysis of the Unique Effects of Losses over Gains". *Psychological Bulletin* 139, nº 2 (2013): 497-518.

Índice remissivo

Abrigo, 173, 174, 177, 183-4
Absorver a experiência positiva, 60,
  61-2, 66, 74, 76, 78, 86, 111,
  119-21, 124, 132-3, 143, 155
Abuso e negligência infantis, 49
Abuso-dependência de substância, 49
Ações, como parte da experiência,
  78-9, 83-4, 89, 92
Acontecimentos comuns, valorizar,
  63-4, 73
Acontecimentos recentes, na criação
  de experiências positivas, 94-5,
  107, 109
Administração do estresse, 28
Adrenalina, 22, 46
Afeição, 4
  com os outros, 102-4, 108, 110
  sentir-se cuidado, 205-8
Agorafobia, 49
Agricultura, desenvolvimento da, 19
Alcoólicos Anônimos, 152
Alegria, 169, 173, 190, 192-4, 203
Alegria altruísta, 103-4
Ameaças
  perceber claramente recursos e,
    177, 184-6
  superestimar, 24

Amígdala, 21-4, 43-4, 130, 205
Amor, 32, 82, 121-4, 151, 164, 169,
  172, 174, 176, 205-6, 214, 219-21,
  (ver também Experiências
  positivas; Incorporar o que é bom)
Analisar excessivamente, 163
Análise transacional, 205-6
Ansiedade generalizada, 49
Ansiedade, 80, 128-9, 167, 173, 179,
  186-7
  economia e, 24
  grupos políticos e, 24
  história pessoal e, 24
  temperamento e, 24
Ansiedade social, 49
Aquecimento global, 223
Assertividade, 155
  compassiva, 205, 217-9
Associar fatos positivos a fatos
  negativos, 60, 63, 74, 76, 125,
  128-46, 156, 159, 160-1, 165,
  173
Atenção, 8-9
Autoaceitação, 15
Autocompaixão, 4, 156, 172, 204,
  212-4
Autocrítica, 97, 212, 213

260 O CÉREBRO E A FELICIDADE

Base do cérebro, 33, 54, 87, 115, 177
"Bastões" (predadores, fome, agressão), 20
Bem-estar, 6
eudemônico, 71
hedonista, 71
Bloqueios, como lidar, 163-6, 170-1
Bom, incorporar o que é (ver Incorporar o que é bom)
Bondade, 15, 205, 210-2, 214-5

Caçadores-coletores, 19, 223
Campanhas políticas, propaganda negativa em, 26
Carga alostática, 49
Células, 10
"Cenouras" (abrigo, comida, sexo), 19-20
Cérebro, 9-12, 14, 15, 17
amígdala, 21-4, 43-4, 130, 205
córtex, 11, 33, 34, 54, 115, 177
córtex cingulado, 43, 44
córtex cingulado subgenual, 39
córtex pré-frontal, 11, 42, 49-50
evolução do, 18-20, 30, 33, 34
experiências negativas e (ver Experiências negativas)
hipocampo, 11, 21-3, 44, 49, 117-8, 205
hipotálamo, 21-3, 41, 45, 186
ínsula, 11, 43, 44
memória e, 25-7
modo reativo (cenário "vermelho") (ver Modo reativo)
modo receptivo (cenário "verde") (ver Modo receptivo)
"paranoia do tigre de papel" e, 23-5
rede de relevância e, 42-3
subcórtex, 33, 34, 54, 87, 177
três sistemas operacionais da (ver Sistema de recompensas positivas; Sistema de apego aos

outros; Sistema de evitação de danos)
Checklist para ficar ligado na felicidade, 149-50, 174
Círculos viciosos, experiências negativas e, 22-3, 29, 31, 44, 48, 126
Cognição incorporada, 115
Comer excessivamente, 49, 149
Compaixão, 13, 98, 210-2
assertividade compassiva, 173, 204, 217-9
autocompaixão, 204, 211-3
Comportamento antissocial, 49
Condição homeostática, 39, 54
Condições existentes, na criação de experiências positivas, 95-7, 107, 109
Confiança, sensação de, 15, 26, 164
Conhecimento
declarativo, 25
procedural, 25-6
Experiência concreta, da ideia à, 92, 93, 109
Consciência
estágio de, 84-6, 89, 200-1
plano de fundo da, 84-6, 89, 107, 133, 178, 179, 195, 204, 218-9
primeiro plano da, 84-6, 89, 107, 128, 178, 179, 195, 204, 218-9
Consumismo, 48
Conte consigo mesmo, 65-6, 74
Contentamento, 4, 15, 81, 121-4, 164, 169, 172, 174, 176, 190, 203-5 (ver também Experiências positivas; Aceitar as coisas boas)
Contexto atual, na criação de experiências positivas, 93-4, 107, 109
Coração saudável, 6, 49, 194
Córtex, 11, 33, 34, 54, 115, 177
Córtex cingulado, 43, 44
Córtex cingulado subgenual, 39

ÍNDICE REMISSIVO

Córtex pré-frontal, 11, 42, 49-50
Cortisol, 22-3, 44, 46, 48, 205
Criação de experiências positivas,
91-110, 194-5
  acontecimentos recentes, 94-5,
  107, 109
  cenário atual, 93-4, 107, 109
  cuidado com os outros, 102-4,
  108, 109-10
  da ideia para a experiência
  concreta, 92, 93, 109
  evocar diretamente experiência
  positiva, 107, 108, 110
  experiências futuras, 100, 108
  experiências passadas, 99, 108, 109
  geração de fatos agradáveis, 106,
  108
  imaginar acontecimentos positivos,
  104-5, 108, 110
  partilhar o que é bom com os
  outros, 100-1, 108, 110
  qualidades pessoais, 97-8, 108,
  109
  situações permanentes, 95-6, 107,
  109
  ver o lado bom das coisas ruins,
  101-2, 108, 109-10
  ver o que há de bom na vida dos
  outros, 103-4, 108, 109
  ver a vida como uma
  oportunidade, 107-10
Crianças, emprego do **TEAA** com,
158-62, 170
Criar fatos favoráveis, 106, 108
Criatividade, 8
Cunningham, Wil, 43

Darwinismo neural, 10
Decepção, riscos de, 165
Depressão, 81, 170
  experiências reativas e, 49
  sair da, 154-5
  sensação de impotência e, 26

Desafios, 5
  lidar com eles de maneira
  receptiva, 167-9
  sobrevivência, 18-20, 30, 31, 45
Desafios à sobrevivência, 18-20, 30,
31, 45
Desejo extremo, 41, 46, 55
Desejos, como parte da experiência,
79, 82-3, 89, 92
Desenvolver predisposição receptiva,
52-4
Desflorestamento, 223
Determinação, 4, 13, 15, 98, 164,
168, 214
Deus, 73, 183, 219
Discernimento, 15
DNA, 11, 20
Dopamina, 44, 114, 117, 148, 162
Dor, o poder da, 21-2
Duração, experiência positiva
  enriquecedora e, 111, 112-4, 124

Ecker, Bruce, 132
Economia, ansiedade e, 24
Empatia, 33, 97, 100
Endorfinas, 41, 190
Enriqueça a experiência positiva, 60,
61, 66, 74, 76, 77, 86, 111-8,
132-3, 142-3, 155
  duração e, 111, 112-4, 124
  importância pessoal, 111, 118, 124
  intensidade, 111, 114, 124
  multimodalidade, 111, 115-6, 124
  novidade, 111, 116-8, 124
Entusiasmo, 8, 172, 174, 190,
198-200
Espiritualidade, 73, 183, 218-9
Estado alostático, 45, 55
Estados de espírito, sensações e, 81-2
Estresse, 6, 13, 23, 46-7, 49, 53, 55,
80, 213
Evolução
  do cérebro, 18-9, 30, 33, 34

do *Homo habilis*, 18, 19
do *Homo sapiens*, 18, 19
dos mamíferos, 18, 19, 54, 55
dos primatas, 18, 19, 50, 54, 55
dos répteis, 18-9, 54, 55
Evolução dos mamíferos, 18, 19, 54, 55
Evolução dos primatas, 18, 19, 50, 54, 55
Evolução dos vertebrados, 34
Evolução dos répteis, 18-9, 54, 55
Exercitar os recursos humanos, 147, 157, 170
Experiência, elementos da, 78
  ações, 78-9, 83, 89, 92
  desejos, 78-9, 82, 89, 92
  pensamentos, 79-80, 89, 92
  percepções sensoriais, 78-9, 80-1, 89, 92
  sentimentos, 78-9, 81-2, 89, 92
Experiências da infância, 24, 105, 125, 129-31, 134-6, 152-4, 161-2
Experiências futuras, 100, 108
Experiências negativas, 6-9, 13 (*ver também* Experiências positivas)
  amígdala e, 43, 45
  associar experiências positivas a, 60, 63, 74, 76, 125, 128-46, 156, 159, 160-1, 165, 173
  cérebro como velcro para, 27, 31, 44, 53, 71, 160
  círculos viciosos e, 22-3, 29, 31, 44, 48, 126
  dois métodos para transformar, 128-31, 145
  experiências preventivas e, 136-8, 142, 145-6, 152-4, 162, 168, 173
  preço das, 126
  reação do cérebro a, 20-31, 153
  suplantada por experiências negativas, 21
  tendência negativista, 15, 20-31, 45, 46, 48, 52-4, 145, 153, 187

Experiências passadas, 99, 108, 109
Experiências positivas, 6-7, 9, 13, 14 (*ver também* Experiências negativas; Incorporar o que é bom)
  amígdala e, 43-4
  associar experiências negativas a, 60, 63, 74, 76, 125, 128-46, 156, 158-9, 160-1, 164-6, 173
  cérebro como teflon para, 27, 31, 160
  criar (*ver* Criar experiências positivas)
  dopamina e, 44
  estar consciente das, 113, 114
  evocar diretamente, 107, 108, 110
  memória implícita e, 26-7
  perceber, 76-90, 107
  suplantar experiências negativas, 21
Experiências preventivas, 136-9, 142, 146, 152-4, 161, 168, 173
Expressões raivosas, 21
Extinções em massa, 223

Flashes de lembrança, 127
Força, 177, 179-81 (*ver também* Forças interiores)
Forças interiores, 4-6, 8, 13-6, 31, 52, 69, 71, 91, 109, 139, 164, 165, 167, 168, 172-5, 224
  amor, 205, 219-21
  amparo, 177, 183-4
  assertividade compassiva, 204, 217-9
  autocompaixão, 204, 212-4
  compaixão e bondade, 204, 210-2
  contentamento, 190, 203-5
  entusiasmo, 190, 198-200
  força, 177, 179-81
  gratidão e alegria, 190, 192-4
  paz, 177, 188-90
  perceber ameaças e recursos com clareza, 177, 184-6

prazer, 190-2
proteção, 177, 178-9
realização e iniciativa, 190, 195-8
relaxamento, 177, 181-3
sentimento positivo, 190, 194-6
sentir a plenitude do momento,
174, 190, 200-3
sentir-se bem já, 177, 186-8
sentir-se apreciado, 205, 206-8
sentir-se uma pessoa boa, 172,
205, 214-7
sentir-se valorizado, 205, 208-10

Genes, 11, 20, 30
Gilbert, Paul, 34
Glicose, 10
Gostar e querer, 87-8, 90
Gratidão, 8, 64, 81, 120-1, 169, 173,
190, 192-4, 204
Grupos políticos, ansiedade e, 24

Hábito, 95
Herman, Judith, 156
Higgins, E. Tory, 34
Hipocampo, 11, 21-3, 44, 49, 117-8,
205
Hipotálamo, 21-3, 41, 45, 186
História pessoal, ansiedade e, 24
Homo habilis, evolução do, 18
Homo sapiens, evolução do, 18
Hormônios do estresse, 22-3, 45-6,
117, 205

Imaginação, 104-5, 108, 109-10, 168-9
Importância pessoal, enriquecer a
experiência positiva e, 111, 118,
124
Impotência adquirida, 196
Impotência, sensação de, 26, 196
Incorporar o que é bom, 3-16, 27, 30,
31, 32, 42, 43, 52-4, 56, 59, 223
absorver a experiência positiva, 60,
61-2, 66, 74, 76, 77, 86, 111,
119-21, 124, 132-3, 143, 155

ajudar os outros, 157-8
amostra de, 62
apreciar as pequenas coisas da
vida, 63-4, 73
aprender a, 63-7, 74
associar fatos positivos a fatos
negativos, 60, 63, 74, 76, 125,
128-46, 156, 159, 161, 165-6,
173
com crianças, 116, 159-62
definição das quatro etapas do
TEAA, 60
descobrir bons momentos para
boas experiências, 64
experiência positiva enriquecedora
(*ver* Experiência positiva
enriquecedora)
experiências específicas, 67-70, 74-5
faça do seu jeito, 64
fazer disso um hábito, 67
fique do seu lado, 65-6, 74
lidar com obstáculos, 162-6, 170-1
resumo de benefícios de, 70-1
ter experiência positiva, 60, 61, 66,
74, 76, 77, 86, 89, 107, 131-2,
142
tesouros do cotidiano, 71-4
usos de, 147-71
Iniciativa, 155, 190, 195-8
Ínsula, 11, 43, 44
Intensidade, enriquecer a experiência
positiva e, 111, 114, 124
Interocepção, 80
Intratabilidade, 163
Ioga, 147, 157

Janela de reconsolidação, 130, 145
Jogo, 149
Jornalismo, 20

Kahnemann, Daniel, 21

Levine, Peter, 156

Ligação, 34, 35, 37-9, 45, 54, 166, 168, 172, 174, 175, 205-21
amor, 204, 219-21
assertividade compassiva, 204, 217-9
autocompaixão, 204, 212-4
compaixão e bondade, 204, 210-2
sentir-se cuidado, 204, 205-8
sentir-se uma pessoa boa, 204, 214-7
Ligação insegura, 49
Ligação mente/corpo, 186-7

MacLean, Paul, 34
Manter um diário, 147, 175
Meditação, 147, 183
Medo, 179, 186
poder do, 23-5, 31
Memória
cérebro e, 25-7
explícita e implícita, 25-7, 127, 145
Memória explícita, 25-7, 127
Memória implícita, 25-9, 127, 145
Memórias visuais-espaciais, 11
Metáfora da torta, 151-2, 170
Microrganismos, 18
Mielinização, 49
Milton, John, 100
Modo reativo, cérebro e (cenário "vermelho"), 38, 45-50, 53, 55-6, 223 (ver também Experiências negativas; Incorporar o que é bom)
desenvolver predisposição receptiva, 52-4
lidar com desafios, 166-7
resumo do, 51
Modo receptivo, cérebro e (cenário "verde"), 38-42, 46, 50, 54-6, 172, 177, 224-5, (ver também Incorporar o que é bom)
desenvolver predisposição receptiva, 52-4
lidar com desafios, 166-71
resumo do, 51

Modo receptivo salutogênico, 41
Motivação, 70
Multimodalidade, enriquecer a experiência positiva e, 111, 115-6, 124

Narcisismo, 49
Natureza humana, perguntas acerca da, 32
Necessidades básicas, 34, 35, 37-9, 42, 45, 54, 166, 168, 172, 224 (ver também Ligação; Segurança; Satisfação)
Nervo vago, 33, 34, 54
Neurogênese, 117-8
Neurônios, 10, 13, 22, 49, 61, 117-8, 128
Neuroplasticidade, 177
dependente da experiência, 10-1, 14, 16, 54
Neuroplasticidade autodirigida, 14-5
Neuroplasticidade dependente da experiência, 10-1, 14, 16, 54
Neuropsicologia, 32
Neurotransmissores
dopamina, 44, 114, 117, 148, 162
norepinefrina, 22, 114
noticiário, 20, 48
óxido nítrico, 40-1, 46
Norepinefrina, 22, 114
Novidade, enriquecer a experiência positiva e, 111, 116-8, 124
Núcleo acumbente, 44
Núcleo do *self*, 205-6

Ogden, Pat, 156
Opiáceos naturais, 39, 41, 46, 190, 205
Oportunidade
subestimar, 24
ver a vida como, 107-10
Oração, 147, 183
Orientação positiva, 44
Oxigênio, 10
Oxitocina, 39, 205

ÍNDICE REMISSIVO

Pânico, 49
Panksepp, Jaak, 34
Paraíso perdido (Milton), 100
"Paranoia do tigre de papel", 23-5, 184
Partilhar o que há de bom com os outros, 100-1, 108, 109-10
Paz, 15, 121-4, 165, 169, 172, 174, 176, 177, 188-9 (*ver também* Experiências positivas; Incorporar o que é bom)
Pensamentos, como parte da experiência, 79-80, 89, 92
Perceba o que há de bom na vida dos outros, 103-4, 108, 109
Percepções sensoriais, como parte da experiência, 78, 80-1, 89, 92
Perspectiva, senso de, 13
Porges, Stephen, 34
Pornografia, 48
Prática do "Um minuto para as coisas boas", 121, 174, 176
Práticas dirigidas, 76, 138, 168, 172-221
    amor, 205, 219-21
    assertividade compassiva, 205, 215-9
    autocompaixão, 205, 212-4
    compaixão e bondade, 205, 210-2
    contentamento, 190, 203-5
    entusiasmo, 190, 198-200
    força, 177, 179-81
    gratidão e alegria, 190, 192-4
    paz, 177, 188-90
    perceba ameaças e recursos com clareza, 177, 184-6
    prazer, 190-2
    proteção, 178-9
    realização e iniciativa, 190, 196-8
    refúgio, 177, 183-4
    relaxamento, 177, 181-3
    sentimento positivo, 190, 194-6
    sentir a plenitude do momento, 174, 190, 200-3

sentir-se bem já, 177, 186-8
sentir-se apreciado, 205, 206-8
sentir-se uma pessoa boa, 172, 205, 214-7
sentir-se valorizado, 205, 208-10
Prazer, 80, 172, 190-2
Primeiro plano da consciência, 84-6, 89, 107, 133, 178, 180, 195, 204, 221
Proteção, 172, 177-9
Provedor/crítico interno, 205
Psicanálise, 132
Psicoterapia, 28, 147-8, 154, 157, 158, 170

Qualidades pessoais, na criação de experiências positivas, 97-9, 108, 109
Querer
    e gostar, 87-8, 90
    o que é bom para você, 148-50

Raiva, 12, 22, 76, 167, 173
Reação de luta ou fuga, 22, 33, 34, 45, 55, 80, 167, 181
Realização, 190, 195-9
Reconfiguração, 101
Reconsolidação, janela de, 130, 145
Rede de controle executivo, 4, 42, 44
Rede de relevância, 42-4
Relacionamentos, estimular, 156-7
Relaxamento, 4, 11, 80, 92-3, 140, 167, 169, 172, 176, 177, 181-3, 187, 201
Resiliência, 4, 6, 15, 31, 81, 164, 192, 212
Resistência ao infortúnio, 4, 177
Respiração, 115, 117, 181-2, 187, 201-2, 218
Retaliação, 50
Ruminação, 71

Satisfação, 6, 34, 35, 37, 38, 45, 54, 167, 168, 172, 174, 175, 190-205

contentamento, 190, 203-5
entusiasmo, 190, 198-200
gratidão e alegria, 190, 192-4
prazer, 190-2
realização e iniciativa, 190, 195-8
sentimento positivo, 190, 194-6
sentir a plenitude do momento,
174, 190, 200-3
Schwartz, Jeffrey, 14
Segurança, 34, 35, 37-9, 45, 54, 166,
172-5, 177-90
força, 177, 179-81
paz, 177, 188-90
perceber ameaças e recursos com
clareza, 177, 184-6
proteção, 177-9
refúgio, 177, 183-4
relaxamento, 177, 181-3
sentir-se bem já, 177, 186-8
Seleção natural, 19
Sensação de competência, 26
Sensação de realização, 32
Sensações agradáveis, perceber, 77-8
Sensações, humores e, 81-2
Senso de valor, 208-10, 213
Sentimentos positivos, 6, 13, 190, 194-5
Sentimentos, como elemento da
experiência, 79, 81-2, 89, 92
Sentir a plenitude do momento, 174,
190, 200-3
Sentir-se bem neste exato momento,
177, 186-8
Sentir-se cuidado, 204, 206-8
Sentir-se uma pessoa boa, 172, 205,
214-7
Sentir-se valorizado, 205, 208-10
Seres pluricelulares, 18
Sinapses, 10, 11, 114, 127, 128, 200
Sinceridade, 8, 97, 213
Sistema cardiovascular, 49, 194
Sistema de abordagem de
recompensas, 34, 35, 37-9, 49, 50,
54, 55, 68, 75, 137-8, 141, 152,

153 (ver também Satisfação)
características do, 36
modo reativo do, 47
modo receptivo do, 40
Sistema de apego aos outros, 34, 35,
37-9, 50, 54, 55, 68, 75, 138,
152-3 (ver também Ligação;
Segurança)
características do, 36
modo reativo do, 47
modo receptivo do, 34-40
Sistema de envolvimento social, 34
Sistema de evitação de danos, 34, 35,
37-9, 50, 54, 55, 68, 74, 137, 152,
153 (ver também Segurança)
características do, 34
modo reativo do, 47
modo receptivo do, 40, 167
Sistema imunológico, 6, 46, 49, 81,
194
Sistema nervoso autônomo, 33
Sistema nervoso parassimpático
(SNP), 33, 34, 39, 45, 80, 113,
181
Sistema nervoso simpático, 22, 33,
34, 39, 45, 80, 181
Sistema nervoso, evolução do, 18-9,
30
Subcórtex, 33, 34, 54, 87, 177

TEAA (Tenha uma experiência
positiva; Enriqueça-a; Absorva-a;
Associe fato positivo a negativo),
definição, 60
Teflon, cérebro como, 27, 31, 160
Temperamento
ansiedade e, 24
experiências infantis e, 153
Tenha uma experiência positiva
(TEAA), 60, 61, 66, 74, 76, 77,
86, 89, 107, 132, 142
Terapia cognitiva, 79
Terapia da coerência, 132

ÍNDICE REMISSIVO

Terapia rogeriana, 132
Transtorno de déficit de atenção/
hiperatividade (TDAH), 162
Transtorno de estresse pós-traumático
(TEPT), 49
Transtorno de personalidade
borderline, 49
Transtorno dissociativo, 49
Transtorno distímico (depressão
crônica), 154
Transtorno obsessivo-compulsivo
(TOC), 49
Transtornos psicológicos, 49
Trauma, 170, 205
cura do, 155-6
Traumas psicológicos, 6
Treinamento da atenção, 28, 148-9,
157, 158, 170

Treinamento mental, 168-9
Tristeza, 12, 59-60, 76, 81

Uso de álcool, 28, 49, 149
Uso de drogas, 28, 49, 149

Van der Kolk, Bessel, 156
Ver a vida como uma oportunidade,
107-10
Ver o lado bom das coisas ruins,
101-2, 108, 109-10
Vergonha, 76, 216
Vícios, 48, 149, 170
Video games, 49
Visão de túnel, 21
Visualização, 62, 119, 124, 134-5,
Vitalidade, 4, 81, 190-1
Vulnerabilidade, 5, 23, 25, 179